Was einer ist,
was einer war,
beim Scheiden
wird es offenbar.

Wilhelm Busch im 19. Jahrhundert

MATHIAS VOELCHERT

Trennung in Liebe
Partnerschaft in Liebe

Trennung in Liebe, Partnerschaft in Liebe
Mathias Voelchert

Menschen fotografiert von: Véra Atchou, John Dowland, Mel Curtis, Isabelle Rozenbaum, Frédéric Cirou
Photo Alto, Photo Disc, Digital Vision

DTP-Beratung: Eleonore d'Harnoncourt
Grafik-Konzept, Layout, Produktion, Umschlagentwurf: Mathias Voelchert, Daniela Petrini, München
Lithografie: Frank Müller, München
Bildredaktion: Mathias Voelchert GmbH
Lektorat: Stefan Spang, Hansjörg Dräger
Druck: Print-Consult GmbH, München

ISBN 3-935758-00-6
Printed in Europe

Kontaktmail: T.i.L.@trennung-in-liebe.de
www.trennung-in-liebe.de

Inhalt

ÄNDERE DIE WELT, SIE BRAUCHT ES!

Bertolt Brecht

Dieses Buch ist Menschen in einer Partnerschaft gewidmet, deren Beziehungen sich stark verändern. Menschen, die nicht mehr »wissen«, was sie tun sollen. Menschen, die hin und her gerissen sind zwischen dem, was sie sollen und dem, was sie können. Menschen, die fortgerissen scheinen vom dem, was sie noch nicht »wissen«, die ahnen, was sein wird und sich fragen, ob es sein darf. Menschen in unserer Zeit. Menschen in Beziehungen. Es ist ein Buch, das zum selbst Handeln anregt. Geschrieben von einem, der Trennung als Schmerz und Befreiung erlebt hat. Es stellt die Verarbeitung einer Trennung dar. Das Geschriebene ist nicht mein Verdienst, es soll nicht belehren, sondern es ist ein Geschenk der Menschen, mit denen ich lebe, an mich und – hoffentlich – auch an Sie.

DESHALB: ÄNDERE DICH, SO ÄNDERST DU DIE WELT!

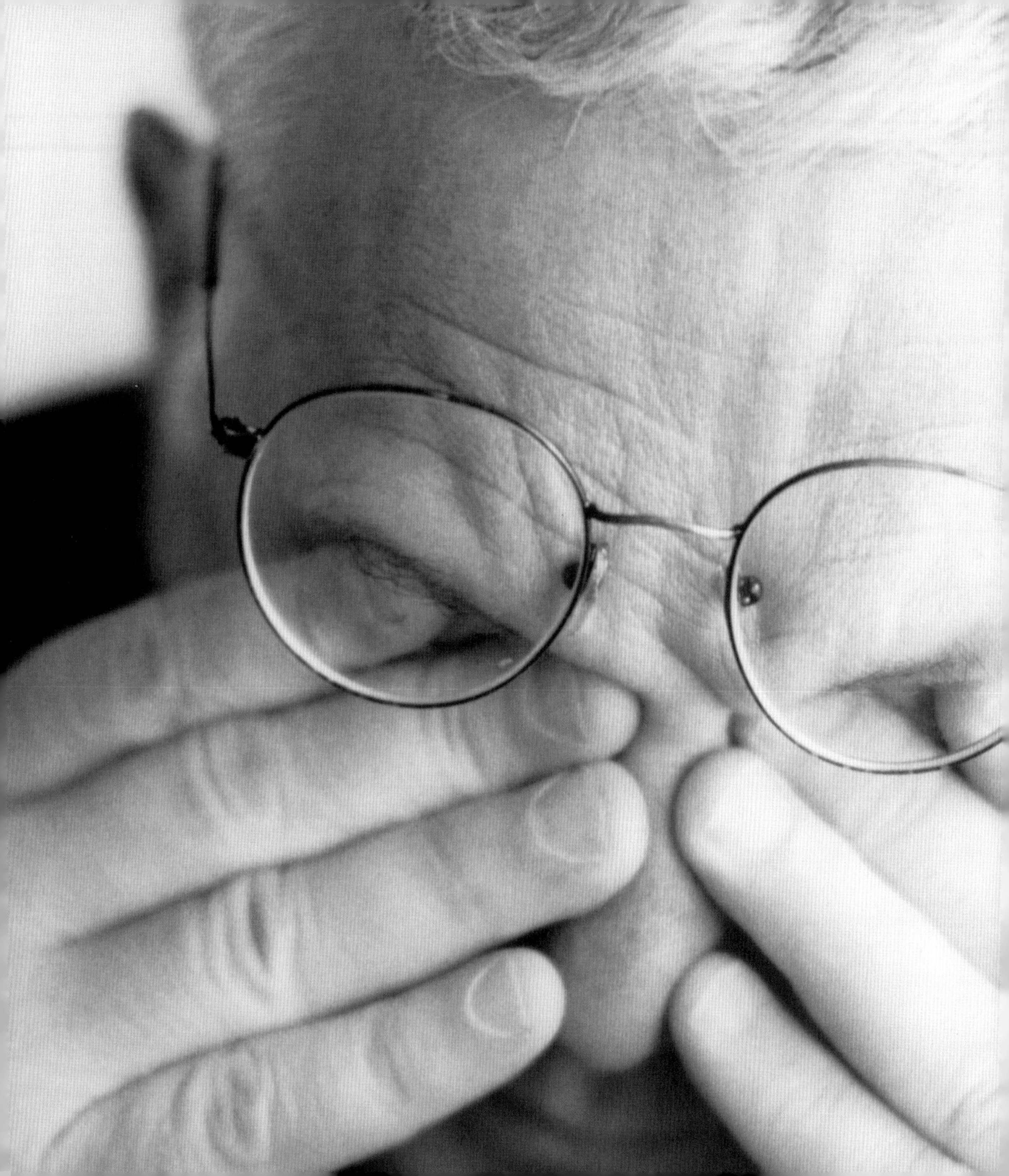

Trennung kann das Ende des sinnlos Gewordenen sein.

DIE AUSGANGSSITUATION

Trennung und Scheidung sind keine Heilmittel für schlechte Beziehungen

Die Trennung, die Scheidung, ist nicht das Allheilmittel für schlechte Beziehungen. Sie ist überhaupt kein Heilmittel. Trennung ist ein traumatisches Ereignis, ein Aufschrei der Seele: »So kann ich nicht mehr weitermachen!« Trennung war bisher für alle Beteiligten das, was es immer zu vermeiden galt, koste es, was es wolle. Und so bleiben wir im Gefängnis der Beziehung, auch weil es sich so sehr nach Heimat anfühlt. Nach dem anfühlt, was wir vorgelebt bekamen, und sei es noch so schlimm. Trennung kann der Tod des sinnlos Gewordenen sein, dann ist es keine leichtfertige Trennung.

Sinn und Zweck dieses Buches ist es, einen gangbaren Weg aufzuzeigen, wie »Partner in der Krise« aufeinander zugehen können und sich schließlich lassen können: Es soll und muss keine Verlierer geben. Dieses Buch ist der Zugang zu einer Lö-

sung: »Trennung in Liebe« oder »Partnerschaft in Liebe«. Es wühlt nicht im Problem. Die Lösung liegt hinter dem Problem. Es ist ein Versuch, durch die Situation hindurchzusehen, dorthin, wo Sie etwas lösen können, um eine Wahlmöglichkeit in der Gegenwart zu schaffen, um vielleicht aus Liebe Freundschaft werden zu lassen.

In diesem Buch wird nicht nach Schuld und Sühne gesucht. In diesem Buch wird möglichen Lösungen ein breiter Raum gewidmet. Es werden Wege für die Lösung Ihrer Situation angeboten. Was für Sie passt, entscheiden Sie.

Wer diesem Ansatz zweifelnd gegenübersteht, dem sei das Buch von Insa Sparrer empfohlen *Wunder, Lösung und System* (Carl-Auer-Systeme Verlag). Sie belegt philosophisch, therapeutisch, menschlich den Sinn lösungsfokussierter Vorgehensweisen.

(Steve De Shazer sagt: ***»Weg von der Problemanalyse – hin zum Auffinden von Lösungen.«*** Ludwig Wittgenstein sagt im *Tractatus logico-philosophicus*, © Suhrkamp Verlag, Frankfurt a.M. 1963: ***»Die Tatsachen gehören alle zur Aufgabe, nicht zur Lösung. Die Lösung des Problems merkt man am Verschwinden dieses Problems.«***)

Trennung, Scheidung, Verlassen werden oder Verlassen gehören zum Schlimmsten, was wir uns vorstellen können. Ein Mann auf die Frage, was für ihn das schlimmste Erlebnis in seinem Leben war: »Die Trennung von meiner Frau und meinen Kindern. Und doch konnte ich es nicht verhindern…«

Gestartet sind die meisten von uns in die Beziehung mit einer romantischen Vorstellung von ihr als Ort der Sicherheit, als Heimat und Zuflucht. Wir haben unsere Ehen und Beziehungen überfrachtet mit Vorstellungen, die nichts mit der Realität zu tun haben. Doch die Wirklichkeit sieht anders aus. Der Alltag hat sich breit gemacht. Das ist nicht das Problem der Institution Ehe.

Unsere Partnerprobleme scheinen auf besondere Weise mit unseren Vorfahren verbunden. Das viele Ungesagte, Erlittene,

Wie konnte mir das nur passieren?
Habe ich versagt?

Damit wir nicht eine Ehe und danach 15 Jahre Trennung leben müssen.

Verschwiegene, Geduldete, Ertragene, Zugefügte, das viele Nichtgeliebte, was sich in Nicht-Spüren und Nicht-Sein, in Abschalten ausdrückte. Das alles macht uns zu Menschen, die nicht verstehen, wie ihnen das Gleiche geschehen kann, die entsetzt vor dem Scherbenhaufen einer zerbrochenen Beziehung stehen und sich schockiert die Frage stellen, wie konnte mir das nur passieren? Habe ich versagt?

Von unseren Vätern und Müttern wünschen wir uns so sehr zu hören: »Mir war es auch oft schwer, ich kann dich verstehen. Geh deinen Weg.« Oft genug hört sich das, was unsere Eltern sagen, ganz anders an. Die Kraft zum Handeln bekommen wir aber nur in der Verbundenheit mit unseren Eltern. In dem wir achten, dass wir von ihnen kommen und ohne sie nicht wären, mit all dem Weiten und Engen, was da war. Unsere Eltern haben ihr Bestes getan. Wenn wir unsere Eltern dafür achten, können wir unseren Weg leichter gehen.

Jeder Partner bringt viel solches und anderes Gepäck mit in die Beziehung. Jeder trägt viele Taschen, Koffer und Rucksäcke, z. B. an Vorstellungen, wie es sein sollte. Oft stehen diese Vorstellungen in krassem Gegensatz zu dem, was wir leben können. Partnerbeziehung lässt sich nicht auf eine Zweierbeziehung reduzieren. Wir können uns und dem Partner nur gerecht werden, wenn wir sehen wo wir herkommen. Wenn wir anerkennen, dass wir nicht bei Null anfangen, sondern durch unsere Vorfahren einiges vorgegeben bekamen. Damit könnten wir umgehen lernen und einsehen lernen, dass es nicht der böse Wille des Einzelnen ist, sondern dass auch dieser Mensch seinem Plan folgen muss. Trennung sollte verarbeitet werden, gegessen und verdaut werden. Damit wir nicht eine Ehe und danach 15 Jahre schmerzliche Trennung leben müssen.

In Beziehungen ist die »innere Kündigung« die verbreitetste Art, mit einer toten Ehe umzugehen. Der Abgesang an die Hoffnung, es könnte sich noch etwas ereignen in meinem Leben, in meiner Ehe. Mit den gleichen untauglichen Mitteln wie im Beruf versuchen wir, Erfolg in der Beziehung zu haben: Jeder gegen jeden. Jeder muss stark und unabhängig sein. Aber ein

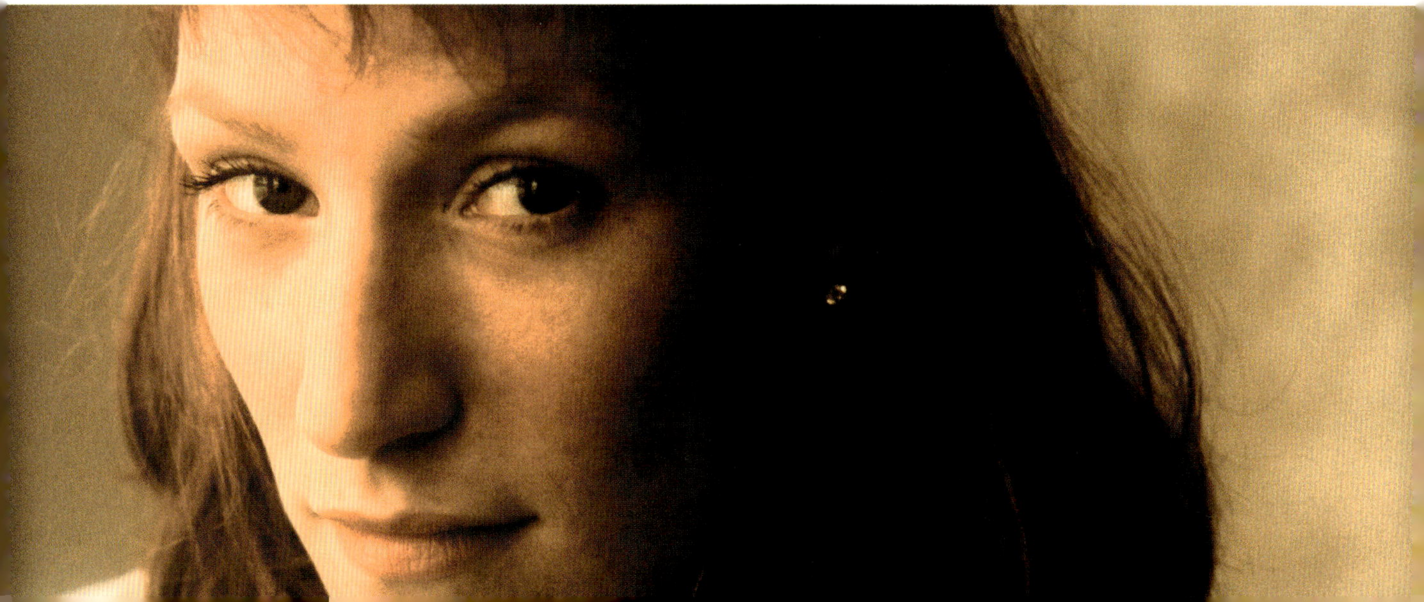

»Ehepartnerteam« zu sein, erfordert andere Einstellungen. Leider hat uns das niemand vorgemacht und keiner gesagt. So sind wir dann nur noch für die Kinder da und vergessen, dass unsere Partnerbeziehung vor die Eltern-Kindbeziehung geht, dass die Liebe zwischen Mann und Frau die Kinder, das Leben, erst zeugt und hervorbringt.

Für »Trennung in Liebe« oder »Partnerschaft in Liebe«, braucht es mindestens Zwei. Es bedarf beider Partner, die beide das Risiko eingehen, verletzlich zu sein. Liebe macht verletzlich, Hass dagegen macht unverletzlich, unzugänglich, beherrschend, beanspruchend.

Wir sind in Liebe gezeugt und werden am Ende unseres Lebens in Liebe empfangen sein. Während der Lebenszeit ist es unsere Aufgabe, die Liebe zu sehen und zu leben, die uns überall in der wunderbaren Natur, auf der Erde, im All, in unserem Körper, entgegenstrahlt.

Der Inhalt dieses Buches versucht auch den vielleicht zögernden oder nicht entschiedenen Partner dazu zu bewegen, ins Gespräch zurückzukehren.

Es ist unsere Aufgabe, die Verantwortung für unsere Entscheidungen zu uns zu nehmen. Nur wir sind für unser Schicksal verantwortlich. Niemand anderer sollte für uns entscheiden. Nicht die Eltern, Brüder, Schwestern, auch nicht Freunde oder Kollegen sollten wir mitentscheiden lassen. Kein Guru sieht die Welt durch meine Augen, hört mit meinen Ohren, fühlt wie ich fühle! Jeder ist einmalig, niemand kann für einen anderen Menschen handeln. Es gibt überhaupt keinen Grund, anderen Autorität über unser Handeln zu übertragen.

Wir können von anderen lernen. Aber niemals - auch wenn die Lage noch so aussichtslos ist - sollten wir gegen unsere Überzeugungen handeln. Denn dann begeben wir uns auf zu dünnes Eis. Falls wir einmal nicht wissen, in welche Richtung wir gehen sollen - und wer weiß das immer genau - können wir anderen ein Stück Wegs folgen oder sie begleiten. Wissend, dass es ihr Weg ist, um unseren Weg zu finden.

Das ständige rationale Abwägen allen Für und Widers bezieht so viele materielle, soziale und psychologisierende Argumente mit ein, die alle nichts mit Wahrnehmung zu tun haben. Unser Wahrnehmen ist es, das (lebens-)wichtig ist für unsere Partner, für unsere Kinder, die Menschen, die wir lieben. Wahrnehmen bedeutet anschauen, was ist.

Lesen Sie dieses Buch mit Ihrem Herzen und mit Ihrem Verstand. Ihre Antworten finden Sie mit dem Herzen. Im Einklang mit sich selbst, im Anschluss an sich selbst. Rationalistische Einwände führen oft zur Lähmung des Handelns. Sie bremsen das gute Gelingen, weil sie mehr zerstören als sie aufbauen.

Ihre Antworten finden Sie mit dem Herzen.

Es geschieht uns Schicksal
und es sind unsere Handlungen,
die Dinge möglich machen.
Für jeden gibt es seinen richtigen Weg.
Es gibt nur Wege und Umwege zur Liebe.
Dies ist ein Aufruf und eine praktische Anleitung,
aufeinander zuzugehen.
Wie gut es funktioniert, darüber entscheiden Sie.
Es sind die vielen »Unmöglich«,
die Neues gar nicht erst entstehen lassen.
Chancen verlieben sich.
»Es ist, was es ist, sagt die Liebe.«

Es ist Unsinn
sagt die Vernunft
Es ist, was es ist
sagt die Liebe
Es ist Unglück
sagt die Berechnung
Es ist nichts als Schmerz
sagt die Angst
Es ist aussichtslos
sagt die Einsicht
Es ist, was es ist, sagt die Liebe
Es ist lächerlich, sagt der Stolz
Es ist leichtsinnig
sagt die Vorsicht
Es ist unmöglich
sagt die Erfahrung
Es ist, was es ist, sagt die Liebe

Erich Fried, *Es ist was es ist.*
Liebesgedichte, Angstgedichte, Zorngedichte

EINLEITUNG – ALLE HABEN IHR BESTES GEGEBEN

Ich sehe »Trennung in Liebe« als Ergänzung zum psychotherapeutischen Konzept der Eheberatung und Partnerberatung. Psychotherapie und jeder Art der »Behandlung« haftet leicht der Beigeschmack des Mangels an. Als würde uns etwas fehlen, als wären wir nicht gut genug, so wie wir sind, als wüssten es Lebensberater besser als wir selbst.

Andererseits führt ein Selbstschutz vor Therapie, den sich viele auferlegen, nur zu mehr vom Selben, im Sinne von Lösungsvermeidung. Jürg Willi schreibt in seinem Buch *Die Zweierbeziehung*: ***»Ein psychotherapeutisches Konzept ist immer ein Verlust, weil vieles, was die Fülle des Lebens ausmacht, dabei verloren geht. Es ist für die therapeutische Arbeit aber ein Gewinn, weil es erlaubt, gewisse relevant erscheinende Aspekte klarer zu fassen und das Verständnis für die Zusammenhänge dieser Aspekte zu vertiefen.«*** (© Rowohllt Verlag GmbH, Reinbek bei Hamburg 1975)

Es ist in vielen Trennungsgeschichten und für viele Menschen in Trennung sehr wichtig sich Klarheit über ihre Situation zu schaffen. Was passiert denn da mit mir? Einzutauchen in Zusammenhänge und dann wieder Abstand schaffen, um schauen zu können, was ist.

In diesem Buch geht es ums Ganze, um die Fülle des Lebens und das eigene Selbstverständnis, um das Verhältnis von Selbst und Leben, das in der Zeit der Trennung auf dem Prüfstand steht und um unsere Anbindung an unsere Vorfahren.

Unter Fülle des Lebens verstehe ich: Anerkennen was war, hinschauen auf das, was ist. Kein Urteilen. Ohne Vorwürfe auf das gelebte Leben zurückblicken. Ohne fixe Vorstellung von Richtig und Falsch. Sondern mit der Frage: nützt es allen Beteiligten? Was war, war gut, sonst wäre es mir nicht geschehen. Genau das musste geschehen. Anerkennen was war, ohne zu urteilen. Denn Urteilen würde bedeuten, dass wir uns anmaßen, es besser zu wissen als das Leben. Oder wenn Sie wollen, als Gott.

Es ist wie das Herummäkeln am Wetter: Es ist August und normalerweise sollten wir 35 Grad haben. Es sind aber nur 15 Grad. So schimpft alles, was urteilen kann, auf diesen furchtbaren, deutschen Sommer… Was passiert? Es wird schlechte Laune produziert, ausgetauscht, multipliziert, gefördert. Klar ist: So wird sich das Wetter nicht ändern, damit schwächen wir uns selbst. Das Wetter ist ein gutes Beispiel für unser Leben. Leben geschieht uns. Wetter geschieht uns auch. Es lässt sich einigermaßen vorhersagen und wenn wir uns darauf verlassen

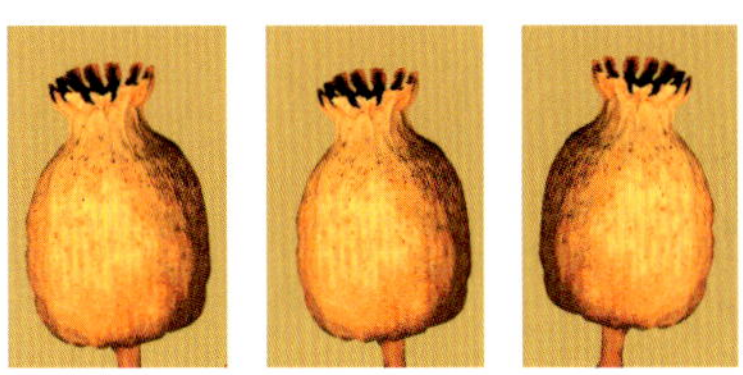

Keine Schuld
zu nehmen oder zu geben.

wollen, oder darauf verlassen müssen, stimmen die Voraussagen zu 50%.

Bei »Trennung in Liebe oder Partnerschaft in Liebe«, geht es um den Anspruch an meine Beziehung. Wie will ich leben. Bin ich bereit, mich und meine Beziehung in Frage zu stellen? Bin ich bereit, einen neuen Weg zu gehen? Einen Weg, der Achtung des anderen und Selbstachtung verbindet. Einen Weg, der das gewesene, das bereits gelebte Leben, ehrt. Das Gute zu nehmen und das Schlechte zu lassen, wo es herkam. Keine Schuld zu nehmen oder zu geben, aber verantwortlich zu handeln.

Dies ist wohl das größte Abenteuer, das wir in Beziehungen zu uns selbst und dem Partner eingehen können. Es gibt noch keine vielfältigen Erfahrungen daüber, sich in Liebe zu trennen. Aber es ist einen Versuch wert. In Shere Hite's Untersuchungen sind es 7 % der Paare, die dies geschafft haben. Es können viel mehr werden, die eine gute Trennung leben oder wieder gut zusammen finden.

Wenn unsichtbare Verwicklungen, Geheimnisse oder Tabus unser Leben mitbestimmen und über Generationen auf uns wirken, ist es sinnvoll, sich diese Wirkkräfte genauer anzuschauen.

Was passiert denn da mit mir?

Die Liebe, die beide einst zusammenführte, ist der Schlüssel, um eine liebevollere Zeit für beide zu beginnen. Getrennt oder Vereint.

In unseren Beziehungen haben diese Wirkkräfte eine besondere Bedeutung, da sie uns in eine Partnerschaft ziehen und auch wieder daraus trennen können.

Jedes Gedankensystem ist eine Aneinanderreihung von Glaubenssystemen und seine eigene beste Erklärung. Das ist der Grund, weshalb Diagnose, also die Suche nach Vergleichbarem, Bekanntem, das mit Bewährtem »behandelt« werden könnte, im Zusammenhang mit »Trennung in Liebe«, oft unwirksam ist. Partnerprobleme, oder das was wir dafür halten, sind in ihrem Zusammenspiel so komplex, dass Reduktion und Erklärungsmodelle von außen oft mehr komplizieren als lösen. Voraussetzung ist die ehrliche, gesammelte Bereitschaft, die Beziehung in Liebe, weiter zu führen oder in Liebe zu beenden. Die Liebe, die beide einst zusammenführte, ist der Schlüssel, um eine liebevollere Zeit für beide zu beginnen. Getrennt oder Vereint.

Nur im Moment sind wir handlungsfähig. Es bringt nichts auf die Vergangenheit zu schauen. Was nicht heißt sie außer acht zu lassen. Gemeint ist: es bringt nichts an der Vergangenheit herum zu kritisieren mit hätte, wäre, wenn…

Das Steuerrad herum reißen, wirklich korrigieren, nicht nur um ein paar Striche den Kurs ändern. Wirklich korrigieren, meint das Ziel prüfen, ob es für einen selbst und den Partner noch schön ist und ggf. neue Ziele finden.

Zu viele schlechte Trennungsbeispiele, die im Dauerstreit endeten, verstellen den Blick auf Neues. Aber es ist den Versuch wert, sich in Liebe zu trennen bzw. die Partnerschaft auf neue tragfähigere Beine zu stellen. Aus einer Liebe die war, eine Freundschaft werden zu lassen. Willkommen im Leben!

Eine befriedigende Lösung, ein positives Sich-voneinander-Lösen wird es nur geben, wenn beide Menschen in einer Partnerschaft einer Lösung aus ganzem Herzen zustimmen können oder bereit sind, nach einer Lösung zu suchen. Dies gelingt nur in Achtung und Respekt vor sich und dem anderen. Dabei hilft: Anerkennen, dass Schwierigkeiten da sind und dass sie so groß sind, dass ich/wir sie, im Moment, glauben nicht lösen zu können. Aber daran zu glauben, dass es eine gute Lösung für alle geben kann, hilft.

Goethe sagt: »Was immer Du zu tun oder träumen vermagst, wag' Dich nur frisch daran. Kühnheit trägt Genie, Kraft und Magie in sich.«

Nehmen Sie die Versuchungen, Misserfolge, Kämpfe, Opfer auf sich, die diese Auseinandersetzungen mit sich selbst und dem Partner bringen. Ihre unverzagte Anstrengung, die Vision Ihres Herzens, kann Ihr Wegweiser sein für Ihr Leben.

Indem ich aufhöre etwas sein zu wollen, kann ich der Mensch werden, der ich wirklich bin.

Was Sie letzten Endes an Freiheit in oder von der Beziehung ernten, müssen Sie vorher an Ernsthaftigkeit einsetzen. Um diese Ernsthaftigkeit möchte ich Sie bitten. Bitten möchte ich Sie auch, nichts was hier geschrieben steht einfach zu glauben, sondern alles zu prüfen an dem, was Sie selbst wissen, spüren, erfahren haben, und nur nach Ihrer eigenen Überzeugung zu handeln.

Ich gehe davon aus, dass alle Beteiligten ihr Bestes gegeben haben.

... aus einer Liebe die war, eine Freundschaft werden zu lassen ...

UNFRISIERTE GEDANKEN ZU SO MANCHER PARTNERSCHAFT

Erich Fromm schreibt in *Vom Haben zum Sein*:

> *»Wir leben in einer Zeit ohne Hoffnung. Manche Menschen versuchen verzweifelt, an etwas zu glauben. Sie strömen zu den neuen Gurus. Zu allem Unglück sind selbst intelligente Menschen mit großem Wissen nicht gegen primitive Formen von Spiritualität gefeit.«*

Erich Fromm weiter:

> *»Der leidenschaftliche, fanatische Glaube an Ideen und Führer – gleich welche – ist Götzendienst. Er entsteht aus einem Mangel an Mitte, an innerer Aktivität, an Sein. Das gleiche gilt für die große Liebe: Sie wird zum Götzendienst, wenn jemand glaubt, dass der Besitz eines anderen Menschen ihm Antworten auf sein Leben gibt, ihm Gewissheit schenkt, zu seinem Gott wird.«*

> *»Die Liebe zu einer Idee oder zu einem Menschen, die frei von Götzendienst ist, ist still, nicht schrill; sie ist ruhig, tief; sie wird jeden Augenblick geboren, aber sie ist kein Rausch, sondern erwächst aus der Überwindung des Ego.«* (Rainer Funk, Hrsg.: Erich Fromm. *Vom Haben zum Sein.* © Quadriga Verlag Berlin in der Econ Ullstein List Verlag GmbH & Co. KG, München)

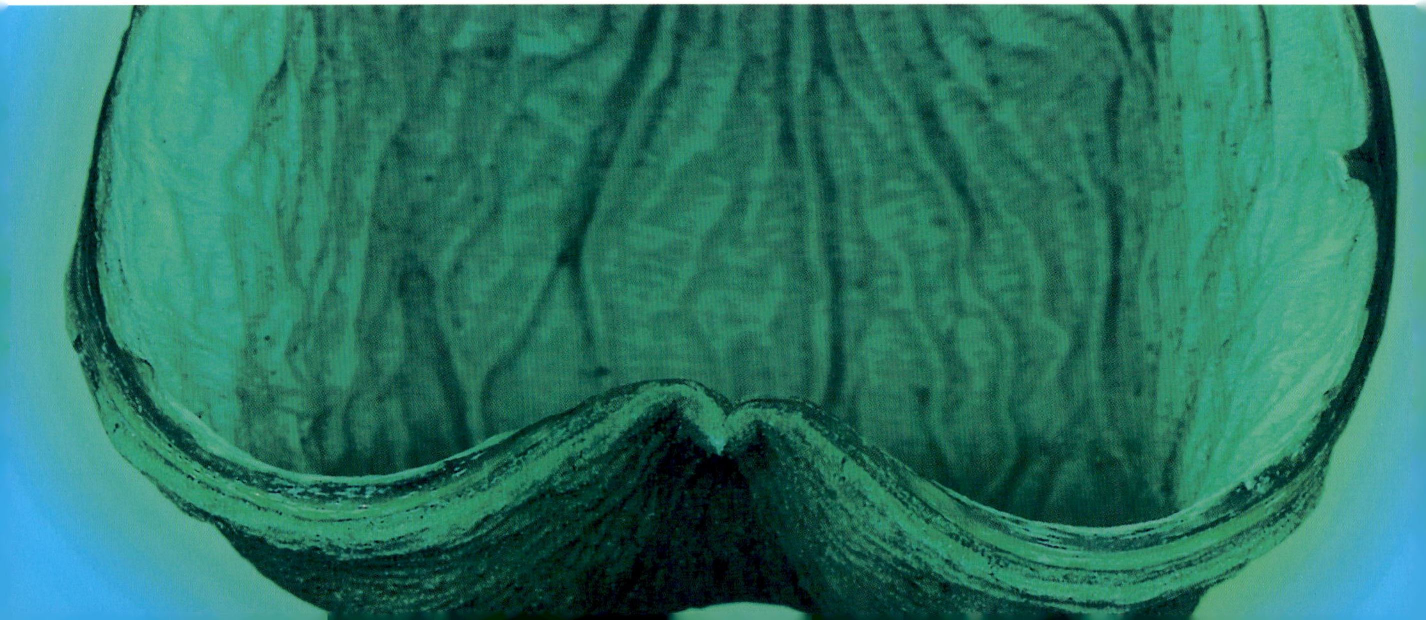

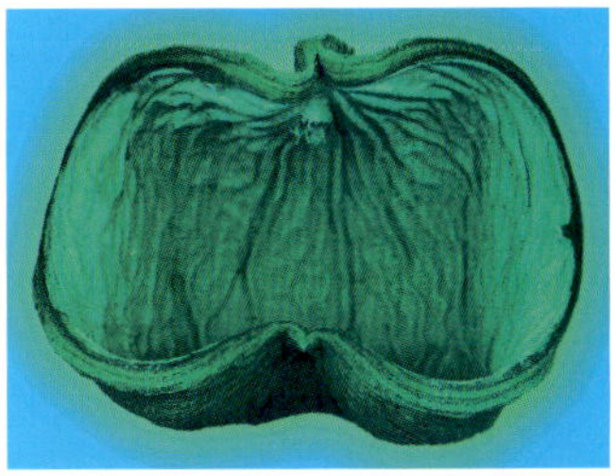 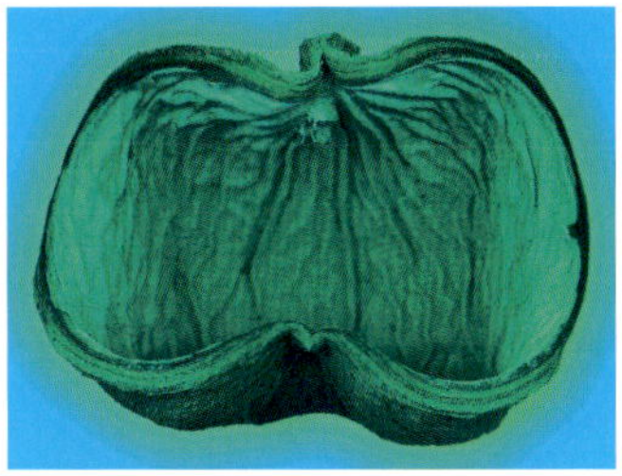 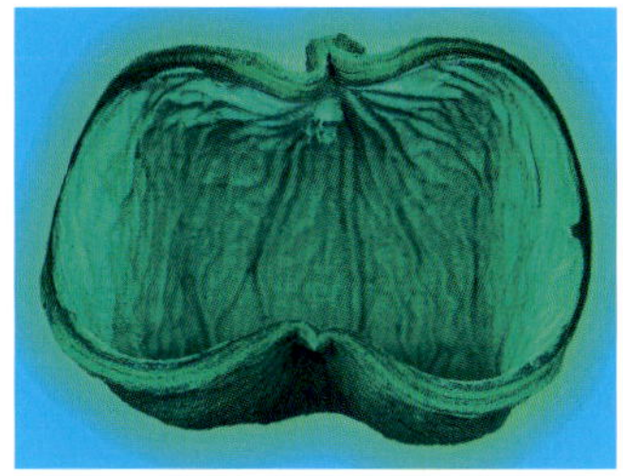 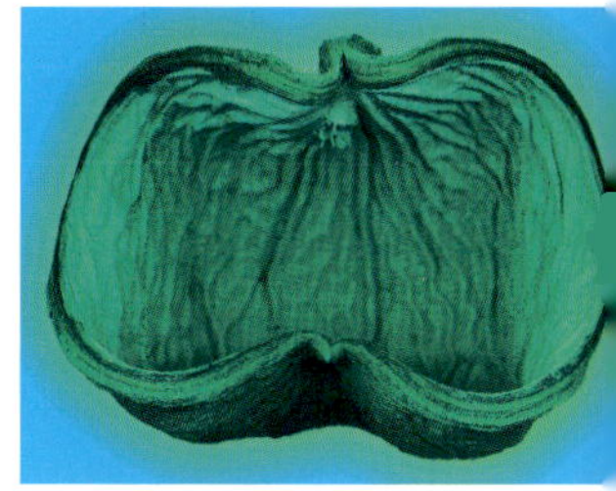

Was hier geschrieben steht, sind meine persönlichen Erlebnisse und Gedanken. Erweitert um das Wissen und die Gedanken von Menschen, die zu den Themen Wichtiges zu sagen hatten. Dieses wichtige Wissen habe ich in Zitaten angefügt.

Dieses Buch gibt eine praktische Anleitung was Sie selbst tun können, um sich in Liebe zu trennen oder eine bessere Partnerschaft zu begründen. Mit dem bisherigen Partner, aber vielleicht auch in einer neuen Beziehung.

Die Liebe zu einer Idee oder zu einem Menschen ist still, nicht schrill; sie ist ruhig, tief, sie wird jeden Augenblick geboren, aber sie ist kein Rausch.

Erich Fromm

Maria und Ernst sind seit zehn Jahren verheiratet. Glücklich verheiratet, wie alle ihre Freunde denken. Seine Kollegen denken: der hat's gut, er liebt seine Frau, sie liebt ihn, sie sind glücklich mit ihren Kindern, die Eltern und Schwiegereltern sind erfreut, dass ihre Erziehung so reiche Früchte getragen hat. Bei Festen sind sie ausgelassen und er ist immer zu einem Spaß aufgelegt.

Wenn die Gäste gegangen sind und gemeinsam aufgeräumt wird, kommt der »Alltag« wieder. Vorbei ist die fröhliche Ablenkung. Jetzt fallen die Masken, er möchte gern noch mit ihr schlafen, sie ist zu müde, hat morgen noch einen harten Tag, oder ist es Kopfweh? Er hat morgen auch einen harten Tag und er hat Kopfschmerzen und weiß wovon. Die Zigaretten, der Wein haben ihre Spuren hinterlassen. Aber er hat Lust, sie nicht. Männer sind anders und Frauen erst recht. Er will oft, sie nicht. Er ist entzündet, bei ihr ist dieses Feuer schon so lange erloschen. Sie schläft mit ihm. Frag nie, warum... Sie schläft mit ihm, weil sie meint, es ihm zu schulden. Weil sie den Schein wahren will. Ja ihre Freundin, die hat es geschafft. Die hat endlich einen Weg gefunden, sich der fortwährenden Ohnmacht zu entziehen. Aber sie selbst traut sich nicht. Wie soll sie ihm erklären, was los ist, was sich geändert hat. Er würde sie nicht verstehen wollen, warum muss sich was ändern, es ist doch gut so. Er benutzt sie, sie lässt sich benutzen. Das Leben geht an beiden vorbei. Die Liebe, die sie einst lebten, ist schon über alle Berge. Geblieben ist eine fast unmerkliche Enge, ein Eingeschnürtsein, Gefesseltsein.

Viele sagen: »So oder so ähnlich ist es bei mir auch und ich, fühle mich ganz wohl dabei.« Das ist eine Art damit umzugehen. Vielleicht sagt einer/e: »Es ist noch nicht die Zeit für mich, das alles anzuschauen.« Das ist eine weitere Art damit umzugehen. Ein/e andere/r sagt: »Diese Wahrheitsfanatiker, Ritter der Ehrlichkeit wollen alles und jedes aufklären. Die Seele ausziehen, alle Geheimnisse, die ich vor mir selbst oder meinem Partner habe, prostituieren. Und dann? Geht es mir dann besser? Alles was ich erwarten kann, sind Probleme und Entscheidungen und Schmerz.« Auch das ist eine mögliche Umgangsweise.

Wer will, wer kann etwas ändern? Es wird nur der Mensch die Stärke zur Änderung haben, der an eine Grenze gestoßen ist. Dessen Schmerz so groß geworden ist, dass er/sie es nicht mehr aushält. Der findet dann die Kraft, den so mühsamen Weg zu gehen, an dessen Rand Wegweiser stehen die sagen: »Das ist dein Weg. Tu dir gut. Sei großzügig mit dem was du brauchst. Tu was. Erlebe dich, wie du bist. Steh zu dir. Nur du kannst dich tragen. Es wird weh tun, geh weiter.«

Aber es stehen auch an der anderen Seite des Weges Schilder die sagen: »Jetzt ist er/sie ganz verrückt geworden. Das kommt davon, immer dieser esoterische Quatsch. Ihr müsste man mal richtig ... Der will doch nur das Eine. Warten wir mal ab, der/die kommt bald zur Ruhe, wenn das Geld knapp wird.«

Es gibt Situationen die gelöst oder zumindest verändert werden können. Im Moment wissen wir nur noch nicht wie.

Diese Erkenntnis kann wie ein Zauberstab dabei helfen, Lösungen zu finden. Zugeben, dass etwas nicht mehr stimmt, ist der Anfang. Ab da geht's bergauf. Aber es beginnt auch weh zu tun. Eine Lösung für eine Situation kann ich nur finden, wenn ich zugebe, dass ich etwas ändern möchte.

Menschen empfinden ihre eigenen Partnerbeziehungen unterschiedlich. Oft ist der eine an seinen Grenzen, meint, er muss die Ehe verlassen, während der andere noch gar nichts spürt.

Die Zukunft wird zeigen, ob mein Weh mir genug Kraft angesammelt hat, um zu handeln. Oder ob es nur eine »Unpässlichkeit« in der Partnerschaft war. Kein Außenstehender kann das beurteilen. Niemand kann die Verantwortung für das Handeln abnehmen. Ich warne jeden davor, eine Partnerschaft leichtfertig aufs Spiel zu setzen. Ein Freund sagt: »Es kommt

*Die Liebe, die sie einst lebten,
ist schon über alle Berge.*

»Es kommt selten was Besseres nach.«

selten was Besseres nach.« Das stimmt auf einer Ebene auf einer anderen vielleicht nicht. Es stimmt, dass ein neuer Partner/in, in den man/frau sich verliebt, dieselben Probleme anbietet, bzw. spiegelt wie der bisherige Partner. Es stimmt aber auch, dass die »neue Verpackung« einen neuen Zugang zum Problem erlaubt. Dass es in der Auseinandersetzung mit ihm vielleicht möglich ist, die eigenen Anteile anzuschauen und mit denselben Inhalten anders umzugehen, weiter zu gehen als bisher.

Wer will sich anmaßen zu sagen, die Partnerschaft, die ein Leben lang hält, ist besser als die Beziehung, die dreimal neu begonnen wurde mit drei verschiedenen Menschen.

Wir sind eingebunden in die Lebensweise der Familie, aus der wir kommen. In der Partnerschaft stoßen zwei oft unterschiedliche Lebensauffassungen aufeinander.

Wir haben einen anderen Anspruch an die Qualität des Zusammenseins als die Menschen zu früheren Zeiten, vor allem deshalb, weil wir ihn uns leisten können. Die weitgehende Freiheit von materieller und existenzieller Not verschafft uns die Möglichkeit, der Frage nach der Qualität und Tiefe unserer Beziehungen nachzugehen. Wegen unseres Wohlstandes können wir uns diesen Anspruch leisten. Und wir leben in einer Gesellschaft, die Frieden und Freiheit als höchste Güter ansieht. Schaffen wir es, diesen Frieden und diese Freiheit, die wir von der demokratischen Welt erwarten, auch in unseren Beziehungen zu leben?

Lea möchte unbedingt das dritte Kind. Sie ist seit 8 Jahren mit ihrem Mann zusammen. Die beiden haben zwei Kinder, 7 und 9 Jahre alt. Die Partnerschaft besteht, wie die von vielen, vor allem aus viel Arbeit. Beide sind selbstständig im Beruf. Viel Zeit brauchen die Kinder. Lea, Mutter und Geschäftsfrau, spürt, dass etwas nicht mehr stimmt, aber es ist weniger als spüren, es ist eine Art Unwohlsein mit sich, mit dem Partner, besonders wenn sie miteinander schlafen. Ihr Mann, Stefan, möchte auf keinen Fall mehr ein Kind, er »kommt zu nichts mehr« und fühlt sich ausgepowert.

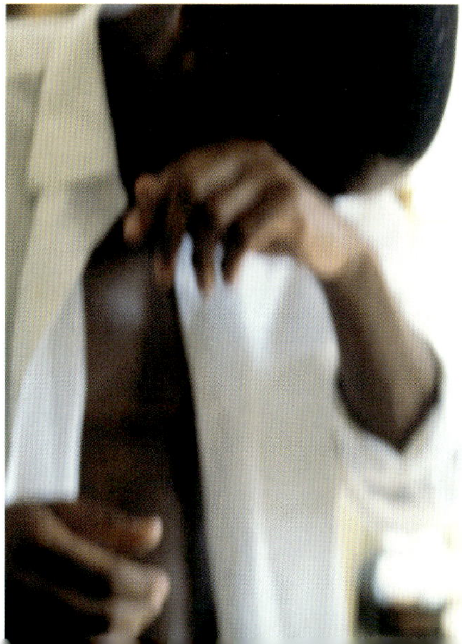

Nach einer kurzen, aber intensiven Affäre will sie sich scheiden lassen. Ihr Mann ist wie vor den Kopf gestoßen. Er weint sich bei seinem Freund aus: »Noch vor einem Jahr wollte sie unbedingt das dritte Kind, jetzt will sie die Scheidung. Das soll einer verstehen!«

Für Stefan bricht eine Welt zusammen, er hat die Partnerschaft als gelungen empfunden. Er liebt seine Kinder, und die Liebe zu Lea, na ja, es ist halt so geworden, wie's eben bei allen ist. Am Anfang war die Anziehung groß und jetzt ist die Routine geblieben. Für ihn war es das Erwartete.

Für Lea bricht auch eine Welt zusammen, aber es ist eine Welt, in die sie nicht mehr zurück will. Sie will die Erde spüren und nicht von Welt vereinnahmt sein. Sie weiß nicht, was sie ihm sagen soll. Er kann das nicht begreifen, was mit ihr passiert ist. Sie kann es mit dem Verstand nicht erklären und kommt jedes Mal ins Strudeln, wenn sie von ihren Freundinnen um eine Erklärung gebeten wird. Es ist nicht zu verstehen. Sie spürt nur, das, was sie hatte, will sie nicht mehr. Sie hat am Himmel ein wunderbares Licht gesehen. In der kurzen, starken Liebe hat sie gemerkt, was sie alles entbehrt hat. Sie versucht, es ihrem Mann zu erklären. Er versucht, sie zu verstehen, aber es gelingt ihm nicht.

Es ist nicht zu verstehen.

Barbara und Rainer leben schon lange zusammen, sie haben fünf Kinder. Er brachte zwei Mädchen mit, die bei seiner ersten Frau leben, sie drei Jungs, die bei ihnen leben.

Rainer: »Ich habe viel getan. Habe Seminare besucht, um mit meiner Eifersucht fertig zu werden, um mein schlechtes Gewissen gegenüber meinen Kindern zu heilen. Viel ist mir gelungen, sie sagen ich sei ein Verwandlungskünstler. In der Firma bin ich ein respektierter Berater, zuhause bin ich eher unentschlossen und zaghaft.«

Barbara: »Ich wollte alles dazu tun, dass es diesmal gelingt.«

Wer kann urteilen über Menschen, die ihr Bestes tun. Wahr ist: Wir alle tun unser Bestes in einer Beziehung. Der Verstand allein ist ein untaugliches Mittel, Beziehung wieder herzustellen. Wo steht geschrieben, dass eine getrennte Beziehung unheiler ist als eine bestehende? Woher kommt das schlechte Gewissen gegen unausgesprochene Gesetze (vielleicht Familiengesetze) zu verstoßen?

Haben wir ein Recht, unglücklich zu sein?

Ester sagt über die schwere Krise in ihrer Ehe: »Ich weiß wirklich nicht, wie es so weit kommen konnte, denn eigentlich lieben wir uns doch.«

Es ist der langsame Zerfall. Fast unmerklich schleicht sich der Alltag herein, die Sonnentage werden immer seltener. Die Gleichgültigkeit gegenüber dem Partner ist so groß geworden, dass ein Schnitt in der Beziehung für alle wohltuend sein kann. Wenn der Hass und die Gereiztheiten regieren, ist es Zeit zu reagieren.

Wir alle tun unser Bestes in einer Beziehung.

WAS ICH TUN KANN

Auf den vorangegangenen Seiten sind Berichte von Paaren in Beziehung bzw. Nichtbeziehung beschrieben. Nachfolgend finden Sie Fragen, die Ihnen helfen können und Ihnen vielleicht einen Ausweg aus Ihrer speziellen Situation zeigen.

Beantworten Sie die folgenden Fragen ehrlich sich selbst und dem Partner gegenüber. Zuerst Sie selbst, dann wenn möglich, auch Ihr Partner. Vergleichen Sie Ihre Antworten und sprechen Sie unterschiedliche Standpunkte an.

Lösungsstrategie für unsere spezielle Situation

1. **Wir haben eine Situation in unserer Beziehung, die wir ändern wollen! Sehe ich das auch so?**
   ....
   ....
2. **Warum taucht diese Situation gerade jetzt auf?**
   ....
   ....
3. **Was haben wir bis jetzt getan, um die Situation zu verändern?**
   ....
   ....
4. **Was haben wir vermieden, um sie zu lösen?**
   ....
   ....
5. **Welche Erwartungen haben wir an eine gute Lösung?**
   ....
   ....
6. **Wenn morgen früh, nach einer erholsamen Nacht, das Problem, wie durch ein Wunder, gelöst wäre. Wie würde es mir und uns dann gehen?**
   ....
   ....

7. Wie soll die Lösung aussehen, damit ich zufrieden bin?

8. Angenommen, ich hätte gute Gründe für mein Verhalten. Welche sind das?

9. Angenommen, über Nacht würde ein Wunder geschehen und ich hätte keine Probleme mehr, woran würden die anderen das merken?

10. Angenommen, ich würde einen Sprung in die Zukunft machen. Wie würde ich in drei Jahren leben?

11. Angenommen, ich wollte die Probleme verschlimmern, was müsste ich dann tun?

12. Angenommen, ich wollte »rückfällig« werden, was müsste ich tun und was lassen?

13. Wenn sich nichts ändern sollte, das Problem weiterbestehen sollte, was würde alles dazu gehören?

Echte Partnerschaft ist das Ziel.
Was das für den einzelnen beutet,
muss jede/r selbst herausfinden.

Hören Sie sich sagen: »Alles Käse, das geht in jeder Partnerschaft so, am Anfang ist es schön und dann lernt man sich besser kennen, dann lässt das Feuer nach...« oder »Das ist ganz normal, es ist eben so?«

Es ist die Entscheidung eines jeden einzelnen. Wenn eine/r damit zufrieden ist, ist das ihr/sein Standpunkt. Wenn sie/er es ändern möchte, kann dieses Buch ein Wegweiser sein. Und trotz des Titels, »Trennung in Liebe«, muss die Trennung nicht das Ziel dieser Entwicklung sein. Echte Partnerschaft ist das Ziel.

Manchmal ist diese echte Partnerschaft nur durch Trennung zu erreichen. Das Ziel ist »Partnerschaft in Liebe«. Die Bereitschaft, auch eine gute Trennung zu vollziehen, kann die Partnerschaft sehr entlasten. Es macht einem selbst und dem Partner klar, dass dringender Handlungsbedarf besteht. Es gibt keinen Aufschub mehr. Jetzt ist die Zeit zum Handeln. So gesehen ist eine mögliche Trennung nicht nur Belastung, sondern auch Entlastung, das Ungute aus der Beziehung gehen zu lassen.

Es ist die Frage nach Qualität oder Quantität der Beziehung. Will ich mehr von dem, was mir nicht mehr gut tut. Oder bin ich bereit einen Weg zu gehen, an dem ich an viele Gabelungen komme und oft zu entscheiden habe, wohin ich gehe. Bin ich bereit, mir zuzugestehen, dass ich Fehler machen werde? Bin ich bereit, die Kritik der anderen zu ertragen? Bin ich bereit, materielle Einschnitte zu ertragen? Bin ich bereit, mich mit dem auseinander zu setzen, was ich wirklich will?

Mir diese Frage überhaupt zu stellen, was will ich? Was tut mir gut?

EIN SCHRITT VOR UND ZWEI ZURÜCK

von Ulla Meinecke, nach dem Song: *One step up and two steps back* von Bruce Springsteen, Edition *Meridian*, auf ihrer CD *Löwen*:

Wach' morgens auf und das Haus ist kalt
seh' nach dem Feuer, doch es brennt nicht
Der Wagen vor der Tür ist alt
ich lass ihn an, doch er fährt nicht
wir haben uns bittere Lehren erteilt letzte Nacht
doch wir erkennen nicht
wir sind das alte Lied, das selbe Stück
Ein Schritt vor und zwei zurück

Vorm Hotel kann ich die Vögel seh'n
doch sie singen nicht
Mädchen in Weiß vor 'ner Kirche im Juni
doch die Glocken, sie erklingen nicht
Ich sitz' in dieser Bar heut' Nacht
doch alles was ich denk' ist
ich bin das gleiche alte Lied, das selbe Stück
Ein Schritt vor und zwei zurück

Die selbe Sache Nacht für Nacht
wer hat recht? wer hat's falsch gemacht
Noch ein Streit und die Türe fliegt
noch 'ne Schlacht in unserem kleinen miesen Krieg
Wenn ich mich anseh', seh' ich nicht viel
von der Frau, die ich bin, die ich will
Auf diesem Weg verlier ich Stück für Stück
gefangen – Ein Schritt vor und zwei zurück

Da ist ein Mann hier in der Bar
ich krieg die Nachricht, die er mir sendet
Er sieht nicht zu verheiratet aus
und ich, ich tu', als ging's mir blendend
Ich hab' geträumt, ich hielt dich im Arm
die Musik ging nie zuende
Wir tanzten Arm in Arm und Blick in Blick
immer – Ein Schritt vor und zwei zurück.

VORSCHLÄGE, WIE EINE PARTNERSCHAFT OHNE VERLIERER ENDEN KANN

Zitiert aus Shere Hite, Der neue Hite-Report (*Frauen und Liebe – Gefühle im Wandel. Bestandsaufnahme, Analyse, Perspektiven*, © 1987 by Shere Hite. Alle deutschen Rechte bei C. Bertelsmann Verlag, München, in der Verlagsgruppe Random House GmbH) und dem Buch *Sex & Business* ebenfalls von Shere Hite, Financial Times Prentice Hall, aus dem Jahr 2000. Der Vergleich beider Bücher zeigt, wie wenig sich verändert hat.

Wir haben beide ein neues Leben begonnen. Wir konnten eben nur nicht als Mann und Frau zusammenleben.

Frauen sagen:

»Ich bin bereit, über alles zu reden, wenn er nur zuhören würde.«

»Ich glaube, daß sexuelle Leidenschaft und die lang anhaltende Beziehung in einer Ehe nicht miteinander vereinbar sind.«

»Ich habe mich immer gewundert, wieso ein Mann glaubt, eine Frau zuerst ignorieren und schäbig behandeln zu können, und dann erwartet, dass sie mit ihm schläft, wenn ihm danach ist. Offenbar ist es für die Männer nicht wichtig, wie eine Beziehung ist, ob etwas fehlt oder nicht, nur der Sex ist wichtig. Das ist bei mir anders, wenn die Beziehung nicht gut ist, ist auch der Sex nicht gut.«

»Ich weiß immer gleich, wenn er an Sex denkt: Dann ist ihm nämlich alles recht an mir! Aber mich bringt es aus der Stimmung! Außerdem kritisiert er immer mein Gewicht!«

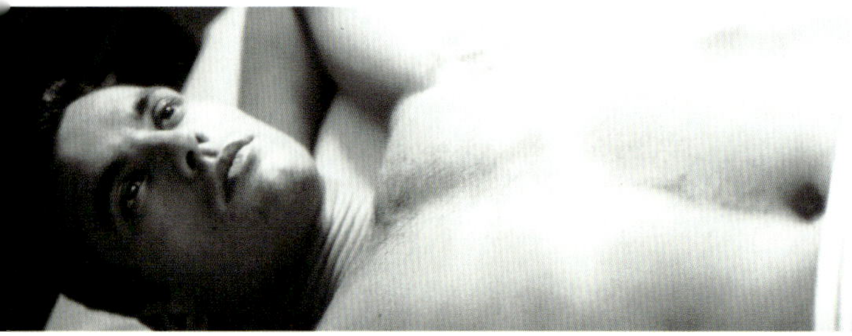

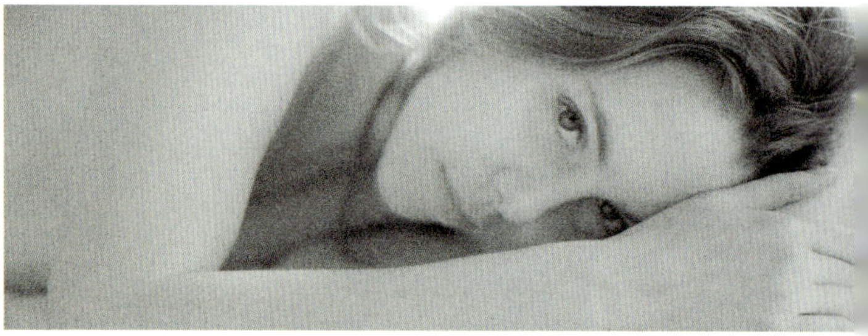

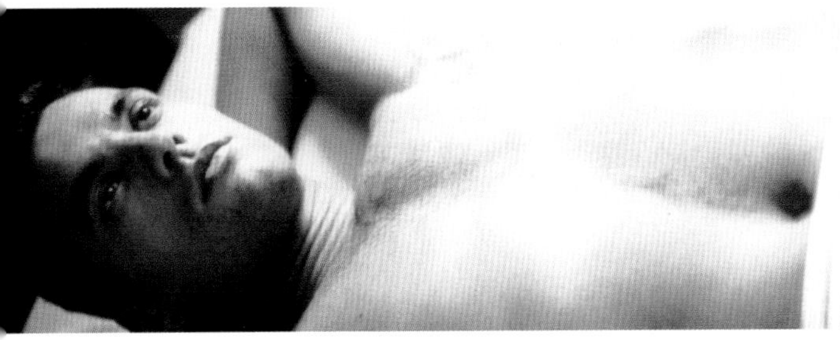

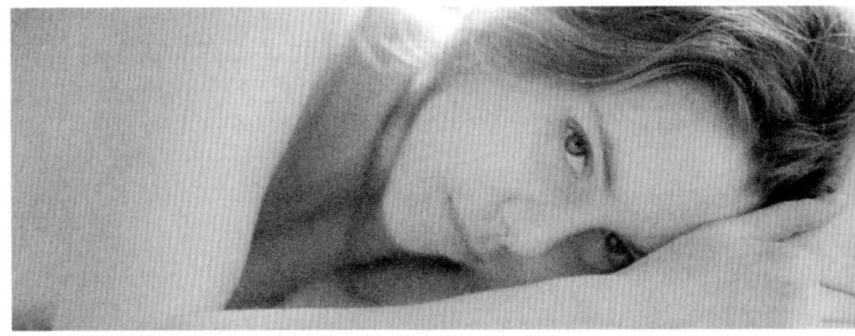

In der Umfrage von 1987 gaben 91 % der Frauen an, sie hätten den Entschluss zur Scheidung herbeigeführt, weil sie sich in ihrer Ehe einsam und isoliert fühlten. Die Mehrheit der Frauen erklärte, dass sie während der Ehe irgendwie das Gefühl hatten, am Leben nicht beteiligt zu sein, anstatt enger mit dem Leben verbunden zu sein. 71 % verspürten Erleichterung, 24 % erholten sich nur schwer von der Scheidung. 4 % waren sehr traurig, die meisten von ihnen »wurden geschieden«.

Wer den Knoten nicht kennt,
kann ihn nicht lösen.

Aristoteles

7 % der Frauen sind mit ihren früheren Ehemännern noch befreundet und mögen sie sehr gern«. Frauen aus dieser 7 % Gruppe sagen:

»Ich fühle mich wohl und bedauere nichts. Wir haben beide ein neues Leben begonnen. Wir lieben uns noch immer! Wir haben dieselben Freunde, außer einigen neuen, die dazu gekommen sind. Wir konnten eben nur nicht als Mann und Frau zusammenleben.«

»Eigentlich glaube ich, dass ich ungefähr 13 Jahre lang eine gute Ehe geführt habe und dass es eine gelungene Trennung war (es gab wenig Reibereien, und die Kinder haben es relativ gut überstanden), und bei unserer Scheidung lief ebenfalls alles glatt – wir bleiben Freunde.« (Shere Hite, Der neue Hite-Report *Frauen und Liebe – Gefühle im Wandel. Bestandsaufnahme, Analyse, Perspektiven*, © 1987 by Shere Hite. Alle deutschen Rechte bei C. Bertelsmann Verlag, München, in der Verlagsgruppe Random House GmbH)

Wir waren grenzenlos verbunden.

Eine Partnerschaft, eine Ehe, ist auf Dauer angelegt. Beide Partner haben sich entschieden, gemeinsam durchs Leben zu gehen. Beide erwarten vom anderen Liebe, Sicherheit, Unterstützung, in guten wie in schlechten Zeiten. Vor dem Traualtar geben wir uns dieses Versprechen für immer! Keiner weiß, ob er es je halten kann.

In der Verliebtheit, in der wir zusammenkamen, schien alles machbar. Wir waren grenzenlos verbunden, haben im geliebten Menschen unseren Lebenssinn gesehen. Wir wollten zusammen alt werden, zusammen Kinder zeugen und aufziehen. Lieben, streiten, verzeihen, Partner sein.

Das alles soll jetzt vorbei sein? Gibt es das, dass ich mich so in ihm/ihr getäuscht habe?

Wie konnte ich diesen Mann nur heiraten? Was hat mich an ihr nur jemals angezogen? Mit diesen Fragen martern wir uns. Sie sind sinnlos, weil sie keine hilfreiche Antwort bergen. Diese Fragen, Gedanken sind der Versuch, sich selbst oder dem anderen Schuld am Auseinanderbrechen der Partnerschaft zu geben.

Wo liegt die Lösung, gibt es überhaupt eine?

Wenn zwei Menschen in Liebe zusammengekommen sind, ist die Liebe auch das Medium, um einen gangbaren Weg für die Trennung aufzuzeigen. Diese unergründliche Kraft, die Sie beide verbunden hat, die Sie beide auf einen Weg gebracht hat, diese Kraft steht zu Ihrer Seite, um sich in Liebe und nicht in Hass zu trennen. Oder, ... noch einmal miteinander neu anzufangen.

Trennungsfähigkeit erreichen oder einen Neuanfang begründen, der beiden Menschen und den Kindern gut tut. Das ist Sinn und Zweck dieses Buches.

> ***»Der wahre Grund für eine Trennung ist ein Geheimnis. Das soll heißen, dass dem Grund für die Trennung etwas zu Grunde liegt, was wir nicht wissen können und nicht zu wissen brauchen. Denn es führt zu der Illusion, man hätte den Grund vermeiden können!«*** (Bert Hellinger; Bern, 26. 2. 1999, Seminar *Wie Liebe gelingt)*

Gibt es das,
dass ich mich so in ihm/ihr
getäuscht habe?

Entspricht Ihr Handeln der Situation? Ist Ihr Handeln dem adäquat, was geschieht? Werden Sie dem Menschen gerecht, mit dem Sie einst ein gemeinsames Leben begonnen haben? »Trennung in Liebe« heißt, dass jeder von beiden einen Schritt zurücktritt, um den anderen zu lassen, wo er steht. Ihn zu lassen wie er/sie ist, ohne Kritik, ohne Vorwurf. Mit dem Versuch, die Liebe wieder mit einzubringen, die einst da war.

Erinnern Sie sich an diese Liebe. Schämen Sie sich nicht dafür. Es war gut so. Jetzt ist eine neue Zeit. Verletzen Sie sich und den anderen nicht, es gibt keinen Grund dafür.

Wenn Sie verletzt werden, sagen Sie »Halt«. Beenden Sie die Situation. Sonst bleiben Sie im Hass vereint, nicht in Liebe.

Die Bindung zwischen Partnern, die durch Liebe und Sexualität vollzogen wurde, reicht weit. Weiter als über jede Scheidung hinaus. Weit hinein in die neue Partnerschaft oder in die Zeit alleine. Das ist der wichtigste Grund, eine gute Trennung ohne Verlierer zu finden.

Es gibt keine Alternative zum Aufräumen bei sich selbst. Jeder bei sich selbst. Fangen Sie jetzt damit an. Es tut Ihnen gut, Ihrem ehemaligen Partner und sicher auch Ihrem neuen Partner. Auch wenn das noch in weiter Ferne scheint. Sie brauchen niemandem Rechenschaft abzulegen, nur sich selbst. Haben Sie den Mut, glücklich zu sein.

Indem jede Form der Schuldzuweisung unterbleibt, gibt es die Möglichkeit zur Lösung. Nur so.

Die Frau hat hunderttausend Gründe, warum es mit diesem Partner nicht klappen konnte. Der Mann hat hunderttausend Gründe, warum es mit diesem Partner nicht klappen konnte. Am Ende bleiben Verlierer. Nur wenn jede Form der Schuldzuweisung unterbleibt, könnne sich die Partner wirklich voneinander lösen.

Der Partner zeigt mir, was mich an mir stört, was ich nicht aushalten kann an mir. Indem ich den Partner kritisiere, zeige ich auf, was mir an mir nicht gefällt. Wenn ich penetrant ordentlich bin, wird mich die Unordnung des anderen stören. Indem ich immer penetranter werde, stört mich die Unordnung immer mehr. Indem ich Unordnung zulassen kann und in mein Leben hereinnehmen kann, ärgert mich die Unordnung der anderen weniger.

Die Streitthemen in der Partnerschaft sind meistens dieselben. Sie wiederholen sich, weil die Lösung beim anderen gesucht wird. »Wenn du ordentlicher wirst, geht es mir besser.« Da der andere keine oder wenig Veranlassung spürt sich zu ändern, bleibt alles beim alten. Zynismus und Verachtung gedeihen so.

Nur bei mir kann ich Veränderung oder ein versöhnliches Ende des Streites bewirken. Ich kann die Unterschiede akzeptieren. Unterschiedliche Meinungen stehen lassen, wir kommen miteinander aus. Trotz unterschiedlicher Auffassungen und Standpunkte Kompromisse finden. Das gilt für die Zeit der Partnerschaft ebenso wie für die der Trennung. Was der Partnerschaft gut tut, tut auch den Partnern gut, die sich trennen. Eigentlich wissen wir das alles, können dieses Wissen jedoch oft nicht in Situationen abrufen, die uns emotional stark packen. Doch kaum drückt der Partner den bekannten Knopf, geht schon wieder die Post ab…

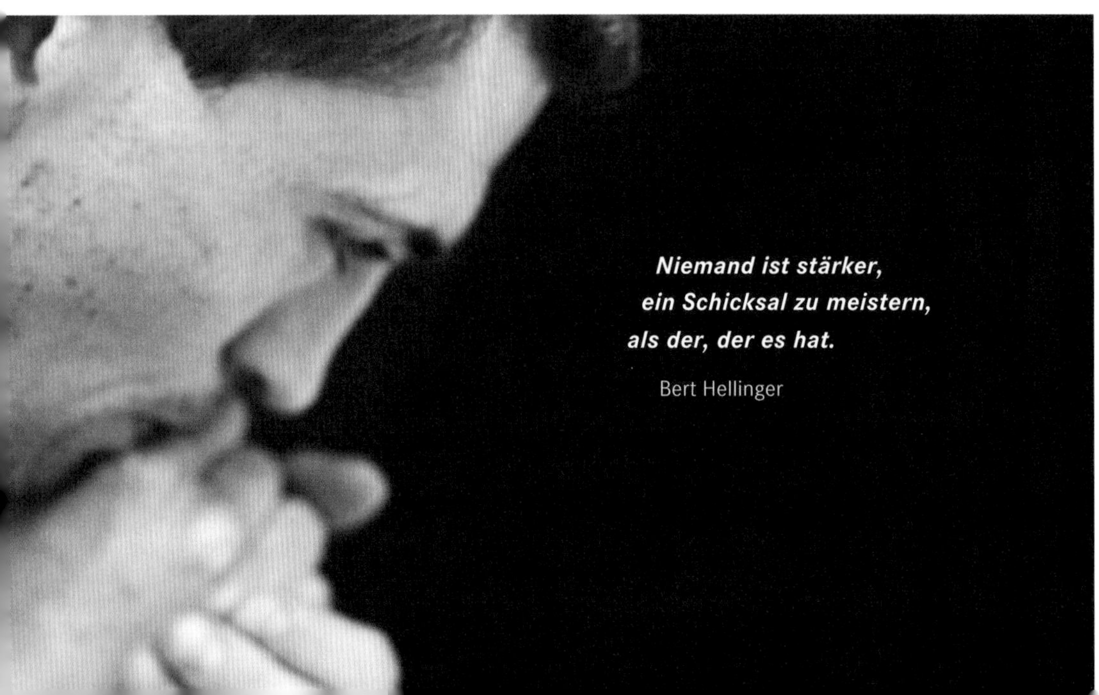

WAS SIE DAVON HABEN, SICH IN FRIEDEN ZU TRENNEN

Es ist viel Arbeit, eine Beziehung achtsam mit sich und dem anderen Menschen zu beenden. Viel Arbeit an sich selbst. Aber es geht. Ihr Anteil an einer Trennung in Liebe beträgt 50 Prozent. Die Hälfte des guten Willens einzubringen ist Ihr Job. Mehr geht nicht.

Sich in Frieden zu trennen bringt Kraft in das eigene Leben. Es bedeutet, sich selbst im Spiegel ungeschminkt wieder anschauen zu können.

Wenn Sie Kinder haben, werden Sie merken, dass viel Druck von den Kindern weicht. Kinder übernehmen unbewusst, aus Liebe, den Druck, der in vielen Partnerschaften herrscht. Die Kinder wollen nur eins, dass Mama und Papa sich vertragen. Nicht so wichtig ist den Kindern, ob die dabei verheiratet sind oder bleiben. Kinder spüren genau, ob ein heftiger Streit um die Sache geht oder ob versteckter, aufgestauter Hass auf den Partner in unsäglichen Auseinandersetzungen zu Tage tritt. Aggression und Krankheiten sind oft die letzten Möglichkeiten für die Kinder, aber auch für die Eltern, um unerträgliche Spannungen auszudrücken.

Kinder tragen eine große Last, wenn die Eltern nicht in der Lage sind, mit Ihrer Partnersituation fertig zu werden.

Wenn Sie Ihre Beziehung nicht in Ordnung bringen können, wenn nichts hilft, beenden Sie diese, in Liebe, Ihnen und Ihren Kindern zuliebe.

Kinder brauchen die Sicherheit, nicht verlassen zu werden. Sagen Sie das klar und deutlich den Kindern, am besten gemeinsam mit Ihrem Partner. Reden Sie nicht drum herum. Sagen Sie was ist. »Wir lieben uns nicht mehr. Wir haben beschlossen, uns zu trennen. Aber Papa und Mama sind weiter für Euch da. Immer. Wie bisher, ein bisschen anders, aber vielleicht mit noch mehr Geduld und Liebe, für Euch.«

Wenn auch die Zeit, die Sie mit Ihren Kindern verbringen, vielleicht weniger sein wird, können Sie und die Kinder sie nach gelungener Trennung mehr genießen als vorher.

Kinder brauchen die Sicherheit, nicht verlassen zu werden.

Papa und Mama sind weiter für Euch da.

Sie werden anfangs viel Unverständnis ernten. Vielleicht sind Ihre Eltern, Schwiegereltern aus dem Häuschen. Vielleicht versteht Sie keiner. Ihre Freunde werden aus allen Wolken fallen: »Die beiden? Aber bei denen schien doch alles in Butter...« Die Geschwister werden rebellieren. Diese Reaktionen zeigen, dass viel bei den anderen angestoßen wird, sie spiegeln aber auch die Ängste und Unsicherheiten der Außenstehenden. Es ist üblich, auch mal bei anderen über den Partner zu schimpfen, das kennen Sie sicher? Aber dass ein Mann oder eine Frau wirklich handelt, die Konsequenzen zieht und sich trennt, die ganze Sicherheit aufgibt... Das ist zu viel. Da wankt der Glaube, alles würde immer so weiter gehen.

Sicherlich ist es schwerer, Stellung zu beziehen, als nur weiterzumachen, wie gehabt. Mehr vom selben erhalten Sie an jeder Ecke. Mehr von dem, was Ihnen gut tut, müssen Sie bestellen, im Sinne von Feld bestellen, im Sinne von tun.

Deshalb prüfen Sie sich gut, ob es Ihr Weg ist. Keiner kann Ihnen die Verantwortung des Handelns abnehmen. Wenn die Not in der Beziehung groß genug war, ist sie Ihr bester Verbündeter. Dahin wollen Sie nie mehr zurück. Alles andere ist besser. Dann handeln Sie, in Liebe mit sich und den anderen, jetzt. Niemand ist stärker von Ihrer Not betroffen als Sie selbst, deshalb haben Sie die größte Motivation, die größte Kraft zur Änderung.

Nehmen Sie Ihre Autorität des Handelns zu sich, seien sie für sich selbst verantwortlich. Kein Meister kann für Sie handeln. Ihre Entscheidungen bringen Veränderung. Es ist gut, sich Rat zu holen, sich beraten zu lassen. Aber nach dem Abwägen aller Informationen handle ich eigenverantwortlich und trage die Folgen.

Was verbindet in Trennung befindliche Paare, geschiedene Menschen noch so sehr, dass sie nicht voneinander lassen können und immer wieder im Streit zusammenkommen?

Liebe ist genug für alle da.

Sie sind im Unglück, im Leid verbunden. Es sind die offenen Rechnungen, die noch nicht ausgeglichen sind. Es sind die tiefen Wunden, die in unguter Sexualität und Verachtung zugefügt wurden. Vielleicht sind es von früheren Generationen übernommene Gefühle, die manchen Menschen zwingen, etwas auszugleichen, was Früheren geschah.

Wohin mit dieser Last? Was bringen Ihnen die Vorwürfe? Wenn die Beziehung von einem Partner beendet wird, kann der andere nichts tun. Wenn einer aufhört, ist auch der andere gezwungen, einen neuen Weg zu gehen. Es tut weh, gezwungen zu werden. Aber kann ich verlangen, dass der andere sein Leben lang aushält, nur damit ich weitermachen kann?

Oft definieren wir uns über den Partner. Wir erleben die Aspekte unserer eigenen Lebensthemen in unseren Beziehungen. In der Partnerschaft drücken sich diese Aspekte als Ängste, unerfüllte Wünsche, Sehnsüchte, Hoffnungen aus. Diese Anforderungen kann kein Partner erfüllen. Wir werden unser Glück nie finden, wenn wir es vom anderen fordern, wenn der/die andere irgendwie sein muß, damit wir glücklich sein können.

> ***»Was dem Grund für die Trennung zu Grunde liegt, können wir nicht wissen und brauchen wir nicht zu wissen. Denn es führt zu der Illusion, wir hätten den Grund vermeiden können!«*** (Bert Hellinger)

Kein Meister kann für Sie handeln.

DIE LEICHTFERTIGE TRENNUNG

Was ist eine leichtfertige Trennung? Wieviel Leid muss gelitten sein, um sich trennen zu dürfen? Immer werden subjektives Urteilen und Wertung die Grundlage sein, um zu sagen, diese war eine leichtfertige Trennung, jene nicht. Oft »benutzen« Partner auch ihr Leid, um Trennung vor sich und anderen zu rechtfertigen.

Gibt es also die leichtfertige Trennung? Leichtfertig kann sie sein, wenn die Kinder Angst haben müssen, einen Elternteil zu verlieren: 60 Prozent der geschiedenen Väter kümmern sich nach einem Jahr nicht mehr um ihre Kinder.

Leichtfertig kann sie sein, wenn beide Eltern der Verpflichtung, gegenüber ihren Kindern Schutz und Geborgenheit, Sicherheit und Liebe zu geben, nicht mehr nachkommen. Leichtfertig kann sie sein, wenn ich nicht bereit bin, die Folgen meines Handelns zu tragen.

Ist Leichtfertigkeit in Zeiteinheiten messbar? Wenn sich jemand schnell darüber klar ist, dass dies nicht die richtige Art von Beziehung ist, in der er leben möchte, ist dann seine schnelle Trennung leichtfertig? Bedarf es schwerwiegender Gründe wie körperlicher Gewalt, destruktiver Gefühle etc., um eine Trennung nicht leichtfertig zu nennen? Hat ein außenstehender Mensch überhaupt das Recht, eine Trennung als leichtfertig zu werten? Jeder muss sich selbst über die Folgen seines Handelns klar werden. Das reicht.

Bert Hellinger spricht vom Beziehungskapital, das sich mit der Häufigkeit der Beziehungen aufbraucht. Ich glaube, er meint damit die Bindungsstärke, Bindungsintensität, das Verpflichtungsgefühl gegenüber dem Partner. Ich glaube, dass mit jeder Beziehung etwas von diesem Beziehungskapital bei dem vorherigen Partner verbleibt. Manchmal mehr, manchmal weniger. Dieses Beziehungskapital, aus dem wir Kraft für das Zusammenleben und das Überwinden von Schwerem

ein »gutes Sein miteinander«
oder
ein »gutes Sein ohne einander«

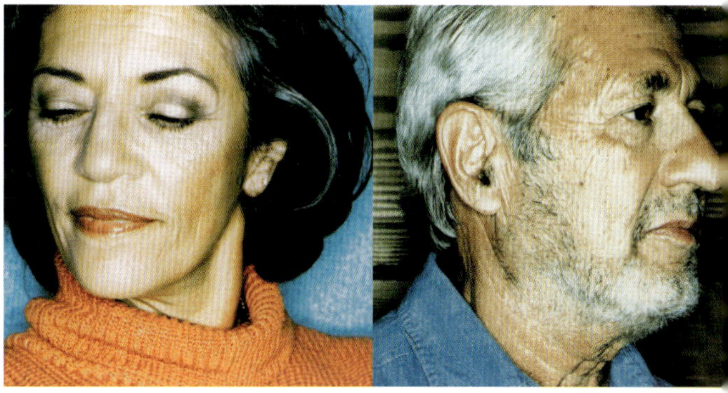

schöpfen, nimmt mit vielen Partnerschaften ab. Irgendwann haben wir dann nur noch die Kraft mit uns selbst zurechtzukommen.

Ob eine Trennung voreilig war oder nicht, wird sich erst nach Jahren an den Folgen des Handelns oder Nichthandelns ablesen lassen. Wenn die unmittelbare Betroffenheit der Beteiligten abnimmt und ein Gegenüberstellen erlaubt, von dem was gewonnen wurde und von dem was verloren wurde. Doch dann ist es geschehen und die Folgen sind zu tragen.

Wichtig ist, sich im Vorhinein darüber klar zu werden, dass die Trennung der Partner ein schwerer Schritt mit weit reichenden Folgen ist, eben genauso wie die Bindung zu Anfang. Andererseits ist es gerade das Anliegen dieses Buches, Scheidungsfähigkeit und/oder Beziehungsfähigkeit herzustellen und Wege aufzuzeigen, die ein »gutes Sein miteinander« oder ein »gutes Sein ohne einander« zulassen.

Wenn einer der Partner anfängt, über die Partnerschaft zu reflektieren, ist höchste Achtsamkeit für die bisherige Beziehungsform angesagt. Partner haben einen guten Instinkt dafür, was passieren kann, wenn sie oder er sich auf den Weg der Selbsterkenntnis, den Weg nach Innen begeben. Ihre Ehe in der bisher gelebten Form steht auf dem Spiel. Aber es gibt die Möglichkeit, Veränderung im eigenen Leben zuzulassen oder auch nach einer Trennung gut miteinander zu sein. Die Reflexion des Lebens kann nicht verhindert werden. Weder bei mir selbst und schon gar nicht beim Partner.

Ihre Ehe
in der bisher gelebten Form
steht auf dem Spiel.

Die Ehe ist der Versuch,
aus einem Moment
etwas Dauerhaftes zu machen.
Albert Einstein

WAS SIE DAVON HABEN,
sich gegenseitig keine Schuld zuzuweisen

Es darf keine Schuldzuweisung geben! Wenn Sie »Trennung in Liebe« wollen, suchen Sie nie nach Ursachen! Es gibt zu viele Gründe. Keiner weiß, ob die, die Sie finden, auslösend waren für die Trennung. Und es bringt gar nichts, nur Schuldgefühle. Wo Schuld ist, wird immer eine Ursache gesucht.

Verwenden Sie Ihre Kraft für die Lösung. Die Lösung liegt nicht in der Vergangenheit, sondern in Ihrer Liebe zu sich und dem Partner. Einer Liebe, die einmal da war. Erinnern Sie sich. Diese Liebe kann in der Krisen-, selbst in der Trennungssituation für beide das Seil sein, an dem sie sich aus dem Sumpf der gegenseitigen Anschuldigungen herausziehen können. Entschuldigen Sie sich nicht für Ihren Willen, Wahrhaftigkeit in die Beziehung zu bringen. Lassen Sie sich auch nicht beschuldigen. Nach Schuld sucht nur, wer Eigenes nicht ansehen will.

Jeder Partner kann tausend Gründe finden, warum die Partnerschaft am anderen zerbrochen ist, tausend »gute« Gründe. Vergessen Sie die alle. Es bringt nichts, auch nur einen einzigen Vorwurf an den anderen zu richten.

*Nach Schuld sucht nur,
wer Eigenes nicht ansehen will.*

Vorwürfe verwunden, werfen das Gute zurück, blockieren und verzögern den Heilungsprozess. Schuldzuweisung und Vorwürfe erschaffen sich selbst immer neu. Das bringt nichts. Zu meiner Schuld (im Sinne von Verantwortung), wenn ich etwas getan habe, kann ich mich bekennen. Das hat eine gute Wirkung. Die Schuldzuweisung versucht das eigene Beteiligtsein zu verdecken indem der andere Mensch beschuldigt wird.

Wolf Singer, Direktor des Max Planck Instituts für Hirnforschung, Frankfurt a.M.: »Wir müssen den Umgang mit Fehlverhalten, Schuld und Strafe überdenken.«

In einem Interview mit Harald Hohnen, am 26. Juni 2001 in Berlin, spricht Bert Hellinger über *Was führt zur Versöhnung, Opfer und Täter.*

Bert Hellinger: *»Jetzt haben die letzten Erfahrungen aus dem Familien-Stellen gezeigt, welches die wirksamen Wege zur Versöhnung sind. Das Wichtigste ist – wenn ich jetzt bei Tätern und Opfern bleibe –, dass beide auf das schauen, was geschehen ist. Dass also die Opfer auf all das Leid schauen, was die anderen erlitten haben. Und die Täter auf das Leid schauen, was die anderen erlitten haben. Und dass sie jetzt gemeinsam um das, was geschehen ist, trauern. Dass sie also beide den Schmerz um das, was geschehen ist, fühlen.*

Die Opfer entgehen dem Schmerz, indem sie anklagen. Die Täter entgehen dem Schmerz, indem sie sich rechtfertigen oder ihre Schuld einfach verleugnen. Dabei ist es wichtig, dass beide nicht mehr als Gruppe auftreten, denn wenn die Opfer als Gruppe den Tätern als Gruppe gegenüberstehen, ist das völlig undifferenziert.

Wenn jetzt ein Nachkomme von Indianern, der weiß was seinem Stamm alles angetan wurde, wie wenige damals überlebt haben, und was auch in all der langen Zwischenzeit an Leid erfahren wurde, nur auf dieses Leid schaut und einfach Schmerz darüber empfindet, und wenn der Täter, der Nachkomme der Täter – er ist ja selber kein Täter, sondern nur ein Nachkomme – auch auf dieses Leid schaut, dann stehen beide dem anderen als einzelne Menschen gegenüber. Dann sieht der Nachkomme der Täter, welchen Schmerz der Nachkomme der Opfer empfindet und empfindet auf einmal auch diesen Schmerz. Dann kann er mittrauern und beide verneigen sich zusammen vor denen, die solches erlitten haben, mit Liebe und Achtung.

Das verbindet sie miteinander. Und wenn sie jetzt zusammen überlegen, was können wir machen, damit es zwischen uns wieder gut wird, dann reden sie von Mensch zu Mensch mit tiefem Verständnis und finden Wege, die lösen und versöhnen.«

Harald Hohnen: *»Kannst du diesen Zusammenhang noch etwas verdeutlichen? Früher war ja das Benennen von Verantwortlichkeit und auch das Benennen von Schuld wichtig.*

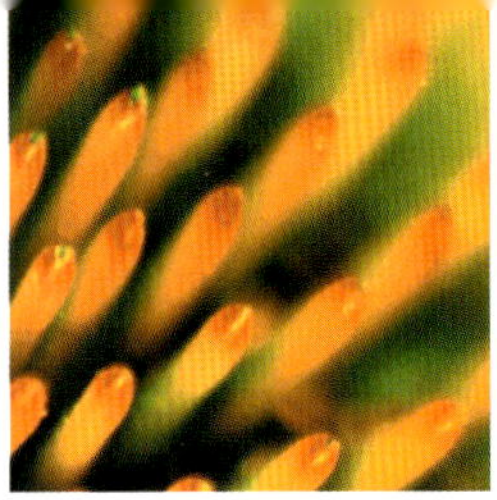
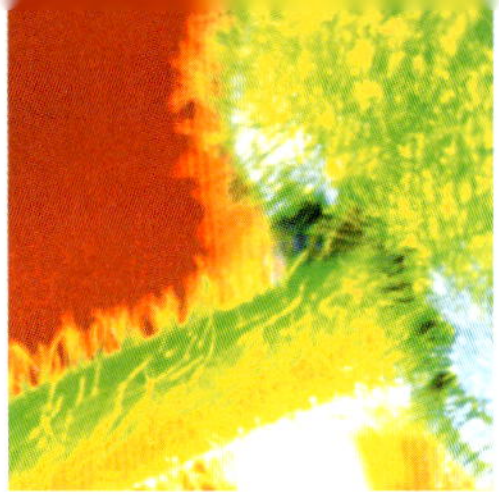
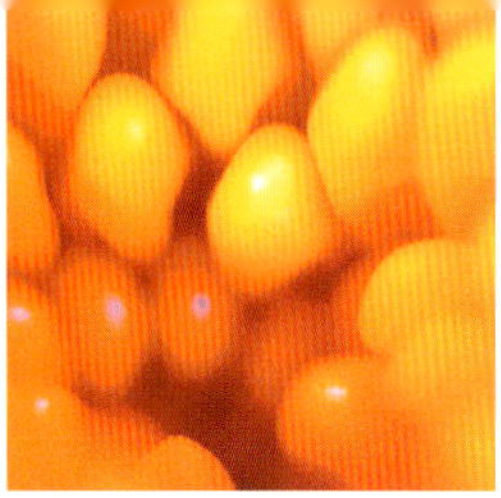

Jetzt wird über diese Ebene häufig hinausgegangen. Das Wesentliche für dich ist jetzt das gemeinsame Trauern, das gemeinsame Schauen auf den Schmerz.«

Bert Hellinger: *»Das Schauen auf die Schuld und das Schauen auf die Verantwortung setzt eine klare Grenze: Ich bin gut und unschuldig und du bist böse und schuldig. Gerade indem man auf diese Verantwortlichkeit hinweist, verhärtet man die Fronten. Sowohl im Herzen der Opfer wird gegenüber den Tätern etwas zugemacht, und auch die Täter machen zu. Wenn auf die Verantwortung geschaut wird, ist wesentlich, dass der Täter nicht nur als Einzelmensch gesehen wird, der etwas in der Hand hat, der also in diesem Sinn böse war, sondern das man ihn in ein größeres System eingebunden sieht, dem er im Grunde verpflichtet war und dem er oft auch unausweichlich ausgeliefert war.*

Also viele Täter im Krieg sind in Situationen hineingeraten, denen sie nicht entrinnen konnten. Nicht weil sie vielleicht sich nicht hätten widersetzen können, aber aus der Loyalität zu ihrer Gruppe heraus, auch aus dem Gefühl, wir tun etwas für unser Land, oder wir verteidigen unser Land, oder wir schützen uns vor den Barbaren. Die Russen wurden als Unmenschen verteufelt, sodass eine ganz große Furcht entstand, was passiert, wenn die Russen zu uns kommen. Sie wurden nicht als Menschen sondern als Untermenschen gesehen. Dadurch wurde der Krieg auch so barbarisch, von beiden Seiten. Daher waren viele Soldaten eingebunden in Bilder, denen sie nicht entrinnen konnten.

Wenn ihnen jetzt erlaubt wird, hinzuschauen auf das, was wirklich geschehen ist, wenn sie jetzt die einzelnen Toten sehen, die eigenen Toten und die Toten auf der sogenannten Feindseite, wenn sie auf all das Leid schauen, was sie den anderen angetan und was sie selbst erlitten haben, fühlen sie sich als Menschen unter Menschen, die wie sie in etwas eingebunden waren, und können dann trauern. Und zwar nicht nur über die Opfer, auch über ihre Schuld können sie trauern. Das verbindet.«

Harald Hohnen: *»Ich fand, eine Aussage, die du in diesem Jahr in New York gemacht hast, wesentlich: Die Trauer kann sich bei einem Täter nicht zeigen, wenn er als Täter benannt wird. Wenn man zum Beispiel in Auschwitz einem Deutschen sagt: Du bist doch ein Deutscher, oder wenn in Hiroschima einem Amerikaner gesagt wird: Du bist doch ein Amerikaner. Ist das in diesem Zusammenhang so zu sehen?«*

Bert Hellinger: *»Genau, denn in dem Augenblick wird jemand wieder in seine Gruppe gestoßen, in ein Kollektiv, und kann dann aus dem nicht ausbrechen. Aber als einzelner Mensch kann er ausbrechen, indem er den anderen als Menschen sieht und auch von ihm als Mensch gesehen wird. Auf dieser Ebene gibt es Versöhnung. Zwischen den Kollektiven gibt es diese Möglichkeit im Grunde nicht, es sei denn, dass sehr viele Einzelne bereits diesen Schritt getan haben und viele andere Einzelne von der anderen Gruppe über Begegnungen kennen gelernt haben, sodass sie Mitgefühl und die gegenseitige Achtung haben. Das wirkt dann auf das ganze Kollektiv.«*

(Videos zum Thema: *Edition Movements of the Soul* über www.hellinger.com)

WAS SIE DAVON HABEN, DIE VERANTWORTUNG ZU SICH ZU NEHMEN

Es gibt keine Schuld! Könnte das sein? Dann kann ich niemanden anderen für mein Schicksal verantwortlich machen. Was ist das für eine Last! Aber was ist das auch für eine Befreiung! Ich bestimme, wie ich damit umgehe, wie ich das aufnehme, was mir geschieht, wie ich das werte (wenn ich überhaupt werte), was passiert.

Ich habe oft die Wahl, mich für oder gegen etwas zu entscheiden. Vieles kommt aber unverhofft auf mich zu. Ich muss mit Krankheit oder Verlust von geliebten Menschen umgehen, weil solche Schicksalschläge in mein Leben treten. Aber ich entscheide, ob ich mich durch sie vernichten lasse oder ob ich mich daran aufrichte, ob ich die Kraft nutze, die eben auch in einem Schicksalsschlag steckt.

Indem ich meine Wunden und Narben anerkenne, heile ich sie.

Dostojewskis Wort *»Ohne Gott wäre alles erlaubt«* meint auch: Wenn ich nicht die Verantwortung zu mir nehme, wer soll sie für mich tragen?

Mich selbst kennenlernen, nicht nur, wie ich sein will, sondern auch, wie ich bin, aber nicht sein will, gehört zum Weg. Besonders und gerade in der Partnerschaft. Wenn ich erkennen lerne, dass Opfer und Täter ohne einander nicht sein können.

Schuld darf irgendwann vorbei sein. Wer Schuld aufrecht erhält, hat oft etwas davon.

Dieser Weg zur Verantwortung kann auch mit der totalen Ablehnung solcher Gedanken beginnen.

Ob jemand auf der Seite der Ablehnenden oder der Zustimmenden steht, darauf kommt es nicht an. Wichtig ist die Kraft, die uns zwingt, uns vehement auf die eine oder andere Seite zu stellen, z. B. für oder gegen Atomkraft zu sein. Dieser Kraft können wir uns nicht entziehen. Im Engagement sind Gegner und Befürworter gleich. Es ist wichtig, einen Standpunkt zu finden und einzunehmen. Wir können grundsätzlich, auch nach reiflicher Überlegung, den Standpunkt wechseln. Wir können lernen, den anderen Standpunkt zu achten. Aber wir können jedoch immer nur einen Standpunkt einnehmen.

Jesus sagt: ***»Sei heiß oder kalt,***
die Lauwarmen spucke ich aus!«

Die Beschäftigung mit Verantwortung, Schuld, Projektion, Ehre, Anerkennung, Konsequenz, hilft mir, mich als den Mensch zu sehen, der ich wirklich bin. Der direkteste Weg zur Lösung aus Verstrickungen ist der Weg der Liebe. Auf diesem Weg kann mir klar werden, dass ich die Kraft habe, mir zu vergeben; dass ich die Kraft habe, meine Anteile zu mir zu nehmen; dass ich die Fähigkeit habe, bei mir zu bleiben und nicht am anderen »herum-

Im anderen jemanden zu sehen, der mit sich ringt und oft genug, wie ich selbst, unterliegt.

zuschrauben«. Dieser Weg ermöglicht mir, im anderen einen Menschen zu sehen, der in all seiner Unfähigkeit sein Bestes tut und gibt, im anderen jemanden zu sehen, der mit sich ringt und oft genug, wie ich selbst, unterliegt.

In dem ich aufhöre etwas sein zu wollen,
kann ich der Mensch werden, der ich bin.

Erich Fromm *Vom Haben zum Sein*: *»Oft ist der Gang zum Psychoanalytiker ein leichter Ausweg, um seine Probleme nicht selbst angehen zu müssen. Mit dem Ideal eines Lebens ohne Reibung, Leiden und Anstrengung, geht der Glaube einher, dass das Leben keine Konflikte oder schmerzvollen Entscheidungen mit sich bringen sollte. (...) Ich halte diese Annahme für naiv. Nur in einem ganz oberflächlichen und entfremdeten Leben können wir bewusste Entscheidungen vermeiden. Dafür kommt es dann zu einer Fülle neurotischer und psychosomatischer Symptome, zum Beispiel zu Magengeschwüren und Bluthochdruck, die Ausdruck unbewusster Konflikte sind. Wenn ein Mensch die Fähigkeit zu fühlen noch nicht vollständig verloren hat, wenn er nicht zum Roboter geworden ist, dann kann er es nicht vermeiden, schmerzvolle Entscheidungen treffen zu müssen. (...) Ähnliches gilt für die Probleme im Zusammenhang mit einer Scheidung. Die Entscheidung, sich von seiner Frau – oder von seinem Mann – zu trennen, ist eine der Schmerzvollsten. Dennoch kann sie notwendig sein, um endlose Konflikte zu beenden. In einer solchen Situation denken Tausende sie müßten analysiert werden, weil sie einen ›Komplex‹ hätten, der ihnen die Entscheidung so schwer mache. In Wirklichkeit haben sie oft andere Motive. Sehr häufig wollen sie einfach die Entscheidung hinausschieben mit der Rationalisierung, dass sie erst durch die Analyse herausfinden müßten, was ihre unbewußten Motive sind.«*

Erich Fromm führt weiter aus, dass viele Paare über den Umweg Therapeut oder Psychoanalytiker versuchen Zeit zu gewinnen, die Entscheidung hinauszuschieben, bis ein einsichtiger Grund gefunden ist, warum man sich scheiden lassen kann. Viele hoffen auch, dass der Analytiker Ihnen die Entscheidung abnimmt.

Er weist darauf hin, dass gerade die starke Position des Therapeuten oder Analytikers Entwicklung verhindert indem der

Die Entscheidung, sich von seiner Frau – oder von seinem Mann – zu trenne

»Patient« von einer alten Bindung, sei es an Vater oder Mutter, in eine neue Bindung, die zum »wissenden« Therapeuten, wechselt.

Erich Fromm: *»Angesichts der vielen Gefahren, die den Menschen bedrohen, angesichts des Todes, der Ungewissheit der Zukunft, der Begrenztheit des Wissens, kann der Mensch nicht anders, als sich ohnmächtig zu fühlen. Diese existentielle Ohnmacht des Einzelnen wird durch die historische Machtlosigkeit des Menschen verstärkt, die es in allen Gesellschaften gibt, in denen eine Elite ihre Ausbeutung der Mehrheit aurechterhalten will. (...) Aufgrund der existentiellen wie auch aufgrund seiner historischen Situation versucht der Mensch sich an ›magische Helfer‹ zu binden: an Schamanen, Priester, Könige, politische Führer, Väter, Lehrer und an die Psychologie sowie an Institutionen wie Kirche und Staat. Häufig bieten sich jene, die den Menschen ausbeuten, als solche ›Vaterfiguren‹ an und werden auch als solche gerne angenommen. Man zieht es vor, Menschen zu gehorchen, die es angeblich gut meinen, als sich selbst einzugestehen, dass man aus Angst und Ohnmacht gehorcht.«*

In dem ich aufhöre etwas sein zu wollen, kann ich der/die werden, der/die ich bin.

Erich Fromm schreibt weiter in *Vom Haben zum Sein*: *»Eine weitere Gefahr bei konventionellen Psychoanalysen liegt darin, dass der Patient oft nur vorgibt, sich ändern zu wollen. Leidet er an einer unglücklichen Beziehung, so ist es nur verständlich, dass er seine Symptome loswerden möchte. Wer wollte das nicht? Aber er ist nicht willens, den Schmerz und die Qualen zu ertragen, welche untrennbar mit dem Prozess des inneren Wachstums und des Unabhängigwerdens verbunden sind. Wie löst er dieses Dilemma? Indem er der ›Grundregel‹ folgt und alles, was ihm in den Sinn kommt, ohne Zensur sagt, erwartet er, ohne Schmerz, ohne Anstrengung, geheilt zu werden. Er glaubt also an eine ›Heilung durch Reden‹. Aber so etwas gibt es nicht. Ohne Anstrengung und ohne Bereitschaft, Schmerz und Angst zu durchleben, kann niemand wachsen.«*

(Rainer Funk, Hrsg.: Erich Fromm. *Vom Haben zum Sein.* © Quadriga Verlag Berlin in der Econ Ullstein List Verlag GmbH & Co. KG, München)

t eine der Schmerzvollsten.

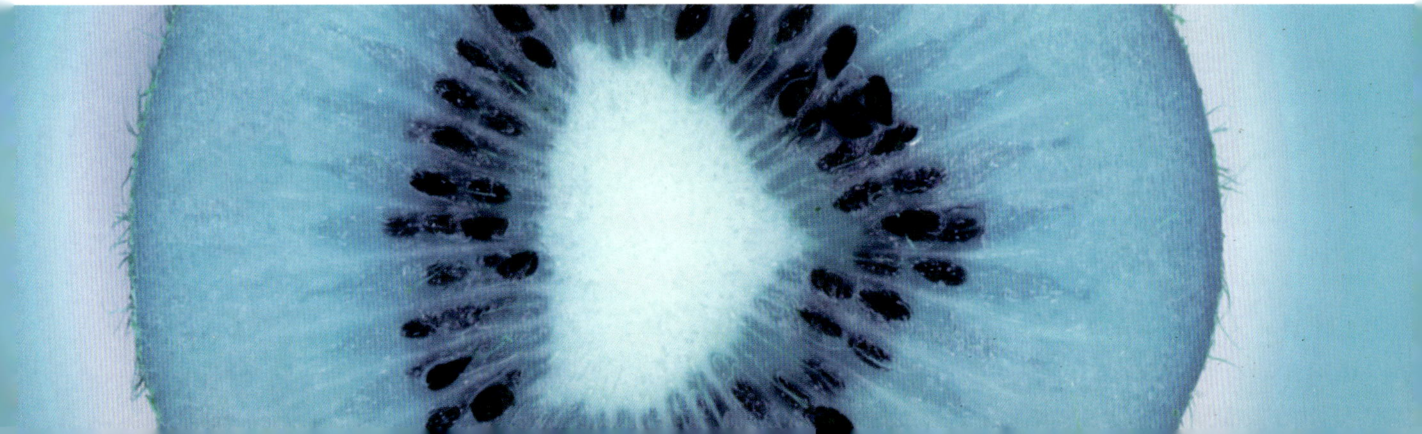

Wir leben in dem Gegensatz, dass Liebe zum einen ein hoher Wert in der Gesellschaft ist, zum anderen aber ständig mit Liebesersatz kompensiert wird.

Wir leben in dem Spannungsfeld, dass Liebe zum einen ein hoher Wert in der Gesellschaft ist, zum anderen aber ständig mit Liebesersatz kompensiert wird wie z. B. mit Arbeit, Nikotin, Alkohol, Geld, Macht, Sex, Besitz, Statussymbolen etc. Wir schaffen im Außen Werte die gut und wichtig sind, lassen es aber dabei und bringen es nicht fertig, Werte im Innen zu schaffen.

Wir handeln in Mustern, wenn unsere Reaktionen automatisch, emotional geladen sind, zwanghaft sind und wir immer recht haben wollen.

Gib dem anderen das,
was du dir am meisten von ihm wünschst.

»Ohne Anstrengung und ohne Bereitschaft, Schmerz und Angst zu durchleben, kann niemand wachsen.«
(Erich Fromm)

Der Bund fürs Leben ist mit Sehnsüchten verbunden, die unerfüllbar sind.

Auslaufmodell Ehe? Neue Beziehungsformen, das Leben ist die beste Therapie.

Statistik: In den USA wird jede zweite Ehe geschieden. Das liegt auch daran, dass ein Zusammenleben ohne Trauschein vor der Ehe, wie in Europa oft üblich, nicht so verbreitet ist. In Deutschland wird jede dritte Ehe geschieden.

Der Bund fürs Leben ist oft mit Sehnsüchten verbunden, die unerfüllbar sind. Folge ist die Enttäuschung, die auf diese Täuschung folgt.

Die ideale Partnerschaft, gibt es sie? Wenn es sie je gegeben hat, dann war sie erarbeitet von den Partnern. Mit Geduld, mit Verständnis für den anderen, mit viel Liebe und Mitfühlen,

Klarheit, Zeit füreinander, mit Tränen über den Schmerz und über das, was nicht zu erreichen war. Mit dem Wissen und der Erfahrung, dass ein Streit reinigt, dass auch Streiten gelernt sein will.

> *»Wenn ich mich nicht traue bös zu sein,*
> *kann das die Beziehung zerstören.«* (Bert Hellinger)

Beziehung ist ein Reifeprozess. Die Beziehungsform der Ehe scheint für viele nicht mehr erstrebenswert. Dies liegt nicht an der Institution Ehe. Sondern daran, dass wir nicht gelernt haben mit Beziehungen umzugehen. Wir haben nicht gelernt, mit uns selbst umzugehen. Aber das ist keine Entschuldigung, sondern die Aufforderung, Licht in dieses Beziehungsdunkel zu bringen. Letztlich ist dieses Licht nur durch Leben, das Erleben, das Durchleben unseres Lebens möglich. Das Leben ist die beste Therapie. Der Ansatz, sich in Liebe zu Trennen oder in Liebe die Partnerschaft neu zu begründen, ist ein Weg unter vielen.

In Liebe Klärung zu suchen. Ohne Schuldzuweisung zu handeln. Vergangenen Schmerz vergehen zu lassen. Chancen zu erkennen. Sich an den guten Möglichkeiten für alle orientieren. Dahin soll der Weg führen. Für die Partner und deren Kinder.

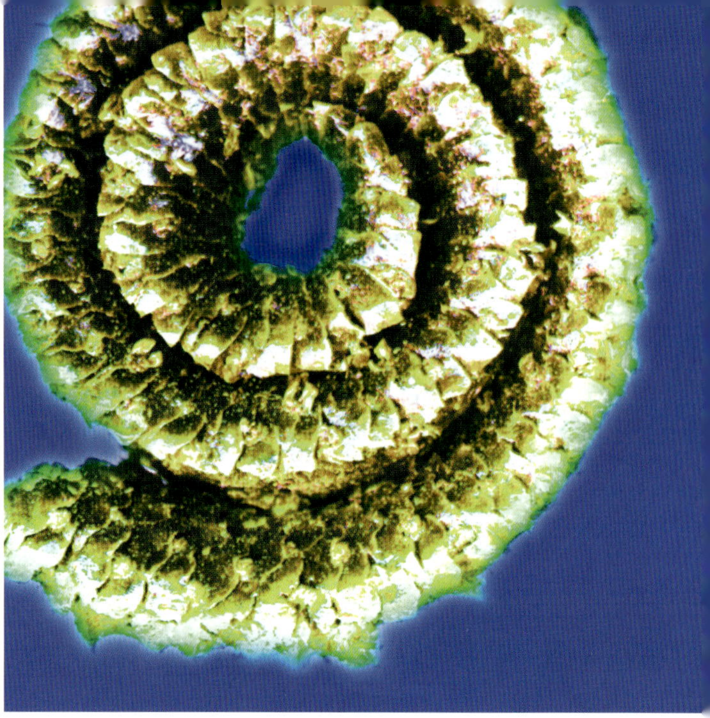

Die **ideale** Partnerschaft, gibt es sie?

Das **Leben** ist die beste Therapie

Sich an den guten Möglichkeiten, für alle

Wir jagen einer Soap-Welt nach,
als hätten wir einen Anspruch auf
Gesundheit,
Wohlstand,
Sorgenfreiheit,
als wäre unser eigenes Leben ein
Ausrutscher.

rientieren.

LEBEN SIE RUHIG WEITER, WIR MACHEN DEN REST

So oder so ähnlich entwirft die Werbewirtschaft ein Bild vom idealen Leben, dass jeder von uns gerne leben würde.

Gute Slogans. Schnelle, glückliche Bilder von harmonie-, glücks-, erfolgsverwöhnten Menschen.

Das leichte Leben wird angeboten. Spaßgesellschaft. Easy living. Ohne Probleme. Als wäre Leben ein Werbefilm. Eine Familie sitzt im neuen Großraumwagen. Die Partner strahlen, die Kinder lachen, alles in Butter, so scheint es.

Nach dem 15-mal geprobten Werbespot verlassen die Akteure den Ort dieser künstlichen Harmonie: Die Kinder gehen zu ihren richtigen Eltern, die schwitzend neben den Aufnahmewagen warten und stolz sind, ihr Kind bald im Fernsehen zu sehen. Die Eltern-Darsteller, die aus Agenturbüchern ausgesucht wurden, um eine ideale Retorten-Familie darzustellen, holen ihre Handys, um ihre wirklichen Partner anzurufen.

So wird uns eine Wirklichkeit angeboten, eine Kunstwirklichkeit, genannt Werbefilm. Natürlich denkt niemand daran, diese Kunstwelt für real zu halten. Aber in unseren Gedächtnissen, in unserem unterbewussten Sein, bleibt das Verlangen nach diesem Glück, nach dem problemlosen Alltag in Harmonie, ein Verlangen nach dem Paradies.

Ist unser Leben so? Kennen Sie eine/n, der wirklich so lebt? Es ist eine Wunschvorstellung von Sorgenfreiheit und Problemfreiheit. Wir jagen einer Soap-Welt nach, als hätten wir einen Anspruch auf Gesundheit, Wohlstand, Sorgenfreiheit, als wäre unser eigenes Leben ein Ausrutscher.

»Misstraue der Idylle, sie ist ein Mörderstück, schlägst du dich auf ihre Seite, schlägt sie dich zurück.« (André Heller)

Intimes muß bei den Partnern bleiben.

WAS BRINGT UNS KRIEG IN DER BEZIEHUNG, BEI TRENNUNG?

Beziehungkrieg ist die schlechteste aller Lösungen. Damit sind alle einverstanden. Also warum gibt es dann noch Krieg? Weil oft einer nicht nachgibt und den anderen dadurch zwingt zu kämpfen. Es sind noch Rechnungen zu begleichen. Sie haben die Wahl, ob Sie es im Krieg oder im Frieden miteinander lösen wollen.

Wollen Sie einen Sieg erringen über Ihren Partner, den Sie einst liebten? Hat Ihnen Ihr Partner so weh getan? War es bis heute unmöglich, darüber zu reden? Auch Sie haben Ihren Anteil daran. Die Hand mit dem Zeigefinger, gerichtet auf den anderen, zeigt mit drei Fingern auf mich zurück. Die Lösung beginnt da, wo ich Anteile bei mir lassen kann, die nicht förderlich waren und Anteile beim Partner lasse, die nicht förderlich waren.

Holen Sie sich Hilfe bei Beratungsstellen, Therapeuten, neutralen Moderatoren wie Mediatoren. Das sind z. B. Rechtsanwälte, die geschult sind, mögliche Wege der Einigung finden. In gleichen Teilen, ausgewogen! Aber intime Details der Beziehung sollen ausschließlich zwischen den betroffenen Partnern besprochen werden, nicht mit Dritten. Alles andere ist ein grober Vertrauensbruch. Intimes muß bei den Partnern bleiben. Intime Details belasten Freunde, Freundinnen, Kinder, besonders neue Partner, dort wirken sie trennend! Es hilft ihnen nicht mit Dritten darüber zu reden.

> ***»Das Intime ist ein Geheimnis zwischen denen die es miteinander erlebt haben. Es darf nicht nach außen dringen. Niemand darf das wissen. Es ist das persönlichste Geheimnis überhaupt.«*** (Bert Hellinger in *Die Quelle braucht nicht nach dem Weg zu fragen*, Carl-Auer-Systeme Verlag, 2. korr. Aufl. 2002)

Sie können den Weg der Trennung in Liebe nur in gegenseitiger Achtung gehen. Sollte Achtung nicht mehr möglich sein, beenden Sie den destruktiven Kontakt. Reden Sie nicht mehr über Vergangenes. Beenden Sie die schmerzvolle Verbindung mit der Aussicht, später mit mehr Distanz zu einer Lösung zu kommen, die beide akzeptieren können. Ex-Partner bleiben im Unglück aneinander gekettet. Nur eine gute Lösung für alle bringt Ruhe. Oft glauben wir nicht mehr daran, das schaffen zu können. Dieses Buch will Ihnen Mut machen, den mühevollen Weg zu einer sinnvollen Lösung weiterzugehen.

Wir haben bekommen,
was wir brauchten,
nicht was wir wollten.

Beziehungkrieg
ist die
schlechteste
aller Lösungen.

Der Projektionsvorgang ist dem Sehvorgang innewohnend, anhaftend. Das bedeutet, wir verändern, werten, projizieren, was wir sehen. In der Psychologie bedeutet projizieren, die eigenen Befürchtungen, Ängste, Illusionen und Visionen auf den anderen zu übertragen. Unsere Ängste spiegeln sich im anderen. Oft sind auch die Aggressionen, die wir vom anderen fürchten, unsere eigenen verborgenen Aggressionen.

Statt bei uns selbst nachzusehen, was bei uns Angst oder Aggression auslöst, gehen wir auf den Partner los. Es ist am schwersten bei sich selber anzufangen. Wir bekommen, was wir brauchen, das bedeutet: Uns am Bild des anderen, des Partners, mit den Themen auseinander zu setzen, die wir an uns selbst am meisten ablehnen. Was uns am anderen nicht passt, hat zuerst mit uns zu tun. Ändern wir unseren Umgang mit unserer Enge, dann brauchen wir den anderen nicht zu ändern, was im Übrigen ja auch nicht geht. Schon gar nicht durch Kritik.

Wir bekommen,
was wir brauchen.

Wir handeln in Mustern, wenn unsere Reaktionen automatisch, emotional geladen, zwanghaft sind, und wir immer recht haben wollen.

»Der einzige Grund, Verhalten bei einem anderen zu kritisieren oder abzulehnen, ist der eigene unerledigte Anteil daran.« (Dietrich Klinghardt)

Der Kloß im Hals

WAS ICH TUN KANN

Lösungsmöglichkeiten

Mit der Beantwortung der folgenden Fragen beginne ich meinen Zustand von verschiedenen Seiten zu betrachten und Lösungsmöglichkeiten zu finden:

1. Wann ist dieser Zustand eingetreten?
   ....
   ....
2. Was haben ich und andere in dieser Zeit durchgemacht?
   ....
   ....
3. Was mache ich gut in meinem Leben?
   ....
   ....
4. Was könnte ich tun, um von dem Guten mehr zu haben?
   ....
   ....
5. Wenn ein Zauber gelänge und ich auf einen Schlag, sozusagen über Nacht, dieses schwierige Problem los wäre,
   a) woran würde ich das merken?
   ....
   b) woran würden andere dies merken?
   ....

Jetzt mal anders herum:
Verschlimmerungsfragen sollen mir zeigen, was ich tun müsste, damit sich nichts ändert.

6. Was müsste ich tun, um diesen Zustand noch eine Weile zu behalten?
....
....

7. Wofür könnte es gut sein, diesen Zustand noch eine Weile zu behalten?
....
....

8. Was würde sich verschlechtern, wenn dieser Zustand weg wäre?
....
....

9. Wie lange will ich diesen Zustand noch mit mir herumschleppen?
Wie lange wäre es noch zu früh zum Handeln?
....
....

10. Was müsste ich tun, damit alles wieder so schlimm wird, wie es war?
....
....

11. Woran würde ich merken, dass diese Situation gelöst ist?
....
....

12. Woran würde mein Partner merken, dass diese Situation gelöst ist?
....
....

13. Woran würden andere Beteiligte merken, dass die Situation gelöst ist?
....
....

Beantworten Sie die Fragen für sich schriftlich und wahr. Evtl. Blatt kopieren.

IM STREIT VERBUNDEN – VON DER LIEBE GETRENNT

Im Unglück verbunden. Immer wieder werden die alten Themen aufgekocht, werden Bagatellen zum Anlass genommen »den großen Streit« vom Zaun zu brechen. Vielleicht ist tatsächlich eine Mauer zwischen Ihnen und dem Partner entstanden. Die vielen Sticheleien, der Rucksack voller Hass. Der Kloß im Hals, der die Kehle versperrt, der das freie Atmen unmöglich macht. Die zusammengeschnürte Kehle, zusammengeschnürt von der Unfähigkeit die Gefühle auszudrücken, zu zeigen, weil doch dadurch alles nur noch schlimmer würde... Weil doch alle still halten... Weil doch keiner was sagt, vielleicht liegt es doch wirklich nur an mir...

Es ist auch wirklich schwer, in einer Zeit, ohne Zeit, sich Zeit zu nehmen, um miteinander Zeit zu haben... Wir sind es nicht gewohnt, uns Zeit zu nehmen füreinander. Arbeit, Freizeit, Hobbys, alles Beschäftigungen, die Zeit brauchen. Der Wunsch: Einfach mal da zu sein, ohne etwas zu müssen. Dem anderen zuhören, ihn/sie achten in seinen/ihren Gedanken. Ein würdiger Gesprächspartner sein, der eines gibt: Zeit.

Wir haben soviel Zeit, wie wir uns nehmen. Ich achte meine Bedürfnisse! Stimmt dieser Satz für Sie? Achten Sie, was Sie brauchen? Jetzt ist ein guter Zeitpunkt, damit anzufangen.

IN ANGST VERBUNDEN – VON DER LIEBE GETRENNT

Unser Arbeitslohn ist oft der »Lohn der Angst«. Der Angst, nicht entlassen zu werden, das wichtige Projekt erfolgreich abzuschließen, als Selbstständiger wieder einen neuen Auftrag zu bekommen. Ob die Finanzierung klappt...? Ob die Versicherung zahlt...?

Wir sind in Abhängigkeiten vom Arbeitgeber, vom Kunden, vom Geschäftspartner. Abhängigkeit ängstigt. Ohnmacht ängstigt. Auch Abhängigkeit vom Partner ängstigt. Erst im letzten Jahr des alten Jahrtausends wurde ein gesetzliches Recht geschaffen, dass der Ehefrau oder Partnerin, ein Recht darauf einräumt, zu wissen, was der andere verdient.

Bei Trennung oder Neuordnung der Partnerschaft, ist die Angst ein ungebetener Gast. Angst zu haben, gilt bei uns als Ausdruck von Schwäche. Deshalb unterdrücken wir unsere Angst. Statt die Ängste anzuschauen, begeben wir uns auf den Weg der Kompensation über Erfolg und Bestätigung. So entkommen wir der Angst nicht.

*Wir haben soviel Zeit,
wie wir uns nehmen.*

IN VERACHTUNG VERBUNDEN – VON DER LIEBE GETRENNT

Was ist Angst? Eine Definition aus der Psychologie: ***»Angst ist eine starke unlustgetönte Emotion, entweder bei drohender tatsächlicher Gefahr oder als quälender grundloser Dauerzustand. Philosophisch gesehen ist Angst die Negation des Rechts auf Welt. Begegnung mit dem Nichts (Heidegger), dem Schrecken der plötzlichen, absoluten Freiheit (Kierkegaard), die totale Zurückgeworfenheit auf sich selbst (Sartre). Angst ist eine Grundbefindlichkeit (ein Existential) des menschlichen Daseins.«***
(*Psychologie*, © Bertelsmann Lexikon Verlag GmbH, Gütersloh 1995)

Der Psychoanalytiker Horst Eberhard Richter spricht von »vagabundierenden Ängsten«.

Die Vermeidung ist ein Merkmal der Angst. Die Furcht davor hinzuschauen. Das zu benennen, was mir weh tut, was mich ängstigt, was mich einengt, was mich klein macht (Angst von lat. angustus = eng, knapp, schmal) Angst entsteht durch eine Vorstellung. Angst ist bei uns meistens nur im Kopf. Angst bekomme ich, wenn ich wegschaue. Wenn ich hinschaue, vefliegt die Angst. Angst haben die, die nicht direkt betroffen sind.

Verachtet wird, wenn nicht geachtet wird. Verachtung ist ein Machtinstrument, um gefügig zu machen. Verachtung wird aus falschem Anspruch geboren. Söhne verachten ihre Väter, z. B. weil sie nicht das Zeug fürs Leben mitbekamen, worauf sie meinten, einen Anspruch zu haben. Töchter verachten ihre Mütter, z. B. weil sie nicht das Muttersein abschauen konnten. Frauen verachten ihre Männer, z. B. weil ihre Männer nicht mit ihnen reden. Männer verachten Frauen, weil sie anders sind und sie sie nicht verstehen können. Chefs verachten Mitarbeiterinnen, indem sie sie nicht als gleichwertig ansehen. Väter verachten ihre Söhne, weil sie noch nicht ihren Erwartungen entsprechen. Und so fort.

Bei Trennung oder Neuordnung der Partnerschaft ist die Angst ein ungebetener Gast.

Angst entsteht durch eine Vorstellung.

Wenn ich hinschaue, verfliegt die Angst.

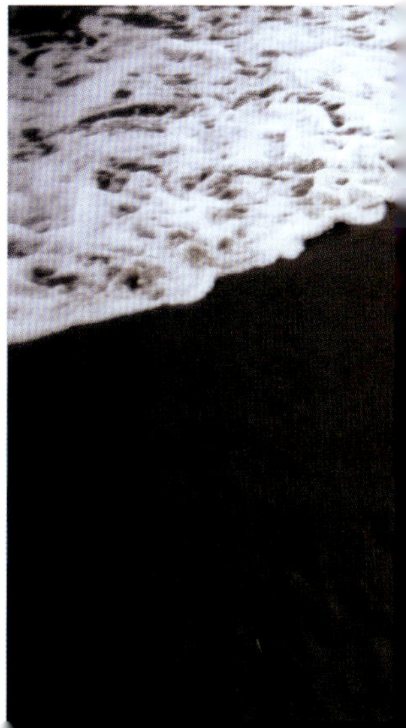

Das Schema der Verachtung hat uns nur Leid gebracht. Weg damit. Frauen sind mit ihrer Frauenbewegung Männern um Jahrzehnte voraus. Frauen realisieren immer mehr, dass sie sich nicht mehr unterdrücken lassen wollen. Frauen sind auf dem Weg. Wir Männer haben leider noch wenig gemerkt. Noch nicht mal ein Unwohlsein wollen wir uns eingestehen. Unwohl sein im Job, in der Sexualität, in der Beziehung mit unseren Kindern…

Für Männer sei ein Buch von Steve Biddulph empfohlen: *Männer auf der Suche*. Für Frauen und Männer ein Buch von Maja Storch: *Die Sehnsucht der starken Frau.*

Beides Bücher, die Männern helfen, sich selbst besser zu verstehen und sich als Mann anders als bisher auszudrücken und zu reflektieren.

Indem ich als Mann sage, was mich bedrückt, kann ich Verachtung unterlassen. Indem ich andere nicht kleiner mache durch meine Verachtung, kann ich wachsen. Indem ich an meinem Wachsen arbeite, können die anderen so bleiben, wie sie sind.

Gleichwertigkeit, Freude an der Arbeit, die Lust an der Lust zu zweit, zurückfinden zu dem, was wir wirklich wollen, was uns gut tut, das sind gute Mittel gegen Verachtung. Dazu bedarf es der Achtung vor mir selbst, dem Partner, den Eltern, den Kindern, den Geschäftspartnern und Kollegen. Diese Mittel brauchen Zeit und eine Not, die uns als Motor antreibt und aus der Gewissheit entsteht: »So kann ich nicht mehr weiter machen.«

Für viele ist eine Umkehr möglich und Trennung nicht nötig. Wenn die Entfremdung schon zu groß ist, der Partner nicht mitmacht oder nur so tut als ob, kann »Trennung in Liebe« ein Weg sein.

Das Schema der Verachtung hat uns nur Leid gebracht.

DIE ANGST ANSCHAUEN, DIE LIEBE SEHEN KÖNNEN

Verena Kast sagt in *Abschied von der Opferrolle*:

> ***»Ein ängstlicher Mensch sucht eigentlich immer jemanden, der oder die steuert.«***

Gesteuert werden bedeutet aber immer, nicht selbst zu steuern. Das ist bequem und lässt eigentlich keinen Spielraum für Klagen. Wenn ich will, dass der andere steuert, werde ich dort ankommen, wo der andere hin will, ich kann also nicht klagen: »Das wollte ich nicht«, ich kann nur akzeptieren.

> ***»Angst entsteht angesichts einer gegenwärtigen oder zukünftigen, realen oder auch nur vermuteten Bedrohung. Sie ist eine zu jedem menschlichen Leben gehörende Emotion, die sinnvoll ist, wenn sie Handlungen zur Bewältigung solcher Situationen fördert, sei es, dass man die Bedrohung beseitigt, sei es, dass man ihr entflieht.«***
> (*Psychologie*, © Bertelsmann Lexikon Verlag GmbH, Gütersloh 1995)

Wenn Wegschauen Angst fördert, führt Hinschauen zu weniger Angst. Angst ist auch ungelebter, nicht ausgedrückter Ärger. Es hilft Ärger auszudrücken oder sich über den Sinn meines Ärgers klar zu werden.

Nur die Angst kann verschwinden, die wir angesehen haben. Wenn ich Angst anschaue, wird sie kleiner. Angst, allein gelassen zu werden. Angst, die Verantwortung für mein Leben zu übernehmen. Es gibt tausend schlechte Gründe für meine Angst.

Was meint »Angst anschauen«? Ein Beispiel: Angst vor der Trennung. Was passiert mir, wenn ich getrennt bin? Ich verliere meinen Partner. Ich muss selbst für mich sorgen. Vielleicht muss ich das Haus verkaufen. Ich muss Konsequenzen ins

*Nur die Angst kann verschwinden,
die wir angesehen haben.*

»Wie lange noch werde ich auf alle eingehen und mich selbst, mit freundlicher Miene, vergessen? Wie lange kann ein Mensch sich selbst nicht lieben? Es ist so schwer, die Wahrheit zu sagen, wenn man gelernt hat, mit der Freundlichkeit zu überleben.«

Auszug aus einem Gedicht von Peter Turrini
(entnommen aus Arno Gruens *Der Verlust des Mitgefühls*)

Die Liebe sehen können

Auge blicken, die ich alle nicht anschauen müsste, wenn es so bliebe, wie es ist.

Das ist der Schlüssel: Will ich, dass alles so bleibt, wie es ist und nur der Partner sich ändert? Bin ich bereit, die Not zu wenden? Ich handle in Achtung vor mir und dem anderen. Ich weiß, dass wir beide unser Bestes tun, jeder nach seinen Möglichkeiten.

»Trennung in Liebe« verurteilt keinen von beiden Partnern. »Trennung in Liebe« sieht die Situation der beiden Partner, der beide nicht ausweichen konnten. Die Angst anschauen. Die Liebe sehen können.

Die Gedanken, die wir wählen, schränken uns entweder ein oder schaffen neue Möglichkeiten. Was wir denken, hat auf jeden Fall Folgen für uns.

Wir haben die Wahl, ob wir in guten Gedanken über unsere Partnerschaft bleiben oder im Schmerz versinken! Wem hilft das Klagen? Es bringt nichts zurück. Vielleicht bringt es die Verachtung des Partners. Der Lebenswind kommt von vorn. Durch das, was ich jetzt denke, wie ich jetzt mit mir und der Vergangenheit umgehe, lege ich den Grundstein dafür, wie es morgen weitergeht. Wie kann ich anderes ernten, als ich säe? Ist schon einmal aus einem Buchensamen eine Kastanie geworden?

Bin ich bereit, die Not zu wenden?

Alles, was wir an Gedanken im Kopf haben, ist kein bewusster Seinszustand, wir fühlen uns nur so. Erst der Geschmack der Frucht wird zum bewußten Seinszustand, durch das Essen selbst. Durch das Tun als solches. Erst unsere Sinne ermöglichen uns Sein.

Wollen Sie weiter leben »als ob«? Liebe kann nie so tun »als ob«. Die »Als ob«-Liebe ist sofort als Heuchelei erkennbar. Entscheiden Sie sich für eine Beziehung in Liebe oder eine »Trennung in Liebe«. Wenn Sie im Respekt mit sich und den anderen handeln, kann es nur besser werden.

Wir schauen uns in den Spiegel und sehen, was wir fühlen, nicht, was wir sind. Es bedarf einiger Übung, hinzuschauen, wieder empfindsam zu werden für sich und den Partner. Was Sie in der Beziehung mit Ihrem bisherigen Partner an Problemen nicht lösen konnten, ist nicht weggezaubert. Damit geht es in der nächsten Beziehung weiter, es verschwindet nicht einfach durch Trennung.

Was Sie in der Beziehung mit Ihrem bisherigen Partner an Problemen nicht lösen konnten, ist nicht weggezaubert. Damit geht es in der nächsten Beziehung weiter, es verschwindet nicht einfach durch Trennung.

»Wer si' no' nie g'fürcht hat
wird si' auch niemals was trau'n
und wer no' nie wen gern g'habt hat
der war no' nie allein.«

Hubert von Goisern auf seiner CD *Fön*, *Die Stråss'n*

BEZIEHUNG IST ENTWICKLUNG

An der Stelle, wo wir in der vorherigen Beziehung aufgehört haben, geht es in der neuen Beziehung weiter.

Dieselben Themen kommen, neu verpackt, wieder auf uns zu. Wir meinen, durch den Partnerwechsel auch einen Problemwechsel herbeiführen zu können. Falsch gedacht. Da sind sie schon wieder, die vielen Kleinigkeiten, die schon immer störten. Ist es ein Teufelskreis, aus dem es kein Entrinnen gibt? Es gibt das Entrinnen nur, indem ich mich selbst anschaue, bereit bin, meine Anteile am Scheitern der Beziehung zu sehen. Da kann ich ansetzen. So kann ich einen neuen Zugang zu alten Situationen finden.

Ich kann meine Gedanken ordnen. Ich kann entscheiden, wie ich reagieren will. In gleicher Weise wie immer oder neu! Ich entscheide, wie und was ich denke, nur ich!

Bringen Sie Ordnung in Ihre Gedanken. Seien Sie wählerisch mit Ihren Gedanken. Tun Sie sich Gutes. Heben Sie, was Sie denken, ins Gute, Liebevolle.

Kann es wirklich so leicht sein? Oder ist das alles Quatsch? Probieren Sie es aus. Glauben Sie nichts. Tun Sie es. Gibt es denn überhaupt eine Alternative zu »Trennung in Liebe«?

Wir könnten Entwicklung
vom Herzen her zulassen.

Otto R. Gaier schreibt in *Der Riss geht durch die Kinder*: *»Den meisten Betroffenen fehlt das Gespür, dass ihre Ehe nur juristisch geschieden ist, der Systemcharakter ihrer gescheiterten Verbindung aber in veränderter Form weiterwirkt. Sie können nicht erkennen, dass auch nach der Trennung ein mehrschichtiges Bezugssystem erhalten bleibt. Die Gefühle dieses Systems haben allerdings eine destruktive Umwertung erfahren, die meist mit Vehemenz gehandhabt wird, nun aber über die Kinder, die offen oder verschlüsselt als Spion und Übermittler von Botschaften mißbraucht werden.*

Die nachehelichen Umgangsformen der Eltern stellen sich oft als Verlängerung dessen dar, was in der Trennungsvorphase eingerichtet worden ist. Vieles davon ist die destruktive Variante der paartypischen Beziehung aus früherer Zeit.«

Hier wird eine Falle beschrieben, in die wir nur allzu gern stolpern. Wir sehen vor, bei und nach der Trennung nur noch die schlechten Anteile des Ex-Partners. Das ist einseitig. Wo ist der Anteil, in den wir uns verliebten? Unsere Beziehung ist ständig

An der Stelle,
wo wir in der vorherigen Beziehung aufgehört haben,
geht es weiter in der neuen Beziehung.

im Wandel. Wir haben die Möglichkeit, ständig eine Verbesserung herbeizuführen. Zumindest was unseren Anteil an der Beziehung betrifft, welche Anteile des Ex-Partners wir sehen wollen. Die Beziehung ist nicht zu Ende nach einer Trennung.

Beziehung zum Partner kann sich verbessern, wenn es sein darf, dass eine Trennung für uns besser ist als das Zusammenbleiben. Es geht darum, nicht mehr so weiterzumachen wie es war. »Trennung in Liebe« soll eine Verbesserung für alle bringen.

Niemand kann der bleiben, der er ist. Aber jeder kann der werden, der er sein kann.

Meine Trauer über die Trennung ehrt die Beziehung. Trauer darf vorbeigehen.

Die Beziehung ist nicht zu Ende nach einer Trennung.

Meine Trauer über die Trennung ehrt die Beziehung.

Wir sind es,
die zu antworten haben
auf die Fragen,
die uns das Leben stellt.

Viktor E. Frankl schreibt in *Was nicht in meinen Büchern steht*: ***»Ich entwickelte zwei meiner Grundgedanken: Dass wir nach dem Sinn des Lebens eigentlich nicht fragen dürften, da wir selbst es sind, die da befragt werden: Wir sind es, die zu antworten haben auf die Fragen, die uns das Leben stellt. Und diese Lebensfragen können wir nur beantworten, indem wir unser Dasein selbst verantworten. Der andere Grundgedanke aber besagt, dass der letzte Sinn über unser Fassungsvermögen hinausgeht, hinausgehen muss, mit einem Wort, dass es sich um einen Übersinn handelt, aber nicht etwa im Sinne von etwas Übersinnlichem. An ihn können wir nur glauben.«***

(© Quintessenz, MMV Medizin Verlag GmbH, München 1995)

Kein Elternteil kann sich aus seiner Verantwortung herausreden.

Partnerschaft bedeutet, sich mit sich und dem anderen auseinanderzusetzen, die Herausforderung anzunehmen, Stellung zu beziehen, Klarheit für sich und die Beziehung zu finden, sich einzugestehen, dass ich Fehler gemacht habe, mache und machen werde. Sich nicht über den anderen zu stellen, gleichwertig sein, Kontakt zu halten, zu wissen und zu spüren, was ich brauche. Standhaft zu sein, Respekt zu geben und zu fordern, Grenzen zu setzen, klar zu machen, was ich will. Eine klare Haltung einzunehmen, sich und dem anderen Fehler zu erlauben, Standpunkte einzunehmen, aber den gegensätzlichen Standpunkt zu respektieren, anzuerkennen, dass die Beziehung oft ein Sowohl-als-auch ist, manchmal aber auch ein klares Nein, oder Ja braucht.

Eine Trennung ist auf keinen Fall eine Entschuldigung dafür, nicht mehr den Werten, die ein Vater oder eine Mutter einzubringen haben, gerecht zu werden.

»Trennung in Liebe« ist für alle wichtig! Kinder brauchen beide, Vater und Mutter. Kein Elterntcil kann sich aus seiner Verantwortung herausreden. Eine getrennte Ehe ist auf keinen Fall ein Grund dafür, die Kinder hängen zu lassen. Will entweder der Vater oder die Mutter nach der Trennung sich nicht mehr um die Kinder kümmern, ist das oft der stille Vorwurf an den Ex-Partner. Aber es ist noch mehr, es ist die grausame Rache an den Schwächsten in der Familie, den Kindern. Es ist aber auch der laute Hilfeschrei des Getrennten, oft Abgetrennten: »Es tut so weh…!«

Den guten Weg,
die gute Lösung gibt es nur,
wenn alle mitmachen.
Das gilt für den,
der gegangen ist und für den,
der bleiben wollte.
Beide sind verantwortlich
für ihre Kinder.
Auch wenn Sie nicht mehr
als Paar zusammen sind.

DEN KINDERN ZULIEBE …

»Eure Kinder sind nicht Eure Kinder«

»Sie sind die Söhne und Töchter
der Sehnsucht des Lebens nach sich selbst.
Sie kommen durch Euch, aber nicht von Euch,
und obwohl sie bei Euch sind, gehören sie Euch nicht.
Ihr könnt ihnen Eure Liebe geben, aber nicht Eure Gedanken.
Ihr könnt ihren Körpern ein Zuhause geben, aber nicht ihren Seelen.
Denn ihre Seelen leben im Haus der Zukunft,
das Ihr nicht betreten könnt, nicht einmal in Euren Träumen.
Ihr könnt versuchen, wie sie zu sein,
doch versucht nicht, sie Euch gleichzumachen.
Denn das Leben geht nicht rückwärts,
noch verweilt es beim Gestern …«

(*Der Prophet* von Khalil Gibran, Patmos Verlag GmbH & Co.KG)

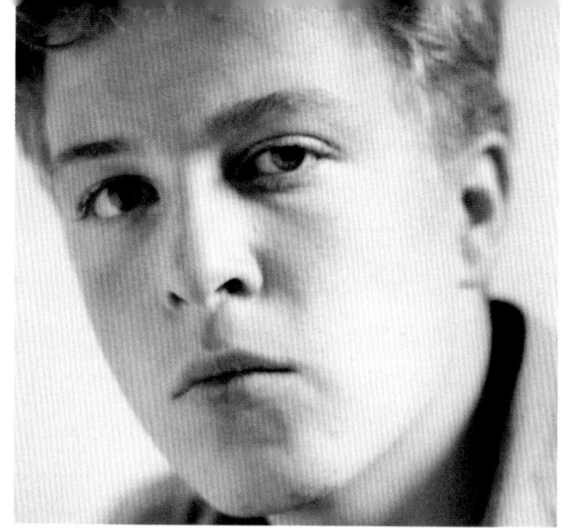

Diese poetischen Sätze drücken wunderbar aus, was unsere Kinder für uns sind, was wir ihnen geben können und was nicht. Wir sind verbunden durch und mit unseren Kindern. Wenn unsere gemeinsamen Kinder in Not sind, rücken wir Erwachsenen wieder näher zusammen, selbst wenn es vorher großen Streit oder Trennung gab. Das ist gut so, aber die Frage ist, warum das nur in der Not geht.

Seien wir so erfinderisch, unsere Herzen wieder füreinander öffnen zu können. Um zum Beispiel zu vermeiden, dass Kinder krank werden müssen, damit Papa und Mama wieder miteinander reden oder einfach, weil es mehr Sinn macht und schöner ist, in Frieden miteinander zu sein.

Unsere Kinder wollen nur eines:
ihre Eltern in Frieden miteinander sehen.

Dabei spielt es keine Rolle, ob die Eltern weiterhin zusammen oder getrennt sind. Ob neue Partner da sind oder nicht. Die Kinder wünschen sich nur eines: einen friedvollen Umgang miteinander. Das können wir von unseren Kindern lernen.

Erich Fromm schreibt in *Die Kunst des Liebens*: *»Kinder müssen auch für Projektionen herhalten, wenn es darum geht, eine unglückliche Ehe aufzulösen. Das Hauptargument, dass Eltern in dieser Situation zur Hand haben, lautet, dass sie sich nicht trennen könnten, weil sie die Kinder nicht der Segnungen eines intakten Elternhauses berauben wollen. Manchmal trügt dieser Eindruck und die Kinder, wie die Eltern, leiden sehr unter der nicht ausgesprochenen Spannung in der Familie.«*

Bei Trennung tragen Kinder eine große Last. Deshalb gilt ihnen unser besonderes Augenmerk. Solange die Position der Eltern klar ist und sie den Kindern vermitteln, dass sie immer für sie da sein werden, auch nach der Trennung, sind die Kinder entlastet. Sonst werden Kinder auffällig durch Krankheit, Aggression oder Depression.

»Je mehr qualitativ hochwertige Zeit Väter mit den Kindern verbringen, umso weniger Probleme haben die Kinder später in Beziehungen.« (aus einer Untersuchung der Univers. Regensburg über 20 Jahre hinweg, 2001, Leitung Grossmann/Kindler)

»Kinder wollen ihre Eltern groß, nicht gleich.«
(Bert Hellinger)

Wenn Eltern sich scheiden lassen, wird die Ehe geschieden. Aber das Elternsein hört nicht auf. Die Kinder lieben ihre Eltern zu sehr, als dass sie ihnen für die Trennung Schuld geben könn-

Die Kinder wünschen sich nur eines:
einen friedvollen Umgang miteinander.

ten. Oft suchen sie aber die Schuld bei sich. Kinder denken, dass sie die Eltern durch ihr Verhalten wieder zusammenbringen könnten. Ein Bub zum Beispiel ging jeden Sonntag in die Kirche und betete, dass seine Eltern wieder zusammenkommen mögen und lag abends oft Stunden regungslos im Bett, um dadurch das Zusammenkommen der Eltern wieder zu erreichen.

Sagen Sie Ihren Kindern, dass sie nicht an dieser Trennung Schuld sind. Wenn Ihre Kinder fragen, warum Sie sich getrennt haben oder trennen werden, sagen Sie: Das ist Papa's und Mama's Sache. Das machen wir beide miteinander aus. Und für Dich oder für Euch Kinder bleiben wir Vater und Mutter, für immer.

Kinder dürfen nicht in die Situation gebracht werden, sich zwischen Eltern entscheiden zu müssen. Wo immer möglich, soll das gemeinsame Sorgerecht vereinbart werden.

Das setzt voraus, dass die Elternbeziehung entspannt ist. Die Kinder brauchen die Freiheit, nach Wunsch zum Vater oder zur Mutter gehen zu können. Verweigert ein Elternteil dieses Recht, werden die Kinder böse auf ihn sein. Ebenso, wenn ein Elternteil den anderen schlecht macht.

Ist die Entscheidung gefallen, bei wem die Kinder hauptsächlich leben sollen, müssen beide Eltern diese Entscheidung den Kindern gegenüber gemeinsam vertreten. Niemals dürfen die Kinder vor eine Wahl für oder gegen ein Elternteil gestellt werden. Diese Wahl ist unzumutbar und zerreißt Kinderherzen.

Sagen Sie Ihren Kindern,
dass sie nicht an dieser
Trennung Schuld sind.

Bert Hellinger sagt in *Ordnungen der Liebe* über Intimes in Partnerbeziehungen und Kinder: ***»Alles, was zur Paarbeziehung gehört, bleibt zwischen Mann und Frau ein gehütetes Geheimnis. Wenn Eltern etwas davon sagen, ist das für die Kinder ganz schlimm. Wenn es zum Beispiel eine Abtreibung gab, geht das die Kinder nichts an. Das gehört zur intimen Beziehung der Eltern. Auch einem Therapeuten gegenüber darf man nur so darüber reden, dass der Partner geschützt bleibt.«***

Weiter sagt Hellinger: ***»Die Kinder müssen nach der Scheidung zu dem Elternteil, der in den Kindern den anderen Partner am meisten achtet.«***

Ehen, Partnerschaften scheitern oft am Schritt vom Paar zur Familie, und dann auch wieder an dem von der Familie zum Paar, wenn die Kinder die Familie verlassen haben. Sind die Kinder aus dem Haus zeigt sich, dass nur noch sie ein gemeinsames Band aufrecht erhalten haben. Gehen die Kinder aus dem Haus wird klar, dass nur noch ganz wenige gemeinsame Interessen da waren und inzwischen kein tragfähiges Fundament für eine Beziehung mehr besteht.

Ebenso ist der Familienzuwachs eine Probe für die Tragkraft der Beziehung.

Die Paarbeziehung war vor der Beziehung mit den Kindern da. Deshalb geht sie vor. Die Partnerbeziehung ist die Grundlage für die Beziehung zu den Kindern. Wenn die Paarbeziehung gut ist, geht es den Kindern gut. Ist sie nicht gut, spüren das auch die Kinder. Sie reagieren häufig mit Erziehungsrenitenz, mit Krankeit, mit Stress, mit Schulproblemen.

Die Eltern müssen ihre Situation lösen und dürfen sie nicht den Kinder aufladen. Kinder wünschen sich nichts mehr, als dass es Papa und Mama gut geht und alle in den gewohnten Bahnen zusammen leben. Geht das nicht mehr und haben die Eltern alles versucht, ist es besser, wenn Vater und Mutter sich trennen und als eigenständige Menschen eine neue, liebevolle Basis finden.

Kinder geben den Partnern als Vater und Mutter die Möglichkeit und die Aufgabe, im Bleibenden, nämlich dem Kind, die Kraft zu finden noch einmal neu zu beginnen, auch was den Umgang mit dem Kind betrifft. Die Partnerschaft zu klären, zu trennen, was nicht mehr als Gemeinsames erfahren werden kann, oder neu zu begründen, was seinen Grund verloren hat. Vielleicht entsteht daraus eine ungewöhnliche Art, Elternschaft zu leben, die Eltern und den Kindern besser gerecht wird.

> ***»Alles was Kinder versuchen ihren Eltern abzunehmen, ist zum Scheitern verurteilt.«*** (Bert Hellinger im Seminar *Ordnungen der Liebe*, Berlin, Juni 2000)

> ***»Trennung in Liebe« bedeutet auch: Was wir nicht zusammenhalten konnten, soll unseren Kindern nicht schaden.***

Als Eltern haben wir die Verpflichtung, da zu sein für unsere Kinder. Da zu sein, wo sie uns brauchen. Kinder haben auch den Anspruch auf eine erträgliche Beziehung zwischen ihren Eltern. Kinder haben einen Anspruch darauf, dass ihre Eltern ihre eigene Situation lösen und sie nicht an den Kleinsten auslassen. »Trennung in Liebe« heißt anzuerkennen, dass eine Beziehung

**Als Eltern haben wir die Verpflichtung,
da zu sein
für unsere Kinder.**

Es gibt die gute Lösung für jede Familie – neu und etwas anders.

enden darf, heißt aber auch, dass dieses Ende nicht auf Kosten eines der Beteiligten geht.

Druck in der Partnerschaft geht immer zu Lasten der Schwächsten. Das sind die Kinder. Wenn Sie Ihre Probleme durch Hinsehen anpacken, helfen Sie Ihren Kindern. Kinder sollen und können an solch einem Beispiel lernen, dass jeder Probleme haben kann und dass Probleme lösbar sind, wenn ich bereit bin hinzuschauen. Kinder reagieren auf den Druck in der Ehe, durch Bettnässen, Allergien, Aggression, Wut, Angstträume, schlechte Leistungen in der Schule.

Wenn der Sohn oder die Tochter ausrastet, ist es oft die stellvertretende Wut für das, was Vater oder Mutter nicht ausdrücken kann. Das Kind handelt dann stellvertretend für den Erwachsenen. Aber geteiltes Leid ist doppeltes Leid, nicht Halbes.

Unausgesprochenes, Ungelöstes, ungute Gefühle schwächen alle in einer Familie. Die Familienmitglieder sind nicht in Ihrer schöpferischen, kreativen Kraft, sondern vergeuden die meiste Energie damit, kräftezehrende Kämpfe zu führen und stillschweigende Vorwürfe auszuhalten. Das drängt nach Veränderung.

Gesundheit, Kraft zum Leben, gute Lösungen, das finde ich, indem ich zuerst auf mich schaue. Das tut oft weh, aber es ist die beste Kraft, die mich zum Guten führt. Der beste Platz für das Kind ist bei den Eltern, auch wenn sie getrennt sind. Das ist nur scheinbar ein Widerspruch, nur wenn wir nicht flexibel und sensibel genug sind, auf die Bedürnisse des Kindes einzugehen. Nur unsere Unfähigkeit lässt es so erscheinen, als ob es keine gute Lösung geben könne.

Den Kindern zuliebe…

Es gibt die gute Lösung für jede Familie – neu und etwas anders. Wenn beide Partner den Anspruch haben, die beste Lösung zu finden, wird es gelingen.

Was Sie Ihren Kindern vorleben, können diese als Maßstab nehmen, für Ihre eigenen Beziehungen. Beide Elternteile brauchen genügend Zeit mit den Kindern, um diesen ihre Lebenswerte vermitteln zu können, einfach durch Zusammensein. Show-Aktionen oder Geschenke, um das schlechte Gewissen zu beruhigen, bringen da gar nichts. Indem sie ihren Kindern von dem Mehr an Zeit nach der Trennung abgeben, stehen Eltern zu ihrer Entscheidung und können sich und den Kindern auch die Folgen zumuten.

Kinder erwarten Standpunkte von Vater und Mutter.

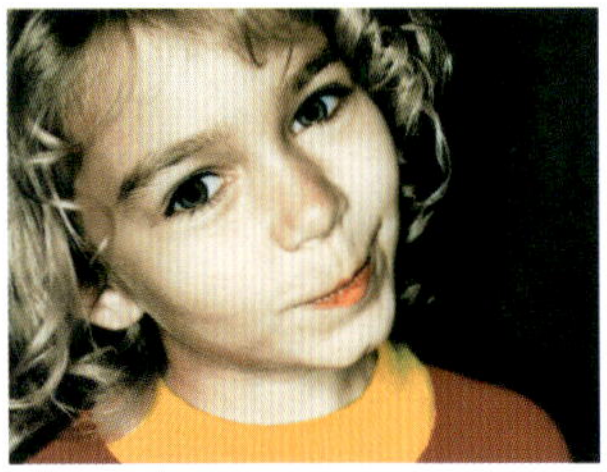

Väter und Söhne haben besondere Beziehungen. Steve Biddulph sagt in *Männer auf der Suche*, Beust Verlag: ***»Verlassene Söhne warten auf ihre Väter.«***

Er empfiehlt: ***»Lassen Sie Ihren Sohn wissen, dass Sie ihm jederzeit zur Verfügung stehen und bereit sind, ihn zu sich zu nehmen. Bisweilen stellen Söhne, die bei ihrer Mutter leben, sogar unbewusst alles mögliche an, um das Zusammenleben mit ihr zu erschweren. Der Grund: Sie möchten, dass die Mutter ihnen erlaubt, zum Vater zu ziehen. Zur Überraschung aller Beteiligten ist dies mitunter für das Erwachsenwerden des Sohnes genau die richtige Entscheidung. Wenn ein Vater sich vor dieser Verantwortung drückt, fügt er dem Jungen seelischen Schaden zu.«***

Geben Sie Ihrem Ex-Partner die Ehre, indem Sie über die Dinge, die Sie ehrlich an ihr/ihm bewunderten, sprechen. »Was die Mama so gut kann ist…«, »Der Papa ist ein Meister im…«. Das tut Kindern gut. Sie ehren damit die Zeit, die Sie gemeinsam hatten. Und da gibt es viel Gutes zu sehen. Schauen Sie auch auf das Gute, das war.

Aufrichtigkeit ist wichtig! Kinder merken sofort wenn getäuscht werden soll. Bevor Sie aus Ihrem Herzen eine Mördergrube machen müssen, fangen Sie lieber klein an und sagen Sie einfach nichts Negatives über den Ex-Partner, bis es geht: das Gute in ihm/ihr zu sehen und auszusprechen.

»Den Kindern zuliebe kann man doch wenigstens zusammen bleiben.« – Das ist eine schwere Last, die solch ein Spruch den Kindern aufbürdet. Denn auch den Kindern zuliebe wird aus einer unglücklichen Beziehung keine glückliche Familie. Die Kinder können nun wirklich nichts dafür, dass Sie mit Ihrer Partnersituation nicht zurechtkommen und/oder mit Ihrem Partner entzwei sind. Aber sie haben das Recht auf Lösung dieser verfahrenen Situation und sie haben ein Recht darauf, dass ihnen dabei Vater und Mutter erhalten bleiben.

Als die drei unmöglichen Tätigkeiten bezeichnete Sigmund Freud: ERZIEHEN, KURIEREN und REGIEREN

Kinder fordern ihre Eltern, ob die wollen oder nicht. Was Kinder brauchen, ist die Sicherheit, dass Mama und Papa für sie da sind, wenn sie sie brauchen. Kinder brauchen im Fall der Trennung außerdem klare Regeln, wann der Vater, wann die Mutter bei den Kindern ist. Solche Absprachen müssen verläßlich sein.

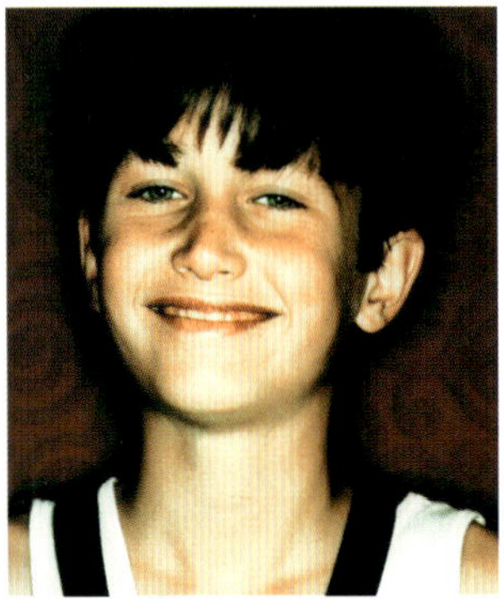

Verlassene Söhne warten auf ihre Väter.

Steve Biddulph

Geben Sie
Ihrem Ex-Partner
die Ehre,
indem Sie
über die Dinge,
die Sie **ehrlich**
an Ihr/Ihm
bewunderten,
sprechen.

Kinder müssen in aller Klarheit hören, dass sie nicht daran schuld sind, dass Vater und Mutter nicht mehr zusammen sind. Kinder dürfen nicht als Partnerersatz behandelt werden.

Kinder, vor allem in der Pubertät, erwarten Standpunkte von der Mutter, dem Vater. Sie erwarten, dass sie sich an diesen Standpunkten reiben können, dass Auseinandersetzung von den Eltern ausgehalten werden.

Kinder brauchen unsere Standhaftigkeit, die gibt ihnen Halt.

Wenn wir von Fall zu Fall das, was Kinder tun, nicht tolerieren können, ist es um so wichtiger, klar Position zu beziehen: »Damit bin ich nicht einverstanden«. Oder: »Das geht nicht«. Beispiel: Zu spätes Heimkommen. Ich gebe nicht auf, sondern vereinbare neu. Ich mute dem Kind, Jugendlichen die Folgen seines Handelns zu: z. B. »Wenn du deine Verpflichtungen nicht einhältst, werde ich das auch nicht tun.«

Wir Eltern brauchen den Mut, uns bei unseren Kindern und deren Freunden unbeliebt zu machen, wenn wir auf unsere Grundwerte bestehen. Kinder setzen dann ihre Machtmittel ein und wir müssen in solchen Fällen klar sagen, dass wir nicht bereit sind uns erpressen zu lassen. Wichtig ist dann, den Konflikt nicht eskalieren zu lassen und den Kontakt zu halten. Die Kinder wollen sich ablösen; wie anders als in Auseinandersetzung kann das passieren?

Gegenseitiger Respekt, Anerkennung der Grenzen, Klärung der eigenen Position, Verdeutlichung des eigenen Standpunktes, das sind die Koordinaten im Feld der Auseinandersetzung mit dem Unabhängigkeitsstreben der Kinder. Für uns als Eltern ist in dieser Zeit wichtig, den Machtverlust zu akzeptieren, einzusehen, dass die Kinder ihre Fehler machen müssen und dürfen. Kinder müssen wie wir die Folgen ihres Handelns tragen. Wir Eltern müssen ihnen diese Folgen zumuten.

Meine Eltern sind die einzig richtigen für mich!

Ein heilsames Verhältnis zwischen Eltern und Kinder kann sich entwickeln, wenn das im Folgenden Beschriebene entstehen darf (zitiert aus dem Video *Die unterbrochene Hinbewegung* von Bert Hellinger, produziert von *Movements of the Soul* – Hohnen, Münzer, Weber; Mai 2000, zu beziehen über Harald Hohnen, 10719 Berlin, Fax: 030/883 71 80).

Bert Hellinger sagt zur Beziehung zwischen Eltern und Kinder: *»Das Nehmen der Eltern durch das Kind. Wie das Kind die Eltern nimmt: Es gibt für ein Kind keine anderen Eltern als die, die es hat, deshalb sind seine Eltern immer die richtigen. Es sind die einzig richtigen. Es sind die einzig möglichen, die es gibt. Daher sind sie für jedes Kind die besten Eltern. Wenn die Eltern ein Kind zeugen, geben sie das Leben weiter, wie sie es erhalten haben. Die Eltern haben keinen Einfluss darüber. Sie können dem nichts hinzufügen und nichts weglassen. So wie die Eltern das Leben haben, so geben sie es weiter. Das Kind kann das Leben nur so nehmen, wie die Eltern es geben. Es kann nichts hinzufügen, nichts auslassen. Es kann es nur so nehmen, wie die Eltern es geben.*

Beobachten Sie, was in der Seele geschieht, wenn das Kind zu seinen Eltern sagt:

Ich nehme Euch als meine Eltern, so wie Ihr seid. Ihr seid die richtigen und ich nehme das Leben genau so, wie Ihr es mir gegeben habt. Es ist genau das richtige für mich und Ihr dürft mich jetzt haben als Euer Kind. So wie ich bin.

Gegenseitiger Respekt

In dem Augenblick, in dem das Kind die Eltern so nimmt, ehrt es die Eltern, es würdigt die Eltern. In diesem Vollzug schaut es über die Eltern hinaus. Es nimmt das Leben wie es von weit her kommt. Ohne irgendeinen anderen Wunsch, ohne Furcht, genau so. In diesem Augenblick kommt das Kind in Einklang mit der Welt, wie sie ist, und damit kommt es in Einklang mit den großen Kräften des Lebens. Dieses Nehmen des Lebens ist ein religiöser Vollzug, denn das Nehmen geht weit über die Eltern hinaus. Zum Ursprung des Lebens, wo immer, was immer das ist.«

Indem wir unsere Kinder ernst nehmen, nehmen wir das Kind in uns ernst. Gerade damit halten wir die Kinder nicht klein, sondern geben ihnen einen wertvollen Platz. Das gilt genauso für unser inneres Kind.

Kinder sind keine kleinen Erwachsenen, aber sie haben meistens den direkteren Zugang zu einer menschlichen, liebevollen Lösung.

»Kinder wollen ihre Eltern groß – nicht gleich« Bert Hellinger

»Wir werden als Originale geboren,
sterben aber als Kopien.«
(Edward Young, engl. Dichter, 18. Jh.
Aus Arno Gruen *Verlust des Mitgefühls*)

Dieses Werden zur Kopie ist abwendbar, wenn wir uns an unsere Originalität erinnern, die direkt mit unserer Kindheit zu tun hat. Wenn wir uns erinnern, welche Talente uns innewohnen, wieviel Kreativität in uns pulsieren kann, wenn wir uns mitten im Fluß unseres Lebens befinden.

Wir Eltern brauchen
den **Mut**,
uns bei unseren Kindern
unbeliebt
zu machen.

Streit der Eltern und der Unfrieden zuhause macht Kinder unglücklich.

Wir Eltern dürfen uns nicht zu wichtig nehmen.

Fragen wir uns noch so etwas Banales wie: »Macht mir mein Leben Spaß, so wie es ist?« Trauen wir uns noch, solche und ähnliche Fragen zu stellen? Oder fürchten wir uns vor der spontanen Antwort? Das Leben hier und jetzt ist vielleicht das einzige. Das ist kein Standpunkt, sondern eine sehr reale Möglichkeit. Genießen wir diese wunderbare Welt. Es ist alles da, was wir brauchen. Es muss uns lediglich gelingen, die Liebe, die ein Geschenk des Lebens an uns ist, zu leben!

Für alles wirklich Wichtige im Leben haben wir nichts getan, es ist uns unverdient, geschenkt worden: unser eigenes Leben, die Luft zum Atmen, der Planet zum Leben voll von Wundern und Leben, gutes Wasser, Nahrung für alle, wenn wir sie besser verteilen könnten.

Denken wir zurück an die Zeit, als wir 16, 17, 18 Jahre alt waren, als wir es unbegreiflich fanden, was die Erwachsenen aus so vielem gemacht haben. Jetzt sind wir so alt, jetzt sind wir erwachsen. Haben wir es besser gemacht? Wollen wir es dabei belassen? Nein! Wir können uns verändern! Dieses Handeln fängt bei mir an, jetzt. Ich kann die Welt verändern in mir und damit verändere ich die äußere Welt, jetzt!

Das Argument »den Kindern zuliebe« hat noch einen anderen Aspekt: Wir Eltern dürfen uns nicht zu wichtig nehmen. Dieser Satz bezieht sich auf das Nachfolgende und soll das vorher Gesagte nicht einschränken, sondern ergänzen.

Judith Rich Harris in *The Nurture Assumption,* The Free Press (nurture = ernähren, auferziehen; assumption = Annahme); In diesem Aufsehen erregenden Buch schreibt und begründet die Autorin: ***»Eltern sind weniger bedeutungsvoll als das ›soziale Umfeld‹, die so genannten peer groups wie Schule, Freundeskreis etc.«***

Durch viele Beispiele belegt Judith R. Harris, wie stark die Einflüsse des sozialen Umfelds sind. Zum Thema Scheidung zitiert sie eine Untersuchung in der dasselbe Video, eines achtjährigen Jungen zwei Gruppen von Lehrern gezeigt wird. Die eine Gruppe erhielt die Information, die Eltern des Jungen seien geschieden, die andere Lehrergruppe bekommt zum Video gesagt, der Junge komme aus einer intakten Familie. Beide Lehrergruppen reagieren gemäß der gegebenen Information und werten das Verhalten des Jungen entsprechend als besser bzw. schlechter sozial integriert. Judith R. Harris weist darauf hin, dass die Folgen von unguten Trennungen die Schwierigkeiten bereiten: Der zerstörende Konflikt, die ständigen Streitereien der Eltern, zerbrechen das Leben zuhause. So geht nicht nur die Beziehung der Eltern zu Bruch, sondern auch das familiäre Leben ingesamt. Darauf reagieren Kinder mit Stress, Krankheit, Leistungsabfall in der Schule.

Judith R. Harris weiter: ***»Die Kinder von Eltern, die später geschieden wurden, reagierten mit Auffälligkeiten Jahre bevor die Eltern sich tatsächlich trennten. Diese Untersuchungen zeigen, dass nicht die Scheidung selbst, sondern der ungelöste Familienkonflikt das Problem war. Streit der Eltern und der Unfrieden zuhause macht Kinder unglücklich. Er zertrennt das Verhältnis zu den Eltern und macht aus dem Heim eine Hölle.«***

»Es bedarf eines ganzes Stammes, um ein Kind großzuziehen.«

(Malidoma Somé in seinem Buch *Vom Geist Afrikas*)

DER VERSORGER

Geschiedene und nicht bei den Kindern lebende Väter haben die Pflicht und oft auch den Wunsch, ihre Kinder bestmöglich zu fördern und zu unterstützen. Die Umstände der Scheidung und der Trennungsphase davor können diesen Wunsch stören oder verändern. Trotz all dem haben Väter Verantwortung für das Wohl ihrer Kinder. Sorgen, fördern und unterstützen bedeutet, dass Väter Zeit mit ihren Kindern haben. Kinder brauchen den Vater, sowohl finanziell wie auch seine Zuwendung, seine Liebe, seine Art Mann zu sein. Es ist sein Job, dafür zu sorgen, dass seine Kinder und auch deren Mutter, ein Dach über dem Kopf haben und versorgt sind. So lange bis die Kinder größer sind und die Mutter wieder arbeiten kann. Das scheint ein entlastendes Prinzip zu sein, das die Beteiligten stärkt. Sollten in der neuen Partnerschaft des Mannes ebenfalls Kinder da sein, bleibt es beim oben Gesagten. Es ist die Pflicht des Vaters für seine Kinder zu sorgen. Sorgt der neue Partner ebenso für die Kinder, darf er dem leiblichen Vater seine Position und Sorgepflicht nicht wegnehmen oder abnehmen. Unterstützt dieser Mann bei der Erziehung usw., weil der eigentliche Vater ausgefallen ist, gebührt ihm der Dank der Mutter. Gleichzeitig ist er jederzeit frei, seine übernommenen Pflichten abzugeben.

Kinder brauchen den Vater,
seine Art Mann zu sein.

MÜTTER, DIE ALLEINE ERZIEHEN

Dass Väter mehr sind und mehr zu geben haben als nur die Rolle des Versorgers, ist bekannt. Wie ist es dann möglich, dass manche Mütter es schaffen z. B. ohne den früh verstorbenen Vater des Sohnes und ohne »Ersatzvater« auszukommen und trotzdem einen »tollen Jungen« herangezogen zu haben?

Bert Hellinger hat hierzu Mütter und Söhne befragt, denen deutlich anzumerken war, dass beide kraftvoll im Leben standen. Bei allen hatte der früh verstorbene Vater einen wichtigen, guten Platz in der Familie. Die Mutter hatte den Sohn im Andenken an den Vater erzogen.

Sie hat an die guten Seiten des Vaters erinnert, dem Sohn z. B. gesagt: »Dein Vater konnte so schön singen.« Damit hat sie an das stärkende Bild vom Vater erinnert, sich und dem Sohn die guten Seiten des Mannes / Vaters angeboten. Diese Frau hatte ihren Mann angenommen und ihn dem Sohn als Mensch und Vater sichtbar gemacht. Die gute Wirkung war für alle sichtbar.

Was ist aber, wenn der Ex-Partner noch anwesend ist, in der Nähe lebt oder weiter weg? Was ist, wenn der getrennte Partner alles tut, um eine mögliche, bessere Beziehung zu torpedieren?

Ändert es etwas an der guten Wirkung des vorher beschriebenen? Ich darf mich nicht von diesem Hass anstecken lassen. Vielleicht bleibt dann nur noch übrig, mich und die Kinder, abzugrenzen. Das muss ich benennen: z. B. »Das ständige Trinken vom Papa finde ich nicht gut, das ist seine Sache.« Die guten Seiten, in die ich mich einst verliebt habe, sind deshalb nicht weg!

Wenn Ex-Partner auch in dem guten Licht gesehen werden können, das sie hatten und haben, brauchen Söhne und Töchter sie nicht durch eigenes Leid erinnern und dadurch auf sie aufmerksam machen.

Ein erfahrener Berater für Erziehungsfragen sagt: ***»Die Auffälligkeiten bei Kindern und Jugendlichen in Kindergärten, Schulen und Berufsausbildungsstätten nehmen in dem Maße ab, in dem gut über Vater bzw. Mutter vom erziehenden Elternteil gesprochen wird!«***

WAS ICH TUN KANN

Ich spreche über die guten Eigenschaften meines Ex-Partners. Die Schlechten interessieren nicht mehr, wegen denen sind wir getrennt. Wenn ich die guten Seiten benenne, können meine Kinder stolz auf ihren Vater oder ihre Mutter sein.

Wenn den Kindern ständig die schlechten Seiten vor Augen geführt werden, werden sie auffällig durch Krankheit, schlechte schulische Leistungen, Erziehungsprobleme in Form von übertriebenem Widerstand etc. Sie bringen so das verleumdete Elternteil ins Bild zurück als wollten sie sagen: »Lieber Papa, oder liebe Mama, ich werde wie du.« Damit erinnern sie an diesen Menschen, dem durch die Beschimpfung Schaden zugefügt wurde oder der ausgeschlossen wurde.

Bert Hellinger nennt solche Liebe, solches Verhalten, blind und sinnlos. Sie nützt weder dem Kind noch Vater oder Mutter, trotzdem wird diese Dynamik, diese destruktive Kraft weitergetragen, wenn sie nicht als nutzlos aufgedeckt wird, möglicherweise durch eine Familienaufstellung oder eine andere geeignete Intervention.

Der einfachste Schritt zu einer guten Lösung im Interesse der Kinder ist, dass Mutter oder Vater aufhören, schlecht über den Ex-Partner zu reden. Am besten sollten die guten Seiten angesprochen werden und bei Auseinandersetzungen nicht mehr die »alten Kamellen« aufgewärmt werden.

Es ist leichter, den Emotionen nachzugeben und zu urteilen oder zu verurteilen. Dann ist immer der/die Andere schuldig. Indem ich erkenne, dass der andere Mensch von seinem Tun überzeugt ist, erkenne ich an, dass er/sie sein Bestes tut. Indem Wege aufgezeigt werden, die für alle gut sind, kann sich meine Seele und die meines getrennten Partners neu orientieren – auf Lösung hin.

»Eine Trennung geht an keinem spurlos vorüber. Laut fluchend drischt Maximilian mit Händen und Füßen auf einen Schaumstoff-Sack ein. Er hat viel Kraft und Aggressionen, die einfach raus müssen. In der Trennungs- und Scheidungskindergruppe des Kinderschutzbundes Rosenheim sollen Kinder lernen, sich zu ihren Gefühlen zu bekennen und mit ihnen umzugehen. »Lass alles raus!«, feuert die Gruppenleiterin Maximilian an. Buben – so hat die Familien- und Jugendsoziologin Anneke Napp-Peters in einer Langzeitstudie herausgefunden – reagieren auf die Trennung oder Scheidung der Eltern bisweilen aggressiv oder hyperaktiv. Mädchen dagegen ziehen sich zurück und behalten ihre Empfindungen für sich.

Diese Beobachtungen lassen sich auch im oberbayerischen Rosenheim machen: Sieben Kinder im Alter von sieben bis elf Jahren sind in die hell gestalteten Räume gekommen: darunter die stille Raphaela mit ihren langen Zöpfen, der kleine Lukas, der mit sieben Jahren der Jüngste in der Gruppe ist. Maximilian, der sich am Schaumstoff-Sack ausgetobt hatte, ist ein Wildfang. Nicht minder energisch ist Marlena, die auf ihrem Kaugummi herumkaut. Sie alle eint dasselbe Schicksal: Ihre Eltern leben in Trennung. Ein Paar ist bereits geschieden, andere stehen kurz davor.

Wer eine Gruppe niedergeschlagener Buben und Mädchen erwartet, wird in Rosenheim vom Gegenteil überrascht: Es wird viel gelacht. Das ist auch ein Verdienst der Gruppenleiterin. Die Pädagogin ist selbst ein Scheidungskind. Ihre Erfahrung will sie an die Kinder in der Gruppe weitergeben.« (Auszug aus der *Süddeutschen Zeitung* vom 10.5.2002 von Jens Christopher Ulrich)

Weitere Informationen unter: www.kinderschutzbund.de und www.kinderschutzbund-rosenheim.de

Bei verheirateten Frauen wird selten jemand daran denken, sie seien alleinerziehend. Manchmal ist es trotzdem so, weil die Väter so selten zuhause sind. Viele dieser Väter sind nicht in der Lage beidem, Beruf und Familie, entsprechend viel Zeit zu widmen. Diese Männer ernähren die Familie und ermöglichen ein Leben in Wohlstand für alle. Solche Leistung wird gerne außer acht gelassen, nur die Abwesenheit negativ gewertet.

Wie konnte das nur alles so kommen? Wir hatten uns so gern.

WAS WAR DER URSPRUNG FÜR DAS ENDE UNSERER PARTNERSCHAFT? WER WAR SCHULD?

»Wie konnte das nur alles so kommen? Wir hatten uns so gern. Es war am Anfang so schön…«

»Aber dann fing er plötzlich damit… an«. »Ich konnte ihr ständiges… nicht mehr ertragen.« So und so ähnlich hört es sich oft an. Wer ist Schuld. Er, sie, vielleicht die Kinder, der Job. Das Zuviel oder das Zuwenig, die Umstände, die Benachteiligungen der Herkunft, die Bildungschancen, der Chef, die anderen…

Wir merken, damit kommen wir nicht weiter, Schuldzuweisungen bringt mich nicht weiter. Es ist meine freie Entscheidung, wo ich die Ursache für mein Unglück in der Partnerschaft suche und finde, ob beim anderen oder den Umständen oder bei mir.

Was hilft? Gehen Sie weg vom Unglück! Wir haben keinen Anspruch auf Unzufriedenheit, Genervtsein, Unglücklichsein. In unserer analytischen Welt, in der es für keinen ein Problem ist, die Wegstrecke von A nach B zu beschreiben und entsprechend zu handeln, ist es uns immer wieder unmöglich, unser Glück zu sehen. Anzusehen, was gut ist.

Es gibt Geschehnisse, die wir als Unglück definieren. Jeder tut das. Die Unglücklichen mehr und länger, die Glücklicheren lassen das unglückliche Ereignis nicht so nah an sich heran und nicht so lange wirken.

Die Glücklicheren identifizieren sich nicht mit Pech (sind nicht das Pech), sondern sehen es als Geschehnis, mit dem sie umzugehen haben. Der Schmerz ist da, ich handle angemessen, tue mein Bestes, was mehr könnte ich tun?

Ich orientiere mich an der Lösung, wenn ich den Tatsachen gerecht werde.

Edward W.Beal/Gloria Hochman sagen in *Wenn Scheidungskinder erwachsen sind*, Walter Krüger Verlag: ***»Der Hauptgrund dafür, warum Menschen gegenwärtig Probleme in Beziehungen haben, liegt darin, dass die vorausgegangenen Beziehungen nicht bearbeitet wurden. Dies gilt unabhängig davon, ob es in den vergangenen Beziehungen eine Scheidung gab.«***

Das Gute zu finden auf meinem Weg: Das sollte der Leitspruch sein für die Aufarbeitung meiner Beziehung.

Ich kann mein Lebern ändern. Ich entscheide, ob ich unglücklich sein will oder nicht, jetzt. Ich habe keinen Anspruch darauf, unglücklich zu sein! Aber ich habe ein Recht darauf, meine Situation klar anzuschauen, Halt zu sagen und sie zu ändern, zum Beispiel mit Hilfe von Familienaufstellungen oder durch andere Formen der Bewusstwerdung und zu alledem mit Liebe für mich.

Viele haben Ähnliches selbst schon erlebt: Das als so erdrückend groß erlebte Unglück wurde klein als der noch größere Schicksalsschlag kam. Und als dann das größte Unglück, der Tod eines geliebten Menschen kam, waren die schweren Unglücksfälle davor ganz klein. So fühlen wir uns fortwährend unglücklich. Wir haben eine subjektive Hierarchie der »schlimmsten Unglücksfälle« entworfen. Die Abwesenheit von Unglück empfinden wir schließlich schon als Glück. Deshalb geben wir uns damit zufrieden, dass es nicht noch schlimmer gekommen ist.

Ich habe keinen Anspruch darauf, unglücklich zu sein!

Was ist das für ein Leben im Unglück, geprägt von Angst und Unsicherheit? Gleichzeitig sagen viele, aber das ist nur manchmal so: »Eigentlich geht es mir ganz gut.«

Das ist der Selbstbetrug in unseren Köpfen. Wir sind nicht bereit hinzuschauen. Es tut so weh.

Retten Sie Ihr Leben,
es wird nie ein anderer tun!

Der finnische Analytiker Martti Siirala nennt es (zitiert aus Arno Gruens *Der Verlust des Mitgefühls*): ***»Die Schuld vor dem ungelebten Leben: Wir fühlen uns schuldig, weil wir unser Potenzial im Leben nicht ausschöpfen, uns nicht so sehr zu den Menschen entwickeln, die wir eigentlich sein könnten.«***

Was wir denken
hat Folgen für uns.

Retten Sie Ihr Leben,
es wird nie ein anderer tun!

Es gibt keine ausschließliche Ursache für das Gelingen einer Partnerschaft, das Misslingen einer anderen. Wir können die Umstände verbessern, etwas dazu tun, aufmerksam auf uns und den Partner werden. Aber es liegt letztlich nicht in unserer Macht, ob die Beziehung hält oder nicht. Zu viele Einflüsse aus verschiedenen Sphären wirken auf eine Partnerschaft ein. Deshalb brauchen Sie auch keine »Absolution« von dem Partner, der verlassen wurde. Er/sie könnte sie auch nicht geben. Und Sie dürften diese Freispruch auch nicht annehmen, weil sie beide danach nicht mehr gleichwertig wären. Der zurückgelassene Partner hätte dann immer ein Machtmittel über den anderen, denn er könnte den »Freispruch« geben oder verweigern…

Auszug aus *Der Prophet* von Khalil Gibran »Von Schuld und Sühne«, Patmos Verlag GmbH & Co. KG: *»Und wie ein einzelnes Blatt nicht ohne das stille Wissen des ganzen Baumes vergilbt, so kann der Übeltäter kein Unrecht tun ohne den verborgenen Willen von euch allen. Wie in einer Prozession geht ihr zusammen eurem göttlichen Ich entgegen. Ihr seid der Weg und die Reisenden. Und wenn einer von euch fällt, fällt er für die hinter ihm, als eine Warnung vor dem Stolperstein. Ja, und er fällt für die vor ihm, die, obgleich schneller und sicherer im Schritt, den Stein des Anstoßes nicht entfernten.*

Und noch dies, mögen die Worte euch auch schwer auf dem Herzen liegen: Der Ermordete ist nicht ohne Verantwortung an seiner Ermordung, und der Beraubte ist nicht schuldlos an seiner Beraubung. Der Rechtschaffene ist nicht unschuldig an den Taten des Bösen, und der mit sauberen Händen ist nicht rein von den Taten des Missetäters. Ja, der Schuldige ist oft das Opfer des Geschädigten, und noch öfter ist der Verurteilte der Sündenbock für den Schuldlosen und den nicht Beschuldigten. Ihr könnt nicht den Gerechten vom Ungerechten trennen und nicht den Guten vom Bösen; Denn sie stehen zusammen vor dem Angesicht der Sonne, wie der schwarze und weiße Faden zusammen gewebt sind. Und wenn der schwarze Faden reißt, wird der Weber das ganze Gewebe prüfen und auch den Webstuhl untersuchen.

Wenn einer von euch die untreue Ehefrau zur Anklage bringt, soll er auch das Herz ihres Ehemanns in die Waagschale legen und seine Seele mit gleichem Maß messen.«

Es tut so weh.

Bert Hellinger schreibt im Buch *Ordnungen der Liebe,* (Carl-Auer-Systeme Verlag, 4. Aufl. 1997): *»Ihr müsst davon ausgehen, dass Trennungen geschehen ohne Schuld. Sie sind unausweichlich, in der Regel sind sie unausweichlich. Wer nach einem Schuldigen sucht und nach einer Schuld, entweder bei sich oder beim anderen, der weigert sich, sich dem Unausweichlichen zu stellen. Dann tut man so, als hätte es eine andere Lösung gegeben wenn … Und das stimmt nicht. Die Trennungen sind Folgen von Verstrickungen. Jeder der Partner ist auf eine besondere Weise verstrickt. Deswegen suche ich als Therapeut nie, wer oder was daran schuld sein könnte. Ich sage ihnen, es ist vorbei, und jetzt stellt euch dem Schmerz, dass es vorbei ist, obwohl ihr es am Anfang gut gemeint habt. Wenn sie sich dem Schmerz stellen, können sie friedlich auseinander gehen und können, was zu regeln ist, gut miteinander regeln. Anschließend ist jeder frei für seine Zukunft.«*

Im Seminar *Ordnungen der Liebe*, Juni 2000, Berlin, sagt Bert Hellinger: *»Unschuldig fühlen wir uns, wenn wir uns zur Familie zugehörig fühlen dürfen. So gehören die Guten dazu, die Bösen nicht. Mit guten Folgen in der Familie, mit Schlechten für Einzelne, Ausgeschlossene. Das kollektive Gewissen, über Generationen, hat als oberstes Gesetz: Ausgeschlossene wieder ins Bild zu bringen. Dieses Nachahmen ist zum Scheitern verurteilt, weil ein Späterer etwas für einen Früheren tun will. So wird nachgeahmt, ohne Lösung, ohne Resultat.«*

Trennungen geschehen ohne Schuld.
Sie sind unausweichlich.

In *Zweierlei Glück* (Hrsg. Dr. G. Weber, Carl-Auer-Systeme Verlag, 14. Aufl. 2001) schreibt Bert Hellinger über *Das Gewissen als Gleichgewichtssinn in Beziehungen*: ***»In Beziehungen gelten gewisse Ordungen. Man muß wissen, dass wir Schuld und Unschuld in der Regel in Beziehungen erfahren. Schuld ist also auf den anderen bezogen. Schuldig fühle ich mich, wenn ich etwas tue, was der Beziehung zu anderen schadet, und unschuldig, wenn ich etwas tue was der Beziehung zu anderen nützt. Das Gewissen wacht über die Bedingungen, die für Beziehungen wichtig sind, nämlich über die Bindung, über den Ausgleich von Geben und Nehmen und über die Ordnung. Eine Beziehung kann nur gelingen, wenn diese drei Bedingungen zugleich erfüllt sind.«***

… als hätte es eine andere Lösung gegeben …

**Wer nach einem Schuldigen
und einer Schuld sucht,
weigert sich,
sich dem Unausweichlichen
zu stellen.**

»Eine Beziehung gelingt, wenn die Bindungen respektiert werden, ein guter Ausgleich von Geben und Nehmen geschieht und Ordnungen eingehalten werden.«

(Bert Hellinger)

WENN DIE LIEBE GEHT,
was kommt dann?

Ein wunderbares Lied von Erika Pluhar und André Heller:

> *»Wenn die Liebe geht, was kommt dann…?*
> *Wenn der Wind sich dreht, wohin dann…?«*

Geht die Liebe wirklich? Vielleicht ist sie dem Hass gewichen. Sicher ist sie keine verliebte Liebe mehr. Kann Liebe überhaupt gehen? Die Liebe, die uns einst zusammenbrachte, hat sich auf so mannigfache Weise verändert. Vom Brauchen zum Gebrauchtwerden, vom Geben zum Nehmen, vom Getragensein durch den anderen, zum Tragen von sich selbst. Liebe ist unerschöpflich weit und tief. Liebe ist immer da. Aus Liebesbindung, die auch aus sexuellem Begehren entstand, kann partnerschaftliche Liebe werden.

Partnerschaftliche Liebe gibt, lässt, trägt, nimmt. Sie ist eine Form der Anteilnahme am anderen, wie beste Freunde miteinander sind. Die offene Aussprache ohne Schuldzuweisung, um des gemeinsamen Zieles willen, gibt beiden die Chance weiterzukommen.

Lassen Sie sich nicht von »wohl meinenden« Freunden einreden: »Den würde ich vor die Tür setzen.« »Die würde ich sofort rausschmeißen,« »wie kann sie/er dir das nur antun?« Ihre Freunde kennen nur diesen Weg. Es gibt noch wenig positive Streitkultur, schon gar nicht bei Paarstreitigkeiten. Jeder versucht die Freunde auf seine Seite zu ziehen, jeder mit seiner Sicht der Dinge.

Vielleicht haben Sie auch schon viele Gesprächsversuche gemacht und es hat nie geklappt. Er/sie hat Sie wieder nicht verstanden und Sie gaben fast auf. Die Lösung ist nur im direkten Gespräch möglich, manchmal braucht es professionelle Hilfe. Es gibt ausgezeichnete Moderatoren, staatliche Stellen,

Wenn der Wind sich dreht,
wohin dann …?

> Geben Sie sich selbst und dem Ex-Partner Zeit und Ruhe, mit der aufwühlenden Realität einer Trennung umzugehen.

WAS ICH TUN KANN

Vielleicht hilft Ihnen das kleine Wort »bitte«.
Bitten Sie ihren Partner um ein klärendes Gespräch. Bereiten Sie sich auf dieses Gespräch vor, indem Sie sich einen guten Verlauf vorstellen, einen guten Ausgang für dieses Gespräch. Der gute Ausgang bedeutet nicht Trennung oder Zusammenbleiben.

Der gute Ausgang bedeutet, einen Weg finden, der für beide gut ist.

Wenn Sie keine Lösung außer Trennung sehen, bitten Sie ihren Partner darum, die Trennung in gegenseitiger Achtung zu vollziehen.

Wenn beide zu der Ansicht finden, dass es gut weitergehen kann in gemeinsamer Partnerschaft, braucht keiner Angst zu haben. Es bleiben genügend Schwierigkeiten, aber die sind zu schaffen.

kirchliche Institutionen, Therapeuten, Mediatoren, Paarseminare, Bücher (Adressen am Schluss des Buches).

Zuerst können Sie mit ihrem Partner eine gemeinsame Lösung, eventuell mit Unterstützung, suchen. Ist eine direkt Ansprache nicht mehr möglich, können Sie sich darüber klar werden, wen Sie ins Vertrauen ziehen. Hören Sie ganz genau hin, wer Ihnen was rät. Versuchen Sie zu erkennen, welches Potenzial an Konfliktlösung Ihnen angeboten wird. Oft ist es die reine Hilflosigkeit, die sich in »zeig's-dem/der-endlich-mal«-Sprüchen erschöpft. Der Beziehungswind kommt von vorn, das soll heißen: Lösungen liegen nur selten in der Vergangenheit, höchstens in der Anerkennung der gemeinsamen Vergangenheit. Jetzt kann Verkrustetes aufgebrochen werden. Ein Neustart kann stattfinden. Für beide, ohne Verlierer. Lediglich eine kaputte Ehe oder Partnerschaft wird abgeschafft. Beide könnten zum Beispiel ein zum Großteil getrenntes, aber auch zum Teil noch verbundenes Leben anstreben, was den Kindern die größte Freude sein dürfte.

Edward W. Beal / Gloria Hochman schreiben in *Wenn Scheidungskinder erwachsen werden*: ***»Beziehungsprobleme in der Gegenwart treten wegen unerledigter Beziehungen in der Vergangenheit auf, wegen ungeklärten Problemen mit einem Menschen der ursprünglichen Familie – Mutter, Vater, Großeltern, Schwestern, Brüder.«***

Wichtig ist, dass wir diese Aussage nicht als Ausrede benutzen, sondern als Herausforderung diesen geforderten Aus-

gleich schaffen. Familienaufstellung, Meditation, Liebe leben. Sich ausdrücken im Leben durch Sein, nicht durch Konsum. Sich ausdrücken mit künstlerischen Mitteln. Malen, Musik, beispielsweise sind Wege, diese Herausforderung anzunehmen.

Wenn die Liebe geht, was kommt dann?
Gibt es denn eine Alternative zu »Trennung in Liebe«?

Der Hahnenkampf der Rechtsanwälte zum angeblichen Wohl ihrer Mandanten ist keine Lösung, führt aber bestimmt zum endgültigen Bruch zwischen beiden Ex-Partnern. Es sind nicht die Anwälte, um die es hier geht. Sobald sich einer von beiden Partnern einen Anwalt nimmt, ist der andere praktisch gezwungen, dasselbe zu tun. Dann ist Krieg, keine Basis mehr zur Verständigung auf einer Ebene in gegenseitigem Wohlwollen.

Sie selbst sind es und Ihr Partner, die entscheiden, ob Trennung im Hass oder in Liebe erfolgt. Ob die vielen offenen Rechnungen beglichen, ob die Verletzungen gesühnt werden müssen, oder ob Sie beide einfach einen Schlussstrich zihen können und sich selbst und dem/der anderen für die vielen Unzulänglichkeiten verzeihen können, die waren und noch sind.

Nach der Trennung ist ein Neuanfang möglich. Es gibt aber auch die Herausforderung mit den bisherigen Unzulänglichkeiten auf neue Art umzugehen, vielleicht mit der Hilfe eines anderen Menschen. Aber warum wollen Sie beide auf die gute Unterstützung des Ex-Partners verzichten? Wenn es beiden gut tut, kann diese Beziehung für beide sehr hilfreich und lösend sein. Zumal wenn Kinder da sind, sollte es keinen anderen Weg geben als den der offenen, gemeinsamen Bereitschaft, das Gute für alle in der neuen Art der Beziehung zu schaffen.

Geben Sie sich selbst und dem Ex-Partner Zeit und Ruhe, mit der aufwühlenden Realität einer Trennung umzugehen. Oft werden voreilige Entscheidungen getroffen. Oft fühle ich mich unsicher, ob ich die Entscheidung zur Trennung vor mir, den Kindern, den Eltern, allen anderen noch vertreten kann. Oft bin ich unsicher: »Soll ich es wirklich tun oder doch besser weiter aushalten?« »So schlimm war es doch nicht!« Wenn Sie diese Zweifel haben, bleiben Sie, wo Sie sind! Erst Ihre innere Klarheit kann zur Heilung Ihrer Partnerschaft führen oder zur »Trennung in Liebe«.

Der Leidensdruck ist der Wegweiser, der Ihnen hilft, Ihr Leid, Ihren Schmerz, in der Beziehung einzuordnen. Der Leidensdruck verhilft Ihnen zur Klarheit über den Zustand Ihrer Beziehung: Ist sie zu Ende, vor dem Ende oder noch zu heilen? Je nach der Antwort, die Sie sich selbst auf diese Fragen geben, können Sie entscheiden, was zu tun ist.

Falls es um ernste Konsequenzen geht, holen Sie sich professionelle Hilfe. Sie gehen ja auch nicht zu irgendeinem Arzt oder in irgendeine Werkstatt mit Ihrem Auto. Wenn irgend möglich sprechen Sie zuerst mit Ihrem Partner!

Der Beziehungswind kommt von vorn.

WAS ICH TUN KANN

Bereiten Sie sich vor auf dieses Gespräch. Werden Sie sich klar darüber, was Sie sagen wollen. Stellen Sie sich in Gedanken einen vertrauensvollen Gesprächsverlauf vor. Lassen Sie Ihr Herz sprechen. Sprechen Sie davon, wie Sie sich Ihre Partnerschaft wünschen. Was Sie an sich selbst ändern möchten. Was Sie dazu tun können. Wie es besser werden kann.

Sprechen Sie davon, was Sie tun oder lassen werden. Bleiben Sie bei sich. Sie können nur sich selbst ändern. Dadurch ändern Sie Ihren Partner, indem Sie selbst neu und anders mit Situationen umgehen. Dadurch veranlassen Sie den Partner verändert zu reagieren. Agieren Sie, geben Sie die Haltung bloßer Reaktion auf.

Sagen Sie Ihrem Partner klar, welche Schwierigkeiten Sie in der Beziehung sehen. Sagen Sie auch, was Sie selbst verändern werden.

Machen Sie keine Lösungsvorschläge, die den Partner betreffen. Bleiben Sie bei sich. Handeln Sie.

Wenn Sie darauf warten, dass der Partner das tut, was Sie wollen, warten Sie darauf, handeln zu können. Dann bleibt es wie es ist.

Zeit und Ruhe

Die Liebe kommt zu dem, der sie braucht.

GRÜNDE SUCHEN, WO ES KEINE GIBT – LÖSUNGEN FINDEN, DIE WIRKEN

Saskia sagt: »Die Liebe hat uns zusammengebracht, der Sex hat uns getrennt.«

»Chancen verlieben sich«. Die Liebe kommt zu dem, der sie braucht. Liebe und Sexualität verbindet Menschen. Sexualität in Liebe ist Teil der Beziehung und eines der größten Fundamente in einer Frau / Mann-Beziehung. Sexualität ist mehr als die pure körperliche Vereinigung. Liebe verbindet, heilt, führt weiter, ist die große Kraft, die uns zusammenführt und trennt, wenn wir nicht gut mit ihr/uns umgehen.

Der Wunsch, sich zu binden, lässt mit der Häufigkeit der Beziehungen nach. Was bleibt ist das körperliche Verlangen, oft nur noch bei uns Männern.

Haben uns unsere Frauen verraten, wenn sie keinen Sex mehr wollen oder dabei innerlich abschalten? Was ist unser Anteil daran? Haben wir versucht, sie zu verstehen, haben wir versucht zu fühlen, was uns beiden gut tun wird? Sie haben recht, die Frauen, die keinen Sex mehr wollen, aber wirkliche körperliche Liebe suchen. Diese Frauen zeigen uns Männern den Weg.

Sind wir Mann geworden (vielleicht waren wir es noch nie)? Haben wir doch das Gespräch gesucht, wenn wir wieder mal abgewiesen wurden? Oder haben wir uns einfach im Bett umgedreht, mißmutig, grollend. Hat sie es dann irgendwann nicht mehr ausgehalten und Sex geschehen lassen?

Es ist unsinnig, einen Grund für unsere Trennung zu suchen. Es ist unsinnig, weil der Suche nach dem Trennungsgrund die Hoffnung zu Grunde liegt, wir könnten es das nächste Mal besser machen oder hätten die Trennung vermeiden können, wenn... Das ist eine Illusion und trotzdem quält manchmal das Gefühl des Versagens, das Gefühl es nicht geschafft zu haben.

Endlich soll die Sprachlosigkeit vorbei sein! Reden Sie darüber ganz offen, was Sie drückt. Öffnen Sie sich Schritt für Schritt im Gespräch mit dem Partner. Sagen Sie endlich klar, was Ihnen gut tut, was nicht. Vielleicht kommt sie wieder zurück, die Liebe, die gegangen ist aus der Beziehung, aber immer in uns wohnt. In jedem von uns, um uns zu helfen und uns zu tragen, wo wir nicht mehr weiter können.

Brauchen wir einen neuen Anspruch in der körperlichen Liebe? Pornographie, in Film, Fernsehen, am Telefon, in Heften und Büchern, ist kein Ersatz für tiefe, wirkliche Liebe. Die Liebe lebt nur im Moment, ohne Erinnerungen, Phantasien, Ablenkungen. Die schnelle Befriedigung ist oberflächlich.

Jeder macht das, wozu er Lust hat. Aber jeder kann sich fragen, ob er mit der Sexualität in der Partnerschaft zufrieden ist. Wenn nicht, gibt es Lösungen, die wirken im Zusammenlieben der Partner. Buchtipps: Barry Long *Sexuelle Liebe auf göttliche Weise* und Erich Fromm *Die Kunst des Liebens.*

Trennung braucht kein Drama.

Ruhe und Gelassenheit

... WEG VOM BISSCHEN GLÜCK, HIN ZU MEINEM GLÜCK

Wir haben materiell so viel erreicht. Wir leben in einem goldenen Zeitalter. Noch nie ging es so vielen auf diesem Teil der Weltkugel, materiell gesehen, so gut. Aber unser Preis ist hoch, den wir für diese Art Fortschritt bezahlen. Wir geben viel von uns hin. Eine tiefe, vertrauenswürdige, liebevolle, auch sexuell erfüllte Partnerschaft, ist vielleicht auf der Strecke geblieben. Weil wir die Zeichen nicht rechtzeitig erkannt haben, weil wir nicht rechtzeitig gehandelt haben. Keiner hat gesagt: Wenn du so viel arbeitest, hast du keine Kraft mehr, dich um dich selbst oder um deinen Partner zu kümmern. Du hast nicht mehr die Kraft, um ein guter Vater, eine gute Mutter zu sein. Wo sollst du die Kraft hernehmen, auch noch eine gute Geliebte, ein guter Geliebter zu sein, nach acht Stunden Arbeit? Nach einer Arbeit, die oft mehr belastet als erfüllt!

Wie gehen wir mit uns um? Wir stellen die gesellschaftlichen Werte über unsere eigenen. Um geachtet zu sein, geliebt zu werden, tun wir fast alles. Wer liebt uns?

Wir leben in Clubs von Gleichgesinnten: im Club der Verheirateten, in Religionsclubs, Vereinen, Dorfclubs, Firmenclubs, nationalen Clubs.

Viele Gefühle bieten uns diese Bündnisse: Geborgenheit, Zugehörigkeit, Einigkeit, das Gefühl, aufgehoben zu sein, ein Zuhause zu haben, Freunde zu haben, Bekanntes wiederzufinden. Diese soziale Integration ist wichtig, aber der Preis ist hoch, der dafür gefordert wird.

Verstößt eine / r gegen die oft ungeschriebenen Gesetze der Gemeinschaft des »sozialen Clubs«, kommt er / sie schnell in Erklärungszwang. Warum setzt du dich ab? Du gefährdest unsere Art zu sein, indem du andere, neue Wege gehen willst.

Der Club schließt aus, was nicht konform ist. So steht manch eine/r schnell vor der Wahl: die Freunde oder mich selbst verlieren: Wenn wir uns aus der Sicherheit der sozialen Clubs entfernen, riskieren wir einsam zu werden.

Es geht sehr wohl, mit Ex-Partnern, mit den eigenen Kindern, mit sich selbst, ins Reine zu kommen. Es tut gut, wenn wir den Mut finden, zu dem zu stehen, was ist. Die Clubs der Gleichgesinnten gaukeln dem Einzelnen eine Sicherheit von Geborgensein und Sicherheit vor. Was ist das für eine Sicherheit?

Wie gehen wir mit uns um?

Wir leben in Clubs von Gleichgesinnten.

Wir geben viel von uns hin.

WO IST BLOSS DIE SICHERHEIT GEBLIEBEN – SICHERHEIT: EINE SUCHT, EIN ANSPRUCH?

Was passiert uns mit Sicherheit? Wir werden geboren, rausgepresst, kaisergeschnitten. Auf alle Fälle werden wir gezwungen, den Platz im Mutterleib zu verlassen. Viele haben hilfreiche Theorien darüber aufgestellt, wie es uns da geht, was für Schäden uns geschehen, wie wir Geburt erleiden.

Tatsache ist, die Geburt geschieht uns allen und jeder geht ein bisschen anders damit um. Auf jeden Fall wird es schon mit der ersten Sicherheit nichts. Und so suchen wir weiter nach Sicherheit. Wir merken schnell: Sie lieben mich, die Eltern, wenn ich das mache, was sie wollen. Dann bekomme ich die Sicherheit, Zuwendung, Liebe, die ich brauche. Sie wollen nur unser Bestes, sie wollen es wirklich. Sie geben uns, was sie geben können. Auch wenn es uns oft nicht genügt, sollten wir dafür dankbar sein.

Allein dass wir am Leben sind,
… damit ist schon viel gegeben.

Sicherheit lat. securitas = Sorgenfreiheit, Gemütsruhe. In dieser Definition des Wortes Sicherheit steckt auch eine Sehnsucht. Ich meine, es wird mit dem Wunsch nach Sicherheit die Sehnsucht nach Geborgenheit ausgedrückt.

Wir haben Sicherheit nicht im Griff, das spüren wir. Wir glauben aber, einen Anspruch auf Wohlstand, soziale Geborgenheit und Gesundheit zu haben.

Das Streben nach materieller Sicherheit ist oft an die erste Stelle unserer Werteskala gerückt. Dabei bleiben Wirkprinzipien unbeachtet, was wir zwar spüren, aber oft nicht beachten.

Insa Sparrer und Prof. Dr. Matthias Varga von Kibeth haben in ihren Systemischen Strukturaufstellungen diese Wirkprinzipien beschrieben und durch viele praktische Beispiele veranschaulicht. Verkürzt dargestellt: Sie gehen davon aus, dass Systemische Strukturaufstellungen ein inneres Abbild für uns wichtiger Strukturen, z. B. von Familienstrukturen, darstellen. (Insa Sparrer, *Wunder, Lösung und System*, Carl-Auer-Systeme Verlag, 1. Aufl. 2001)

Diese Strukturen haben eine Ordnung. Diese Ordnungen wurden auch durch Erfahrungen bei Aufstellungen gefunden und immer wieder bestätigt. Auf der nächsten Seite finden Sie die Sammlung von wichtigen »Prinzipien«, die auf unser Zusammenleben wirken.

Wir glauben,
einen Anspruch
auf Wohlstand,
soziale Geborgenheit
und Gesundheit
zu haben.

Sicherheit gleich
Gemütsruhe

WAS ICH TUN KANN

Ich kann mich mit den nachfolgenden Prinzipien befassen. Was mich anspricht kann ich versuchen in mein Leben zu bringen. Das kann ich tun, um meine Sicherheit, meine innere Sicherheit aufzubauen. Eine Sicherheit, die in mir entsteht, aus mir entsteht. Im Gegensatz zu einer Sicherheit, die nur im Außen ist. Sinngemäß zitiert aus *Wunder, Lösung und System* von Insa Sparrer, Carl-Auer-Systeme Verlag, 2001 und *Heilt Demut - wo Schicksal wirkt?* von Gert Höppner, Profil-Verlag.

Das 1. Metaprinzip: ***Das Gegebene muss anerkannt werden.***
Beispiel: »Meine Eltern sind genau die richtigen für mich.« Dies ist die Voraussetzung für alle weiteren Grundannahmen.

Das 2. Metaprinzip: Es gibt eine **Rangfolge** für die folgenden vier Grundannahmen. Für die Wiederherstellung einer hilfreichen Ordnung muss die Rangfolge der folgenden vier Prinzipien beachtet werden:

1. *Prinzip:* ***Gleichwertige Zugehörigkeit.*** Jedes zugehörige Mitglied des Systems ist gleichwertig. Da dieses Prinzip die Existenz des Systems und seiner Grenzen sichert, ist es an erster Stelle. Es zeigt sich in Aufstellungen, dass ausgeschlossene, verachtete, unwürdig behandelte Menschen durch später Geborene wieder in Erinnerung gebracht werden. *Beispiel:* Ein nichtgeachteter erster Partner wird von einem Kind aus zweiter Bezeihung vertreten, d. h. krank.
2. *Prinzip:* **Reihenfolge**. Das Frühere hat Vorrang vor dem Späteren.
   Beispiel: Die Kinder aus erster Ehe gehen vor, z. B. vor dem Partner in zweiter Ehe, oder, der erste Partner war zuerst da und muss dafür geachtet werden.
3. *Prinzip:* **Einsatz**. Wer den höheren Einsatz für das System bringt, hat Vorrang.
   Beispiel: Vereine. Zugehörigkeit erwirbt man sich meist durch Zahlen eines Beitrages und Anwesenheit.
4. *Prinzip:* **Leistung**. Wer mehr kann, im Sinne von Leistung, hat Vorrang vor anderen. Dieses Prinzip ist in unserer Leistungsgesellschaft sehr bekannt. Und zu stark bewertet. Es steht an letzter Stelle der Grundannahmen. Nimmt aber den ersten Platz im Bewusstsein der meisten ein.

Wer entscheidet über mein Leben? Steht alles fest?

Könnte es sein, dass die Konflikte in unserer Leistungsgesellschaft mit dadurch entstehen, dass die Fokussierung auf materiellen Wohlstand über die Existenzsicherung für die Familie hinaus zu Unzufriedenheit, unstillbaren Konsumwünschen, übergroßem Sicherheitsbedürfnis führt?

Wir suchen Menschen, die uns Sicherheit anbieten. Die erfolgreichsten Politiker sind die, die uns den Eindruck vermitteln, ihren Job gut zu machen, indem sie unserem Sicherheitsbedürfnis gerecht werden.

Ein erfolgreicher Unternehmenschef sagte: »Ich verkaufe jeden Tag Sicherheit: Das Produkt muss stimmen, aber genauso wichtig ist, dass die Kunden, die Banken, die Aktionäre, mir glauben was ich sage. Sie wollen Sicherheit von mir, Berechenbarkeit!« Die Suche nach Sicherheit endet nie. Aber wir können unsere emotionale Abhängigkeit von ihr verringern, indem wir uns über die Wirkmechanismen klar werden.

Die Abhängigkeit von der Sicherheit verringern? Wofür? Entweder ich brauche Sicherheit oder nicht. Habe ich eine Wahl oder nicht? Wer entscheidet über mein Leben? Steht alles fest? Sind wir nur Marionetten, die am seidenen Faden des Lebens hängen? Tanzen wir nach der Pfeife irgendeines verrücktgewordenen Gottes, sind wir dem Schicksal ausgeliefert oder ist unser Leben genetisch vorbestimmt oder stimmt vielleicht alles ein bisschen?

Das Leben im Kommunikationszeitalter macht uns die Beantwortung solcher Fragen nicht leichter. Wir werden überdröhnt von Meinungen, Glaubenssätzen, Konzepten, Theorien, besonders wenn wir nach *dem* Sinn in unserem Leben suchen.

Die Welt ist unsicher, sie war es immer. Was wirklich unsicher ist, sind die Erwartungen, die wir an Welt stellen. Wir wollen, dass es so läuft wie wir es wünschen. Wir in den westlichen Industriegesellschaften hatten materiell noch nie so viel zu verlieren wie heute und wollten uns noch nie gegen mögliche Verlust so absichern wie heute.

> ***Weisheitsschriften sagen,***
> ***alles ist Wandlung, nichts bleibt.*** (I Ging)

Sind wir so machtlos, wie es scheint? Oder haben wir eine Wahl? Unser Umgang mit dem Sichersten auf Erden, dem Tod, zeigt, was wir ändern können, um klarer zu werden. Tod wird im Westen tabuisiert. Sterben ist out. Megaout ist darüber zu reden. Immer jung sein ist in. Was für ein Betrug!

Alles ist Wandlung, nichts bleibt.

DER TOD IST EINE SICHERHEIT, VON DER WIR NICHTS WISSEN WOLLEN

Wir haben uns eine dicke Haut im Umgang mit dem Tod zugelegt. Täglich wird im Fernsehen, in der Zeitung über viele Tote berichtet, werden Leichen gezeigt. Das ist zuviel. Wir sind nicht in der Lage, echte Anteilnahme für diese Menschen zu entwickeln. Wir sind kurz berührt. Wir müssen unsere Gefühle gegen dieses Übermaß an Todeserfahrung abschotten. Das führt oft zur Unfähigkeit, mit dem wirklichen Tod umzugehen. Der nahe Tod wird verdrängt, ignoriert oder als Katastrophe erlebt.

Mit der Frage, »An was ist er/sie denn gestorben?« wird Tod auf ein medizinisches Problem, eine Fehlfunktion reduziert. Wir ertragen es nicht, uns mit dem Tod des geliebten Menschen zu konfrontieren, bevor es so weit ist, geschweige denn mit unserem eigenen Tod. Wir haben es nicht gelernt. Die anderen machen es auch nicht. Es scheint sehr gefährlich. Gefährlich, weil wir unsere Identität, unser »ich« zu verlieren scheinen.

Viele Menschen erhalten und gewinnen ihre psychische Belastbarkeit durch die Bindung an verschiedene Gruppen. Das Aufgehobensein in der Gruppe, die Zugehörigkeit zur Gruppe, sind Werte, die unter Androhung des Ausschlusses auf dem Spiel stehen.

Der drohende Ausschluss ist also ein wesentlicher Grund für Wohlverhalten in der Gruppe: Wir wollen unsere Zugehörigkeit nicht gefährden. Identität, Eigendefinition, Ich-Verständnis stehen angesichts des Todes noch weit mehr auf dem Spiel. Wir fürchten, im Tod unser Ich zu verlieren bzw. das, was wir dafür halten. Sowohl der Sterbende als auch die nahen Bezugspersonen haben größte Schwierigkeiten mit dem Verlust dieses »Ich« umzugehen.

Dieser Abschnitt über Tod ist diesem Buch beigefügt, weil Trennung von vielen als »kleiner Tod« erlebt wird.

Tod erfordert Trauerarbeit. Tod will bewältigt werden, will integriert werden. Tod kann nicht verstanden werden. Nichts ist so sicher wie mein Tod, deshalb lohnt es sich, dem nachzuspüren, was für ein Verhältnis ich zu Tod habe.

Der Tod hat in unserer Gesellschaft einen schlechten Ruf! Der Tod hat eine Kraft, Endgültigkeit, Bedeutung, die uns im Zusammenhang, mit »Trennung in Liebe«, zu Ernsthaftigkeit führt. Trennung braucht kein Drama. Trennung soll sehr wohl die Ernsthaftigkeit besitzen, die beiden Menschen, deren Beziehung und Verantwortung für weitere, wie etwa für ihre Kinder, gerecht wird.

Der Gedanke an den Tod, führt uns vor Augen, wie ernsthaft Trennung gelebt werden soll. Es gibt keinen Grund mit Aggressionen, Hassgefühlen die Zeit zu verplempern. Das Leben ist dazu zu kurz und Sie haben es nicht verdient, sich so weh zu tun.

Tod hat etwas Endgültiges, soweit wir es überblicken können. Das erschreckt uns. Tod wird nicht erklärt. Was stirbt denn? Unsere Wissenschaften helfen hier nicht weiter. Sie sehen nur die zählbaren, messbaren Aspekte von Leben und Tod.

Eine solche Sicherheit wie das Sterben lassen wir einfach unbeachtet auf unserer Suche nach Sicherheit!

Was passiert mit mir nach meinem Tod? Eines ist sicher. Entweder es ist nichts nach dem Tod. Oder es ist etwas. Wenn

Tod kann nicht verstanden werden.

DER TOD IST UNSER SICHERSTER BEGLEITER. KANN MEIN TOD MEIN FREUND SEIN?

nichts nach dem Tod ist, brauchen wir uns nicht zu sorgen. Dann ist es einfach vorbei. Dann geht unser Sein in das Nichts zurück, aus dem es kam. Über dieses Nichts brauchen wir nicht zu spekulieren.

Bert Hellinger: *»Der Tod kommt nie zu früh und er kommt immer gelegen. Verwirrung entsteht, wenn wir den Tod jemandem zuschreiben, einem Mörder zum Beispiel, und dem böse sind. Aufstellungen haben gezeigt, dass die Toten es ganz anders sehen. Nämlich so, dass der Tod in anderen Händen, von etwas Größerem, ist. So können die Toten ihn daher auch annehmen, ohne sich ungerecht behandelt zu fühlen und zu sagen, ich bin zu früh gestorben.«* (aus *Movements of the soul*, H. Hohnen, Berlin)

Die schweizer Ärztin, Sterbebegleiterin und Forscherin Dr. Elisabeth Kübler-Ross sagt: *»Viele hunderte Menschen, die ich in den letzten Stunden ihres Lebens begleitet habe, sagten fast alle: ›Ach hätt' ich doch mehr gewagt in meinem Leben‹.«*

Wenn ich weiterlebe nach dem Tod, was stirbt dann? Was lebt dann noch? Unklarheit in dieser Frage könnte ein Grund sein für unser Streben nach Sicherheit. Am liebsten hätten wir auch noch auf das Einfluss, was sich nach dem Tod abspielt. Glaubensgemeinschaften haben durch die Verbreitung von Aberglauben Menschen die Illusion verkauft durch Wohlverhalten oder durch Gehorsam bis in den Tod, darauf Einfluss nehmen zu können.

Leider zeigen viele schicksalsschwere Biographien, dass wir mit Wohlverhalten oder blindem Gehorsam, unsere Zukunft nicht beeinflussen können. Wir können Schicksalsschlägen nicht einfach aus dem Weg gehen.

Unser Streben nach Sicherheit ist der Versuch, die Zustände so zu erhalten, wie sie sind, und sie bestenfalls in unserem Sinn zu verändern, wie wir es für richtig halten, uns z. B. mehr Wohlstand zu verschaffen, vor Krankheit zu verschonen etc.

Möglichst alles zu vermeiden, was wir als schädlich empfinden, das ist eine einseitige Sicht der Dinge. Wir sagen zu oft: »Hier, lieber Gott, hast du nicht aufgepasst, da hättest du die Katastrophe verhindern müssen. Gibt es dich überhaupt, wenn du das alles zulässt?«

Wir meinen, aus unserer Sicht der Dinge heraus beurteilen zu können, was sinnvoll ist. Es ist der Versuch mit einem Teilwissen, das Ganze beurteilen zu wollen. Sich anzumaßen zu wissen was richtig ist. Wer kann das?

Geprägt ist diese Haltung von dem Bild eines »lieben Gottes«, eines Gottes, den ich mir durch Opfer, Einhaltung von Geboten und Verboten, etc. gewogen machen kann. Es werden sinnvolle Gebote und Gesetze oft nicht etwa eingehalten, weil sie unserem Zusammenleben nützen, sondern aus Angst vor des »lieben Gottes« Strafe.

Wir können Schicksalsschlägen nicht einfach aus dem Weg gehen.

Wir sind nicht unser Körper.

Jeder hat seinen eigenen Tod.

Es könnte ja sein, dass dieser Gott erst straft, wenn wir gestorben sind. Was für ein Gott müsste das sein, der solche Gedanken in die Hirne seiner »Kinder« setzt, der Wohlverhalten fordert und nach gut und böse trennt? Solche Vorstellungen sind Menschwerk. Gotteswerk ist Einheit. Einheit von Gut und Böse genauso wie Einheit von Leben und Tod.

»For all my days remaining«, lautet der Refrain eines Sting-Songs. »Für alle Zeit, die mir bleibt.«

Der Tod ist vielleicht unser einziger Freund. Er hat uns viel zu erzählen. Jeder hat seinen eigenen Tod. Jeder Tod ist etwas anders und unverwechselbar. Tod, Sterben ist ein Weitergehen. Unser Tod ist ständig bei uns, er kann uns jederzeit begrüßen. Indem wir ihn weit weg wähnen, erschreckt er uns, wenn er plötzlich da ist.

Jeder hat Angst vor dem Tod. Weniger Angst haben die, die den Tod zu ihrem Freund machen. Die wissen, dass er immer bei ihnen ist. Weniger Angst haben die, die den Tod durch Aufmerksamkeit ehren. Dem Tod die Ehre geben, heißt nicht, ihn sich zu wünschen. Nein, ehren meint hier, ihn als den letzten Meister auf Erden anzuerkennen.

Warum soll Sterben schlimm sein? Wir verlieren Leben. Aber wer verliert, gewinnt. Während wir leben hilft uns die Vorstellung des Todes, die Qualität der Liebe, des Lebens zu schätzen: Morgenluft zu riechen, Wasser, Meer wahrzunehmen, Frühling zu fühlen, Natur zu erleben. Zu spüren, wie wunderbar Leben und Lieben ist. Dies alles und weit mehr, macht unser sicheres Ende so bedeutsam und damit unser Leben so wertvoll.

Was ist das für ein Ende? Was stirbt? Es stirbt nur der Körper. Tod, ist ein toter Körper, nichts anderes. Tod betrifft unsere physische Hülle, die wir auf Erden brauchen. Wir sind nicht unser Körper. So wie wir in unseren Häusern wohnen, aber nicht unsere Häuser sind. Wir alle spüren in Momenten des Ergriffenseins, in Momenten der Stille, dass da ein Unbeschreibliches ist. Menschen, die das alles für Humbug halten, wollen oft nicht weitersehen.

For all my days remaining

Was sind wir? Wir sind, was denkt und fühlt, was sich freuen kann, lachen kann, was lieben kann, das was wir im anderen lieben können, ohne es haben zu wollen, und viel mehr. Das sind wir. Das bleibt von uns. Das war immer da und stirbt nie. Das ist die einzige Wirklichkeit. Tod ist wie eine Nacht, die durch Aufwachen, Geburt, beendet wird, und nach dem Einschlafen, Tod, wieder weitergeht, bis wir wieder aufwachen.

Was sind wir nicht? Wir sind nicht, was wir denken, was wir sind.

Es ist in unserer Kultur nicht mehr üblich über die Einheit von Tod und Leben zu reden. Wir haben es schlicht vergessen. Wo Tag ist, ist Nacht, wo kalt ist, muss es Wärme geben. Wo ein Oben ist, muss ein Unten sein. Das Eine kann nicht ohne das Andere sein, sonst wäre das Eine nicht. Wir klammern uns an das Leben. Es könnte das Einzige sein! Da kam die Lehre der Reinkarnation gerade recht.

Die Reinkarnationslehre behauptet, ich vergehe nie und komme wieder, in anderen Hüllen, aber meine »Seele« bleibt. Mag so sein oder nicht. Es ist ein Konzept, ein Erklärungsmodell für das, was nach dem Leben kommt.

Natürlich hängt jedes Lebewesen am Leben, will leben. Aber wir betrachten den Tod als Feind, als Dieb, der uns den geliebten Menschen stiehlt. Dem ist nicht so. Es geht nur indirekt um den verstorbenen Menschen. Es ist der Schmerz der im Leben Gebliebenen. Wir betrauern, nicht mehr so weitermachen zu können, wie bisher.

Andere Kulturen haben die Einheit von Leben und Tod noch nicht aufgehoben. Diese Kulturen haben freieren, wohltuenderen Zugang zum Sterben, zum Tod, zu Krankheit, da sie es als Teile einer Bewegung sehen:

»Tod ist Leben und Leben ist Tod.
Die Toten leben, während die Lebenden sterben.
Leben und Sterben, wir freuen uns.«
(Malidoma Somé, *Vom Geist Afrikas*)

Der unsägliche Schmerz rührt von dem verengten Blickfeld her, von der Trennung Tod/Leben.

Würden wir Tod&Leben&Tod&Leben als einen Takt sehen können, wäre dieser Schmerz angemessen oder gar nicht vorhanden.

Wenn es uns gelänge, unser »Machen wollen«, zu verändern und auf etwas zu schauen, dass uns alle eint, vereint, wäre es möglich mit Verlust, Trennung, Tod, leichter umzugehen. Dies würde aber bedeuten, dass wir uns schon mitten im Leben mit dem Gegenpol von Leben beschäftigen.

Der amerikanische Arzt Carl Simonton berät Krebspatienten. In einem speziellen Training vermittelt er den Kranken die Botschaft:

»Ich möchte gesund werden,
aber ich kann damit umgehen,
wenn ich sterben sollte.«
(*SZ*, 19. 11. 2001 v. Sibylle Steinkohl)

Die Einheit von Tod und Leben.

Was passiert mit mir, wenn ich sterbe? Kann und soll ich mich vorbereiten?

Der international angesehene Lehrer und Mentor des Schamanismus Daan van Kampenhout ist einer der wenigen, der uns berichtet, was uns beim Sterben erwartet.

In seinem ausgezeichneten Buch *Die Heilung kommt von außerhalb* schreibt Daan van Kampenhout: *»Neben der Seele besitzt jedes Individuum vier Körper. Diese Körper haben jeweils verschiedene Eigenschaften und werden der physische, ätherische, astrale und mentale Körper genannt. Der physische Körper ist der Anker für die drei anderen: Die ätherischen, astralen und mentalen Körper durchdringen die physische Struktur und dadurch auch sich gegenseitig…*

Die Seele stärkt jeden dieser Körper und tauscht Informationen mit ihnen aus. Auf diese Weise beeinflussen sich sowohl die Seele als auch die vier Körper ständig gegenseitig. Die Persönlichkeit ist der Bewacher und Steuermann der Aufmerksamkeit. Auch die Persönlichkeit und die vier Körper beeinflussen sich gegenseitig. Während des Sterbeprozesses sind die Seele, die vier Körper und die Persönlichkeit auf unterschiedliche Weise betroffen.

Wenn jemand stirbt, hört zuerst der physische Körper auf zu funktionieren, womit ein Prozess des Verfallens beginnt: Der Körper vergeht in kürzester Zeit. Sobald sich der ätherische, astrale und mentale Körper vom physischen Körper gelöst haben, zieht sich auch die Persönlichkeit aus ihm zurück. Nach dem physischen Tod haben der ätherische, astrale und mentale Körper und die Persönlichkeit keinen physischen Anker mehr, und so verlieren sie allmählich den Kontakt mit der physischen Welt.

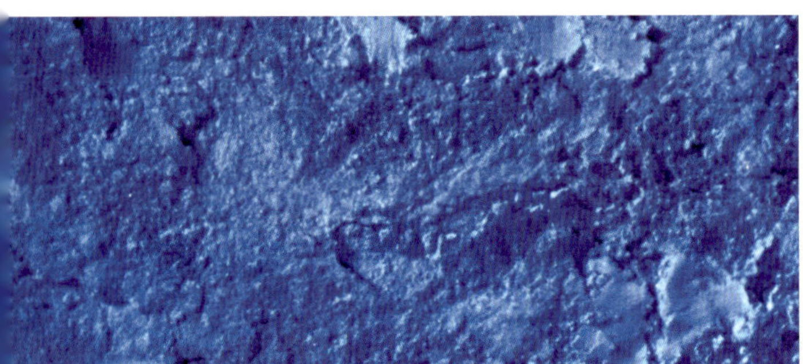

Einige Tage nach dem Tod des physischen Körpers beginnt auch der ätherische Körper zu zerfallen. Der ätherische Körper ist so eng mit dem physischen Körper verbunden, dass er seine Struktur ohne den physischen Körper nicht aufrecht erhalten kann.

Meistens lösen sich dann der astrale und mentale Körper ungefähr drei Tage nach dem Tod des physischen Körpers von dem zugrunde gehenden ätherischen Körper.

Wenn der astrale und mentale Körper von der ätherischen Struktur gelöst sind, können sie sich in die Geisterwelten zurückziehen, deren Beschaffenheit astral-mental ist. An diesem Punkt des Prozesses fällt auf, dass die Persönlichkeit im Grunde noch intakt ist. Die Persönlichkeit ist das Medium, das mit jedem der vier Körper verbunden ist. Nachdem nun der physische Körper und der ätherische Körper weggefallen sind, hat die Persönlichkeit zwar eine begrenzte Struktur bekommen, aber sie funktioniert nach wie vor. Da allerdings die Impulse des astralen und mentalen Körpers nun nicht mehr durch den dichteren, langsameren physischen Körper und den ätherischen Körper gebremst und im Gleichgewicht gehalten werden, beginnt die Persönlichkeit auf ähnliche Weise auf ihre

Umwelt zu reagieren, so wie die Lebenden es aus ihren nächtlichen Träumen kennen.

In den Träumen sind die Verbindungen zwischen dem astralen und dem mentalen Körper zeitweise geschwächt. Das hat zur Folge, dass nur ein geringes Maß an kritischem Bewusstsein vorhanden ist und Assoziationen und emotionale Impulse die Persönlichkeit regieren. Nach dem physischen Tod kann ein Verstorbener sich sehr leicht in diesen traumähnlichen Zustand verirren, gefangen in den Impulsen und heftigen Reaktionen seines astralen Körpers auf alles, was ihm begegnet.

Wenn die Person zu Lebzeiten gelernt hat, ihre Gefühle zu kontrollieren, anstatt von ihnen beherrscht zu werden, kann sie jetzt sehr stark davon profitieren. Als beste Vorbereitung für den Tod wird gesehen die Gefühle beherrschen zu lernen, ohne sie zu unterdrücken.« (Daan van Kampenhout: *Die Heilung kommt von außerhalb*. Carl-Auer-Systeme Verlag, Heidelberg 2001)

»Die Unbegreiflichkeit des Todes ist der höchste Triumph des Lebens.« (Hans-Georg Gadamer)

»Als beste Vorbereitung für den Tod wird gesehen die Gefühle beherrschen zu lernen, ohne sie zu unterdrücken.« (Daan van Kampenhout)

Die Seele selbst hat ihre eigenen individuellen Merkmale, sie bleibt aber gleichzeitig auch Teil von etwas Größerem.

(Daan van Kampenhout)

Die Veränderung des Standpunktes kann dazu führen, Leben und Tod anders sehen zu lernen. Die immer gleichen Fragen, das Woher, Wohin, aus Nichts, ins Nichts, das ist uns zu wenig, dafür würde sich ja die ganze Plackerei nicht lohnen.

Da muß doch mehr sein. Ein Sinn für das Ganze, ein Zweck. So sagen manche: wir sind lebenslang in der Schule des Lebens. Sind das alles Konstrukte unseres Verstandes, der begreifen will, verstehen will, Sinn finden will. Wenn er keinen Sinn findet, dann schafft er Sinn.

Ich habe das Bild von einer Art »Auswirklichkeit«, in der wir leben. Als »Auswirklichkeit« soll bezeichnet werden, dass da eine Wirklichkeit, jenseits der für uns sicht- und erfahrbaren ist, die sich auf uns alle auswirkt. Diese Wirklichkeit ist das Gegenstück zu unserer Welt hier. Wir leben in den Auswirkungen dieser Welt.

Die Kunst erreicht diese »Auswirklichkeit«. Wenn das Wort »schön« nicht mehr ausreicht, wenn wir innerlich ergriffen sind: von der Skulptur, dem Musikstück, dem Bild. In der Natur sehen wir in diese »Auswirklichkeit« hinein. Im Wald können wir das Schweigen hinter dem Schweigen hören. Rituale verbinden uns mit der »Auswirklichkeit« und lassen für kurze Zeit einen Einblick zu. Die Erotik lässt Erfahrungen über diese Wirklichkeit in uns entstehen. Unsere Wirklichkeit und die »Auswirklichkeit« sind beide Teile eines Ganzen.

Es ist das Ganze, was wir wahrnehmen könnten. Die Wirklichkeit, aus der wir kommen und in die wir wieder zurückgehen. Und die »Auswirklichkeit«, in der wir uns im Moment aufhalten.

Woher, Wohin,
aus Nichts, ins Nichts

Wir sehen immer nur einen Teil dieser Erde. Wir wissen, dass gleichzeitig die ganze Erde vorhanden ist, aber wir können immer nur Ausschnitte, nacheinander wahrnehmen. Wir haben diese Einheit vergessen. Weil wir das Ende des Lebens nicht als Neubeginn von etwas anderem betrachten, empfinden wir es als entgültigen Verlust.

Erinnern wir uns gegenseitig daran, woher wir kommen, wohin wir gehen!

»In learning you will teach, and in teaching you will learn«, singt Phil Collins in *Son of Man*.

Die Wirklichkeit,
aus der wir kommen und
in die wir wieder zurückgehen.

Vorsicht vor fertigen, geschlossenen Weltbildern. Vor Weltbildern, die behaupten, dass alles so richtig ist, wie sie es beschreiben. Die für alles eine Erklärung haben. Früher genauso wie heute sind geschlossene Weltbilder Zeichen von Machtideologien. Auch heute sind sie Zufluchtsorte für die Verängstigten und Harten.

»Weil Sterben auch Leben ist« – unter diesem Motto bietet die Deutsche Hospiz Stiftung Hilfe an über www.hospize.de, sowie über ein Schmerz- und Hospiztelefon:

+ 49 / 231 / 73 80 730
Deutsche Hospiz Stiftung
Im Defdahl 5 – 10
44141 Dortmund.

Über diese Anschrift ist eine juristisch abgesicherte Patientenverfügung, genannt »Medizinische Patientenanwartschaft«, gegen eine Schutzgebühr zu erhalten.

Partnerbeziehung verändert uns ständig.

»Das Zusammentreffen von zwei Persönlichkeiten ist wie die Mischung zweier verschiedener chemischer Körper: Tritt eine Verbindung überhaupt ein, sind beide gewandelt.« (C. G. Jung)

»Im Konfliktfall neigen beide Partner dazu, die Schuld im anderen zu sehen. Beide sind überzeugt, das Ihre zur Lösung des Konflikts zu tun, und wenn das Problem dennoch fortbesteht, dann muss es die Schuld des anderen sein, denn wo sonst könnte sie denn liegen? Ein Drittes scheint es bei zwei Personen ja nicht zu geben. Dennoch gibt es das, denn jede Beziehung (gleichgültig ob zwischen Atomen, Zellen, Organen, Menschen, Nationen usw.) ist eben mehr und andersgeartet als die Summe der Bestandteile, die die Beziehungspartner in sie einbringen.« (Paul Watzlawick, *Vom Schlechten des Guten*)

Wir treffen so viele Menschen in unserem Leben. Lieben, verlieben werden wir uns nur in wenige. Wenn dieses wunderbare Geschenk der Liebe zu einem Menschen uns erreicht, sind wir entbrannt. Die Frage, ob es Zufall ist oder Vorherbestimmung, dass zwei Menschen zusammenkommen, ist spannend.

Wir treffen so viele Menschen
in unserem Leben.
Lieben, verlieben werden wir uns
nur in wenige.

PARTNERBEZIEHUNG VERÄNDERT UNS STÄNDIG

Was tut das Leben mit uns? Das Leben gibt die Antworten auf unsere Fragen. Das Voranschreiten der Ereignisse zeigt uns, was zu tun ist. Die Verbindung zweier Menschen wandelt beide. Wer kann am Beginn einer Beziehung garantieren, wie lange er in der Lage sein wird, die Beziehung zu erhalten?

Wir sind zwar angetreten mit dem Wunsch, für immer zusammenzubleiben. Es ist der Wunsch, nicht alleine zu sein, Hilfe zu bekommen, einen echten Gesprächspartner zu haben. Wir alle haben diesen Wunsch. Die christliche Religion fordert: »... zu lieben in guten wie in schlechten Zeiten«. Das ist gut so. Und es gibt die Beziehungen, die ein Leben lang halten und gut waren. Aber es gibt auch die Beziehungen, die ein Leben mühevoll und schwer machen; um die geht es in diesem Buch.

Wenn die Entwicklung zu ungleichzeitig oder in zu gegensätzliche Richtungen verläuft, stellt sich irgendwann die Frage, ob beide noch genug Gemeinsames verbindet. Es stellt sich die Frage, ob unter den veränderten Bedingungen der eigene Lebensentwurf noch gelebt werden kann. Ob jeder noch vor sich selbst gerade stehen kann. Oder ob die Partner sich schon zu sehr verbogen haben unter dem Druck, sich anzupassen, nicht auszuscheren, zu genügen. Genüge ich mir noch? Bin ich noch auf dem Weg, meinem inneren Wesen gerecht zu werden? Kann ich, wenn es morgen zu Ende wäre, sagen: »Es war kein leichtes, aber ein erfülltes Leben.«

Ein Drittes wird durch den Kontakt zweier Menschen geschaffen, indem sie in Beziehung treten. Dieses Dritte ist die Beziehung als solche. Sie verändert beide. Diese Beziehung kann nur zwischen diesen beiden Menschen entstehen. Sie wäre anders, sobald ein anderer Partner »im Spiel« wäre.

Das Leben gibt die Antworten auf unsere Fragen.

Respekt

DER GUTE WEG DES GEHENLASSENS

»Gehen lassen in Liebe« ist eine große Übung, die Respekt verdient, wenn sie gelingt, aber auch, wenn noch etwas zu tun bleibt, Achtung einfordert.

Gehen lassen zum rechten Zeitpunkt. Es ist schwer für Eltern, ihre Kinder gehen zu lassen ohne Forderungen, wie sie zu sein haben. Kinder in ihr Leben gehen zu lassen, kostet Kraft und Überwindung.

Kalil Gibran sagt: ***»Eure Kinder sind nicht Eure Kinder. Es sind die Söhne und Töchter der Sehnsucht des Lebens nach sich selbst.«***

So kann ich von meinen Eltern gehen. Ich kann das, was sie mir als ihr Bestes gaben, annehmen, behalten. Ich kann das, was ich nicht haben wollte, bei Ihnen lassen. So gibt es keinen Grund, sie zu kritisieren oder sie nach meinen Wünschen ändern zu wollen. Sie sind gut so, wie sie sind. Ich ändere die Dinge in meinem Leben, wie sie sein sollen, dafür brauche ich nicht mehr den Segen der Eltern! Dafür nehme ich die Verantwortung und bin bereit, die Folgen zu tragen.

Gehen lassen heißt auch, den anderen gehen lassen, ihm/ihr nichts in den Weg stellen, anerkennen, dass es wichtige Menschen im Leben des anderen gibt, vielleicht sogar im Moment noch wichtigere, als ich es gerade für den Partner bin. Diesen undenkbaren Gedanken denken: Es könnte sein, dass der neue Mensch im Leben meines Partners für ihn noch wichtiger ist als ich.

Zur rechten Zeit gehen lassen und gehen. Wann ist die rechte Zeit? Nur Sie selbst wissen, wann die rechte Zeit ist. Diese Verantwortung wird und kann Ihnen niemand abnehmen. Es gibt nur einen Wegweiser: wenn Sie sich nicht sicher sind, bleiben Sie, wo Sie sind und verändern Sie Ihre Situation gemeinsam mit Ihrem Partner.

Das Leben, Ihr Leben verschafft Ihnen die Klarheit, die Sie brauchen. Zweifeln heißt auch, andere Möglichkeiten in Betracht ziehen. Gehen Sie Ihren Weg.

Liebe schließt alles ein. Liebe schließt auch ein, auf einen Menschen zu verzichten. Liebe schließt auch ein, getrennt zu sein und sich weiter mitmenschlich verbunden zu fühlen. Liebe ist auch gehen lassen, ist Verabschiedung von vordergründigen Gefühlen wie Zorn, Hass, Eifersucht.

Wenn Sie sich nicht sicher sind, bleiben Sie, wo Sie sind.

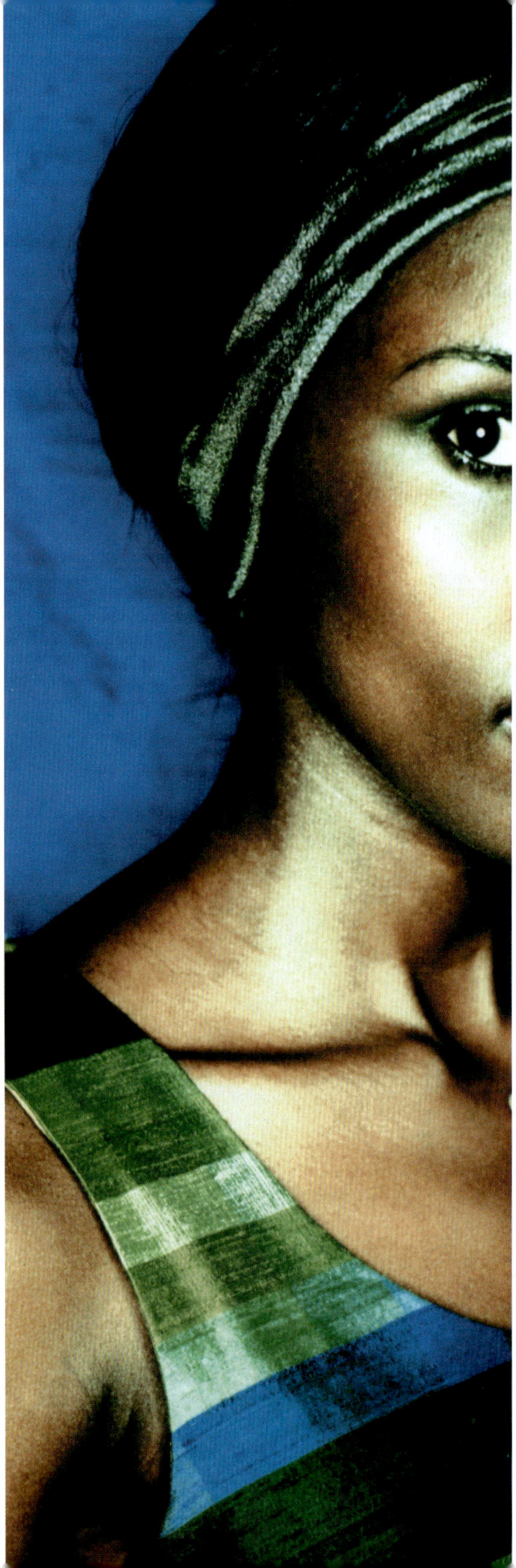

»Trennung in Liebe« bedeutet, der Liebe, dem Leben die Ehre zu geben, nicht oberflächlichen Gefühlen, Verletztheiten, die bald wieder vorüber sind.

Zur Liebe gehört, die Veränderung des Partners zu respektieren. Geschieht das in Mitgefühl mit dem Partner ist für beide »Trennung in Liebe« möglich.

»Trennung in Liebe« bedeutet anzuerkennen, dass wir Teil von etwas Größerem sind, dass Kräfte auf uns wirken, denen wir uns nicht entgegenstellen können.

Die erfolgreiche Partnerschaft ist das Ziel menschlichen Zusammenseins.

Wir alle tun das für unsere Beziehungen, was wir können. Ich behaupte, es gibt keinen in einer Beziehung, der dem anderen absichtlich schaden will. Das schaden wollen ist immer eine Reaktion auf ein Verhalten, z. B. sich bedroht fühlen, sich ungerecht behandelt fühlen. Wenn wir dieses Reagieren verändern, ist Lösung möglich.

Oft sind wir nicht in der Lage, dieses hohe Ziel der erfolgreichen Partnerschaft zu erreichen. Was heißt erfolgreiche Partnerschaft? Es ist wieder eine Standpunktfrage. Sehe ich es aus dem Blickwinkel der Institutionen, ist vorgegeben: »bis dass der Tod Euch scheidet«. Wir sollten entscheiden, ob wir diese Spielregeln für uns gelten lassen.

Wir haben diese Wahl. Wir haben die Verpflichtung, alles zu tun, was eine Beziehung lebenswert macht. Aber wir haben

Die erfolgreiche Partnerschaft ist das Ziel menschlichen Zusammenseins.

Was wir können,
tun wir für unsere Beziehungen.

auch die Verpflichtung, dem Partner zu sagen: »Ich kann nicht mehr.« »Bis dass der Tod Euch scheidet«, kann auch heißen, dass die Beziehung tot ist und die Partner scheidet, trennt. Vielleicht ist das die ursprünglich Bedeutung dieses Priesterrates.

Ehrlich zu der Situation sein und sagen, wenn es stimmt: »Ich kann das nicht mehr tragen. Es ist zuviel für mich, lass uns einen Weg finden, der uns allen in der Familie gut tut.«

Wer sagt, dass nur die klassische Ehe oder der totale Bruch, gangbare Wege sind? In einer unserer Glaubensgemeinschaften kann z. B. eine Ehe für »nichtig« erklärt werden. Dann ist eine erneute Trauung vor dem Altar möglich. Dabei spielt es keine Rolle, ob es Kinder aus der ersten Ehe gab, die Ehe kann trotzdem als »nichtig« erklärt werden. Es muss einer der folgenden drei Gründe vorliegen, um eine Annulierung der Ehe erwirken zu können: Es waren keine Kinder gewollt von einem der Partner, ein Partner hatte nicht vor treu zu sein, ein Partner hatte nicht vor bis zum Tod mit seinem Partner zusammen zu bleiben.

Wir folgen oft fremden Spielregeln. Wenn wir die Spielregeln danach hinterfragen, ob sie noch die unseren sind, beginnen wir authentischer zu werden, mit uns selbst, aber riskieren den Konflikt mit z. B. der Glaubensgemeinschaft. Manchen ist das zu mühsam. Ich glaube daran, dass es ein Gewinn für den Einzelnen und die Gemeinschaft sein wird, wenn dieser Konflikt mit Achtung und Respekt vor der Meinung des anderen, ausgetragen wird.

Ehrlich zu der Situation sein

Die Beziehung
bestimmt
die Inhalte.

KOMMUNIKATION IN DER BEZIEHUNG

»Die Sprache ist die Quelle aller Missverständnisse.«
(A. Saint-Exupéry)

Kommunikation wird oft als selbstverständlich und einfach empfunden. Sie könnte einfach sein, wenn wir nur auf das reagierten, was wir hören und sehen (an Gesten etc.).

Aber gerade in Beziehungen, besonders in entscheidenden Phasen reagieren wir weniger auf das, was gesagt wird, sondern auf das, von dem wir glauben, was der andere meint.

Beobachten Sie sich, wie oft Sie auf das reagieren, was gemeint schien, nicht auf das, was gesagt wurde. Es ist faszinierend zu sehen, wie Kommunikation fehlschlagen kann, ohne dass wir es gleich merken.

Eine Nachricht enthält immer viele Botschaften gleichzeitig. Der Absender gibt der sachlichen Information bewusst oder unbewusst viele unsachliche Botschaften mit.

Paul Watzlawick sagt: Jede Kommunikation verläuft auf zwei Ebenen - der Inhaltsebene und der Beziehungsebene. Die Inhaltsebene trägt die sachliche Information, die Beziehungsebene trägt Informationen über die Beziehungen von Sender und Empfänger. Dabei ist wichtig zu erkennen, dass die Beziehungsebene die Inhaltsebene bestimmt.

Kommunikationsforscher sagen, innerhalb von Sekunden machen wir uns ein Bild vom anderen Menschen. Entscheidend sind dabei die Körpersprache, die Augen, die Stimme, und erst als viertes der Inhalt (die sachliche Information)!

In Partnerbeziehungen ist die Beziehungsebene besonders interessant, da die sachliche Information, besonders in Zeiten des Konfliktes, ständig unterlegt ist mit Unausgesprochenem.

Mann / Frau sagt: »Wie feiern wir dieses Jahr Weihnachten?« Der Partner reagiert mit: »Ich fahre nicht schon wieder zu Deinen Eltern.« So benutzen wir an sich wertfreie Inhalte, um Aussagen über unsere Beziehung auszudrücken.

Wir gehen davon aus, dass der Partner das hört, was wir sagen. Weit gefehlt. Wir werten und beurteilen die gehörten Informationen. Es hilft, wenn wir uns dessen bewusst werden. Es passiert jede Sekunde. Der Inhalt wird umso unwichtiger, je komplizierter, ungelöster, die Beziehung sich entwickelt. Das sind die ermüdenden Diskussionen der »alten Ehepaare«, die schon in der Formulierung einer Aussage die böswillige Unterstellung auf der Beziehungsebene »riechen« oder vermuten und eben darauf antworten, nicht mehr auf den Inhalt.

Beispiel: »Sicher hast Du das Auto wieder falsch herum in die Garage gestellt.« Auf der Beziehungsebene ist gemeint, »Du bist doch zu blöd, das Auto rückwärts einzuparken.« Diese Art von Kommunikation tötet jede Beziehung. Die Frage ist, war die Beziehung vorher schon tot und ist diese Art von Gespräch daraufhin entstanden? Oder ist es anders herum? Die vielen toten Beziehungen singen ein stummes, grausames Lied davon.

Eine Nachricht enthält immer viele Botschaften gleichzeitig.

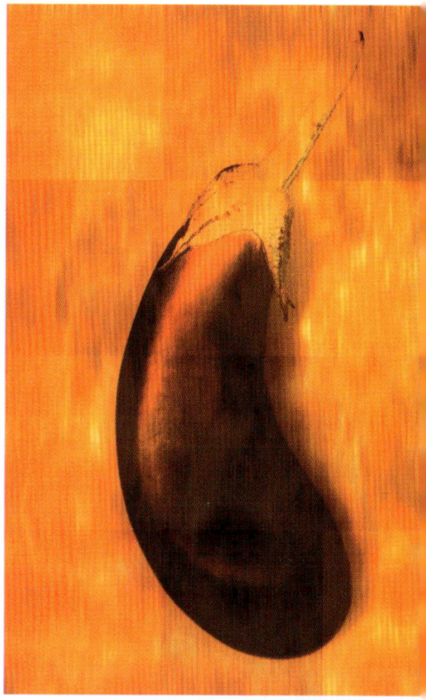

Das sind die ermüdenden Diskussionen der »alten Ehepaare«.

Jeder Mensch liebt seine Glaubenssätze.

Rüdiger Rogoll schreibt in seinem Buch *Nimm dich wie du bist*: ***»Ich empfinde es immer wieder als erschreckend, zu welchen Plattheiten die Kommunikation von Eheleuten schrumpft.«***

Eine gute Lösung für oben genannten Streit wäre: »Ich kann einfach nicht rückwärts einparken, wärst du so nett und würdest mir helfen?«

Wir müssen davon ausgehen, dass unser Partner wie auch jeder andere Empfänger einer Information nur einen Bruchteil dessen so empfängt, wie wir es gemeint haben. Wir müssen davon ausgehen, dass sehr viele Informationen falsch verstanden werden, gewollt oder ungewollt.

Jeder Mensch hat sein Gebäude aus Glaubenssätzen, aus Überzeugungen und Bewertungen. Wir finden ein Gespräch umso interessanter, je deckungsgleicher die Glaubenssätze der Gesprächspartner sind. Wir geraten in Konflikt und spüren Unverständnis, wenn die Glaubenssätze des anderen zu stark von den unsrigen abweichen.

Jeder Mensch liebt seine Glaubenssätze. Die Lösung wäre, die Glaubenssätze des anderen ebenso gelten zu lassen, z. B. aus der Erkenntnis heraus, dass selbst die gegensätzlichsten Ansichten nur jeweils die eine Seite der Medaille sind!

Da sich Partnerbeziehung ebenso wie die Ebenen der Beziehung und Kommunikation dauernd verändern, ist es unausweichlich immer wieder neu aufeinander zu zugehen. Die Bereitschaft einzubringen, dem anderen entgegenzugehen und auch zu fordern, dass der andere ebenso mir entgegenkommt.

Bereit sein, die Überzeugungen des anderen zu respektieren, ohne dabei die eigenen Werte aufzugeben: Ohne diese Bereitschaft zum Kompromiss, zur guten Lösung für alle Beteiligten, verlieren die Beteiligten das Interesse an der Beziehung, werden sich fremd, reden aneinander vorbei oder bekriegen sich. Die Lösung ist die Veränderung dieses Zustandes durch »Partnerschaft in Liebe« oder »Trennung in Liebe«.

Kommunikation kann nicht eindeutig und klar sein: Jeder Empfänger empfängt die Botschaft anders als sie der Sender abgeschickt hat.

Kommunikation soll sein: OHR = Offen, Häufig, Respektvoll.

Kommunikation findet statt, wenn ein Interesse besteht (was nützt es mir).

Kommunikation kann nicht eindeutig und klar sein (Abschied vom Telefon-Modell das annimmt, es kommt das an, was abgeschickt wurde).

Kommunikaton ist die Verarbeitung von Unterschieden. Unterschieden in der Haltung, im Standpunkt, in der Art und Weise des Umgangs miteinander. Wenn ich selbst einen Unterschied mache zu meinem bisherigen Verhalten, verändere ich. Veränderung von Systemen ist vorrangig Selbstveränderung.

Erster Schritt ist das Anerkennen der Wirklichkeit in meiner Beziehung und der daraus folgende Wunsch nach Veränderung. Respektvoller Umgang mit dem, was mein Partner sagt. Zuhören und dabei weniger interpretieren, kann ich lernen.

Wir sehen unsere Wirklichkeit so, wie wir sie sehen wollen.

Indem ich mich selbst achte, finde ich überhaupt erst die Kraft, den Partner zu achten.

Indem ich mich annehme, kann ich den anderen annehmen. Das ist ein Teil der Magie, mit der Menschen andere anziehen. Sie scheinen mit sich im Reinen. Je tiefer, überzeugter ich in meinen Glaubenssätzen ruhe, desto besser kann ich andere, gegensätzliche Überzeugungen ertragen.

Es gibt keine Nichtkommunikation. Jede Körperhaltung, jeder Ausdruck, sichtbar oder nicht, signalisieren Zu- oder Abneigung. Wir kommunizieren auch, wenn wir es nicht wollen, so ist es nur intelligent, den anderen durch Aufrichtigkeit zu achten. Er/sie merkt's ja doch. Bei unterschiedlichen Meinungen dies klar zu sagen: »Ich achte deinen Standpunkt, aber ich sehe es anders.« Agree to disagree!

*Wir sehen unsere Wirklichkeit so,
wie wir sie sehen wollen und können.*

»Ich kann dir sagen, wie du es tun musst,
damit es gelingt, und du wirst es vergessen.
Ich kann es dir zeigen,
und du wirst mich kopieren.
Nur wenn du es selbst tust,
wirst du wirklich verstehen.«
Chinesisches Sprichwort

Jeder Meister hat mit Fehlern begonnen. Aber er ist heute Meister, weil er getan hat und tut.

VERANTWORTUNG FÜR MEIN HANDELN ABGEBEN

Verantwortung abgeben, Autorität über mein Handeln abgeben, heißt dem anderen zuzutrauen, dass er es besser weiß. Das ist hilfreich, um zu lernen. Es ist wichtig auf den Zeitpunkt zu achten, an dem es sinnvoll ist, die Verantwortung für mein Handeln wieder an mich zu nehmen.

Lernen geschieht, indem ich dem Menschen, der es kann, zuschaue. Danach lerne ich am besten weiter, indem ich es selbst tue. Und mir Fehler zugestehe. Jeder Meister hat mit Fehlern begonnen. Aber er ist heute Meister, weil er getan hat und tut. Dazu gehört, dass wir die Autorität über unseren Lebensweg an uns nehmen, soweit uns das möglich ist. Wir entscheiden, was wir tun, zumindest haben wir den Eindruck. Wir lassen uns beraten, wägen ab. Wir nehmen die Autorität des Handelns zu uns und handeln im Rahmen unserer Möglichkeiten.

Wir kennen, so Paul Watzlawick, zwei Arten von Wirklichkeit: Die Wirklichkeit erster Ordnung ist die, die uns unsere Sinne vermittelt. Jeder sieht z. B. bis auf kleine optische Unterschiede dasselbe.

Die Wirklichkeit zweiter Ordnung entsteht, indem das durch die Sinne Empfangene interpretiert wird. Es bekommt einen Sinn zugeschrieben, ihm wird eine Bedeutung gegeben, ein Wert wird definiert. Welche Bedeutung wir den Dingen geben, was wir daraus machen, hängt von jedem selbst ab. Es bezeichnet seinen Standpunkt.

So schafft sich jeder Mensch und jede Gesellschaft ihre eigene Wirklichkeit, was uns an unglaublichen Bräuchen in anderen Ländern deutlich wird (z. B. holen die Bewohner Madagaskars jedes Jahr ihre Toten aus den Grabstätten, um sie heumzutragen.) Ein für uns unvorstellbarer Brauch. Für die Madegassen ganz normal. Jeder Mensch schafft sich seine subjektive Wirklichkeit. Da diese Wirklichkeiten zweiter Ordnung für Wahrheiten gehalten werden, gibt es dauernde Unstimmigkeiten.

Jeder Meister hat mit Fehlern begonnen.

In einem Vortrag sprach Arno Gruen über eine Begebenheit in Afrika: Ein Bub, etwa drei Jahre alt, hatte ein Brotstück und aß davon. Seine kleine Schwester kam und wollte auch davon haben. Der Junge wollte sein Brot behalten, so fingen beide an zu weinen, woraufhin die Mutter kam. Die Mutter nahm das Stück Brot und teilte es. Jetzt die spannende Lösung: Sie gab die zwei Teile dem Jungen zurück! Er konnte selbst entscheiden, so war er in der Lage, mit den Folgen seiner Entscheidung umzugehen. Die Mutter hat die Autorität des Handelns kurz genommen und sofort wieder zurückgegeben.

Autorität über das eigene Handeln abgeben bedeutet, fremdbestimmt zu werden, bedeutet auch, selbst keine Verantwortung für sich zu übernehmen.

Shere Hite schreibt in *Sex & Business* (Financial Times Prentice Hall, 2000) über weibliche Autorität und Macht: ***»Die meisten Frauen sind nicht daran gewöhnt, Autorität über Männer auszuüben, mit Ausnahme jüngerer Brüder oder der eigenen Kinder.«***

Autorität habe ich, wenn ich das geben kann, was die anderen von mir wollen und erwarten. Autoritär werde ich, wenn ich das Erwartete nicht geben kann. Dann muss falsche Macht herhalten, um die schwache Position stark erscheinen zu lassen.

Abgabe von Autorität ist eine weit verbreitetes Spiel, bei dem nur zu Anfang beide gewinnen. Zuerst die, die Autorität haben, weil sie sie haben wollen und beanspruchen. Dann die, die sie abgeben und nichts damit und dafür tun wollen. Im zweiten Schritt wirkt die Autorität durch Handeln. Dann merken die, die sie abgegeben haben, was ihnen fehlt, und die anderen merken, was sie daran haben.

*Abgabe von Autorität
ist ein weit verbreitetes Spiel.*

Der Meister lernt von seinen Schülern mindestens genauso viel, wie sie von ihm.
Bert Hellinger

*Wie könnte er/sie sich fühlen,
wenn ich das tue?*

ANDERE ERKLÄRUNGSKONZEPTE

Auf den folgenden Seiten werden manchmal andere Standpunkte, zu den üblichen, vertrauten Sichtweisen eingenommen. Sinn und Zweck ist, das Steckenbleiben in eingefahrenen Sichtweisen zu lösen. Neue Standpunkte anzusprechen, neue Sicht, vielleicht Einsicht, einzunehmen.

Es geht nicht darum, solche Standpunkte zu teilen oder zu übernehmen. Es geht darum, wieder zu lernen, anderes Denken zu respektieren, zu achten, sich selbst damit zu achten und im zweiten Schritt den Partner.

Die Themen sind: Trauer, Wut, Naivität, Glück, Liebe, Standpunkte, Zufall, Wirklichkeit, freier Wille, Bewusstsein, Sexualität, Ehe, Selbstwert.

Wir tun nur so »als ob« alles so ist, wie wir es sehen. Da keiner widerspricht... Und doch könnte das genaue Gegenteil auch Bestand haben.

Es soll kein Streit über richtige und falsche Standpunkte vom Zaun gebrochen werden. Es soll verdeutlicht werden, dass sowohl der eine als auch der andere Gesichtspunkt vertretbar wäre, wenn wir die Freiheit oder den Zwang hätten, das Problem aus der anderen Sicht zu sehen.

In der Organisationsberatung führt es zu schnellen, oft guten Lösungen, ein Team den Standpunkt des anderen Teams bis zu dessen Zufriedenheit vertreten zu lassen. Jedes Team vertritt die Sichtweise des anderen Teams, bis alle klar verstanden haben, welche die Schwierigkeiten der anderen mit unserer Sicht der Dinge sind.

Das ist ebenfalls eine gute Praxisübung für Paare. Voraussetzung ist der absolute Wille, eine Lösung zu finden, nicht mehr so weiterzumachen, wie bisher. Sie können selbst beginnen, sich in den anderen hineinzuversetzen. Verstehen, spüren wie der andere Mensch die Situation sieht. Das geht auch wohlwollend in Gedanken. Indem ich mir vorstelle: »Wie könnte er/sie sich fühlen, wenn ich das tue? Was würde ich denken, empfinden wenn er oder sie das gleiche tun würde?«

*Es geht darum, wieder zu lernen,
anderes Denken zu respektieren.*

Trennung, Scheidung, ist der kleine Tod.

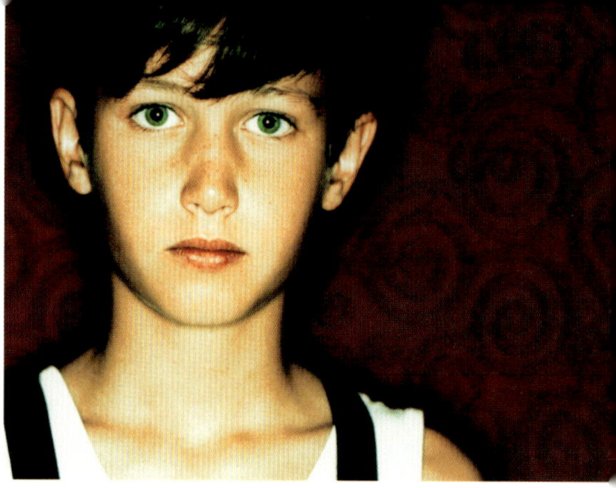

VON DER TRAUER

Trennung, Scheidung, ist der kleine Tod. Es stirbt die Beziehung wie sie war. Es stirbt in meinem Außen und in meinem Innen. Es sterben Wünsche, Hoffnungen, Träume, Illusionen.

Nächte allein, Tage allein, Zukunft allein? Einsamkeit vielleicht, begrabene Hoffnungen? Was zuerst bleibt, ist Trauer über vertanes Glück, eigene Fehler, eigene Dummheiten. Die Lehre der Trauer ist hart. Wenn ich mich meiner Trauer stelle, spüre, was da weh tut, beginne ich irgendwann wieder mit Hoffnung und der Kraft, mein Leben zu nehmen. Mit allem was dazugehört.

Unser Verstand lässt uns da im Stich, er hat oft nur noch Schuldzuweisungen »in petto«. Es ist unbegreiflich, auf diesen Menschen verzichten zu müssen, unbegreiflich, was mit mir geschieht.

Das Sterben der Beziehung, wie sie war, ist Voraussetzung für Neues. Wer lernt, Geliebtes herzugeben, um Vergangenes zu trauern, Gewesenes zu würdigen, ohne daran zu zerbrechen, schöpft daraus die Kraft, einen neuen Anfang zu wagen.

Trauer die traut. Wenn ich bereit bin, den getrennten Menschen zu lassen und selbst neu anzufangen, dann darf der Schmerz groß, aber auch in angemessener Zeit vorbei sein. In der Regel dauert Trauer bei Tod ein Jahr. Dann gehe ich in mein »neues« Leben und nehme es voll an.

Es ist meine Aufgabe, mich meiner Trauer um die getrennte Beziehung zu stellen und so heil zu werden. Um die Sonne wieder zu sehen, um die Kraft in meinem Herzen wieder spüren zu können. Nicht um zuzudecken, sondern um aufzudecken, was kaputt war. Eben um heil zu werden.

Um wieder JA zum Leben und zu mir sagen zu können.

Um den Mut zu finden, wieder nach vorne und nicht mehr nur zurück zu schauen, anzuerkennen, dass das Leben nie mehr so sein wird, wie es war. Aber in mir und da draußen steckt noch eine Menge Leben, die darauf wartet gelebt zu werden. In dem ich mir und den anderen verzeihe, was war, werde ich frei. Frei dafür, neue Aufgaben zu beginnen.

Der griechische Philosoph Theophrast sagte ca. 300 v. Chr.: ***»Der Mensch leidet an der Welt. Aber er macht auch etwas aus diesem Leid. Das Leiden spornt ihn an. Traurigkeit darf niemals eine Entschuldigung für Untätigkeit sein.«***

Wir müssen lernen, unsere Trauer rauszulassen. Heilung für die tiefen Schmerzen der Trauer bei Tod oder Trennung sind unsere Tränen. Unser Weinen erkennt den Schmerz an und schwemmt die Last weg. Indem wir uns unsere Tränen erlauben, heilen wir unsere Trauer.

Wir sehen den Regen nur gegen Dunkles fallen.

Eine plötzliche Scheidung nach vielen Jahren Ehe ist ein schwerer Schock und trägt Trauer in sich.

Wut ist ein guter Brennstoff. Wut muss gleich raus.

Unsere Trauer braucht Zeit zur Heilung, die wir uns selbst nehmen müssen.

»Die Trauer sitzt in der Leber« sagt Dr.Rüdiger Dahlke. »Die Leber, die den Saft für die Galle produziert, die uns gern überläuft.« Er empfiehlt Leberwickel als hilfreiches »Trauermittel«, um mit Trauer umzugehen. Gleichzeitig sagt er: »Aber Leberwickel sind nicht ›sexy‹, um in unserer Zeit zu bestehen.« Mehr Informationen zur Leber und anderen körperlichen Warnmeldern auf seiner homepage www.dahlke.at.

Das Geheimnis der Ruhe, Gelassenheit, Heiterkeit, Herzenswärme und Kraft, die Menschen ausströmen, die ihre Trauer überwunden haben, besteht darin, dass sie ihr Leben angenommen haben, wie es ist. Sie erleben und spüren bewusst, und spüren, dass sie auf die Liebe nicht verzichten müssen.

Bert Hellinger teilt Trauer in primäre Trauer und sekundäre Trauer: ***»Primäre Trauer ist zum Beispiel ein ganz heftiger Trennungsschmerz. Wenn sich jemand diesem Schmerz überlässt, dann ist die Trauer schnell vorbei und dann ist man gelöst und kann wieder neu beginnen. Die sekundäre Trauer zeigt sich z. B. als Selbstmitleid. Dieses Gefühl kann ein ganzes Leben dauern. Diese Trauer trennt nicht. Sie ist Ersatz für primäre Trauer.«*** (*Zweierlei Glück*, Dr. Gunthard Weber, Hrsg.)

Stephen Wolinsky in *Das Tao des Chaos*: ***»Eine plötzliche Scheidung nach vielen Jahren Ehe ist ein schwerer Schock und trägt Trauer in sich. Trauer ist ein biologischer Prozess, kein psychologischer. In diesem Sinn müssen Trauer und Schock erst behandelt werden, bevor sie (die Patientin) in ihrem Leben weitere Entscheidungen treffen kann.«*** (das vollständige Zitat lesen Sie auf Seite 262 unter Lösungsmöglichkeiten)

VON DER WUT

Wut ist ein guter Brennstoff, wenn er gleich angezündet wird. Wut will gehört werden. Wut muss gleich raus. Sonst erzeugt Wut Druck und dann Depression. Wut ist ein guter Wegweiser. Sie zeigt uns, wohin wir gerne gehen würden, es uns aber (noch) nicht zutrauen.

»Die Wut bewahrt die Angst davor, gesehen zu werden.« (Stephen Wolinsky, *Das Tao des Chaos*, Verlag Alf Lüchow)

Wut passt, wenn sie auf das wütend machende Ereignis folgt. Diese Wut erlischt mit der Reaktion darauf. Diese Wut tut gut und wird vom anderen akzeptiert. Wütende Kinder drücken oft die Wut aus, die ihre Eltern äußern sollten.

Bert Hellinger schreibt über Wut in *Ordnungen der Liebe*: ***»Ich werde wütend und böse, weil ich bemerke, dass ich nicht genommen habe, was ich hätte nehmen können oder müssen. Statt dass ich mich durchsetze und mir nehme und hole was mir fehlt, werde ich auf die Personen wütend und böse, von denen ich nicht genommen oder gefordert oder erbeten habe, es hätte aber tun müssen.«***

Hellinger weiter, Wut ist auch Ersatz für eigenes Handeln. Ich bin einer Person böse, weil ich ihr etwas angetan habe, es aber nicht zugeben will. Diese Wut erlaubt mir, untätig zu blei-

Unser Weinen erkennt den Schmerz an und schwemmt die Last weg.

ben. So gibt es die übernommene Wut: Wenn zum Beispiel die Mutter auf den Vater böse ist, aber ihre Wut unterdrückt, so wird ein Kind auf ihn böse. Oft wird Wut auch verschoben: Dann richtet eine Tochter die von der Mutter übernommene Wut auf den Vater nicht etwa auf ihn, sondern auf jemand, dem sie sich eher gewachsen fühlt, zum Beispiel auf den eignen Mann.«

In *Zweierlei Glück* schreibt Bert Hellinger: ***»Wut ist auch oft Ersatz für Bitten in Beziehungen. Du hättest doch sehen müssen, dass ich… Er hätte nur zu bitten brauchen. Das ist Ersatz für Handeln. Leiden ist oft ein Sekundärgefühl und ein Ersatz für Handeln.«***

Wut kann auch die kindliche Art sein, mit Trauer über einen früh gegangenen Elternteil umzugehen. Statt zu trauern kommt dieser Mensch als Erwachsener nur an seine Wut heran, nicht an tiefere Gefühle.

Die Wut auf den Partner bei Trennungen ist auch der nicht zugelassene Schmerz über die Trennung selbst. Schmerz, dass der Lebensentwurf nicht so gelungen ist, wie es hätte sein können. Trauer, es nicht geschafft zu haben, wie es »geplant« war.

Trauer beider Partner über das Ende der Beziehung ist eine Grundlage für eine ausgeglichene Trennung. Die Tränen der Erkenntnis, die sich beide Partner schenken, über das Ende der Beziehung drücken den großen Schmerz aus, dass es vorbei ist.

Erlauben Sie sich beide, diesen tiefen Schmerz zu spüren. Weinen Sie beide, wenn es geht, zusammen. Suchen Sie nicht nach irgendeiner Schuld, beim anderen oder bei sich. Sie werden immer Schuld zur Genüge finden. Das führt nicht weiter, nur im Kreis herum. Nehmen Sie den Trennungsschmerz an. Diese Annahme des Schmerzes befreit. (*Zweierlei Glück*, von Gunthard Weber, Hrsg.,14. Aufl. 2001) und *Ordungen der Liebe* von Bert Hellinger – beide erschienen im Carl-Auer-Systeme Verlag, Heidelberg; *Das Tao des Chaos* von Stephen Wolinsky erschienen im Alf Lüchow Verlag, Freiburg.)

Leiden ist Ersatz für Handeln.
Oft leiden wir lieber als zu handeln.

VON DER NAIVITÄT

Robert Bly schreibt im *Eisenhans*: *»Wenn die Naivität allgegenwärtig ist, hat das Universum keine andere Wahl, als den Betrug Gestalt annehmen zu lassen.«*

Wir verhalten uns naiv, wenn wir meinen, unsere Politiker sind immer honorig, unbestechlich, ehrenhaft. Wir sind naiv, wenn wir meinen, die Super-Sonder-Spezialangebote aus dem Konsumbereich sind nur auf die Leistung des jeweiligen Handelsunternehmens zurückzuführen. Wir verhalten uns naiv, wenn wir hoffen, dass unsere Ehe besser geht als die der anderen, weil die Beziehung mit Verliebtheit begann.

Natürlich gibt es bestechliche Politiker. Warum soll diese Berufsgruppe ausgerechnet moralischer sein als alle anderen? Fassen wir uns doch an die eigene Nase, die wir den einen oder anderen Job ohne Rechnung erledigen lassen. Wir sehen das als »Kavaliersdelikt«, aber die Vorteilsnahme des großen Politikers prangern wir an. Dabei ist nur die Größenordnung eine andere, das Prinzip ist gleich. Natürlich wissen wir, dass es viele rechtschaffene Politiker gibt. Aber der Spruch: »Die Großen lassen sie laufen.« scheint uns das Recht zu geben unser Unrecht zu rechtfertigen, das ist naiv.

Wir erwarten, dass die Produkte, die wir zu unglaublich billigen Preisen erwerben können, auch so »sauber« hergestellt wurden, wie sie angeboten werden. Im Glanz und Licht unserer Einkaufspaläste denkt keiner daran, wie manche Näherin ihr Dasein fristen muss, um überhaupt Arbeit zu haben.

Wir verhalten uns naiv, wenn wir hoffen, dass unsere Ehe besser geht als die der anderen, weil die Beziehung mit Verliebtheit begann.

Wir reden über Ökologie und Erhaltung der Umwelt, dabei leben wir in vielem auf Kosten anderer, zum Beispiel auf Kosten der Näherin, die uns den billigen Einkauf durch ihren kargen Lohn und ihre menschenunwürdigen Arbeitsbedingungen ermöglicht. Um klar zu sein: Ökologie ist wichtig, umweltverträgliche Autos und solche Produktion sind wichtig.

Humane Arbeitsbedingungen sind aber mindestens genauso wichtig. »Die Würde des Menschen ist unantastbar«, aber nicht wenn er keine Lobby hat und ausgepresst werden kann. Die etablierten Unternehmen engagieren sich dafür nicht, weil sie mit höheren Einkaufspreisen zu rechnen hätten und nicht mehr konkurrenzfähig wären. Zudem fordern wir Verbraucher billige, attraktive Produkte von namhaften Firmen, egal woher und wie diese entstanden sein mögen.

Eine Hoffnung ist, dass wir Konsumenten Produkte fordern, die ökologisch verträglich und menschenwürdig produziert sind, dafür aber auch bereit sind, einen geringfügig höheren Preis zu bezahlen. (Vergl. Naomi Klein, *No Logo*, Riemann Verlag)

Um den vollen Wert des Glücks zu erfahren, brauchen wir jemand, um es mit ihm zu teilen.

Mark Twain

VOM GLÜCK

»Wer ständig glücklich sein will, muss sich ständig verändern.« (Konfuzius)

»Das Geheimnis des Glücks ist die Freiheit, das Geheimnis der Freiheit ist der Mut.« (Perikles)

»Das Glück hat das Bedürfnis zu wachsen, und es läuft hinterher. Das große Glück braucht den großen Mut, da es unverdient ist und damit viel Demut braucht. Das Unglück hat wie die Krankheit das Bedürfnis vorbei zu sein. Dem müssen wir nachgeben.« (Bert Hellinger)

»Der Mensch sucht nach Glück und findet allzu oft nur Befriedigung. Aber ist es das, was er wirklich gesucht hat? Hält er das irrtümlicherweise für Glück? Bemerkt er, dass es einen großen Unterschied zwischen Glück und Befriedigung gibt? Ist es überhaupt möglich nach Glück zu suchen? Wir können sicher in vielen Dingen Befriedigung finden, aber können wir auch wirkliches Glück finden? Wenn wir über das Glück nachdenken, dann erkennen wir, dass es nur derivativ entsteht, dass es sich also von irgendetwas herleiten muss. Glück ist die Nachwirkung von etwas anderem. Es ist mit dem Phänomen Liebe vergleichbar. Wir können Liebe nicht als Liebe an sich sehen oder spüren, sie erfordert stets ein Objekt. So ist auch Glück die Nachwirkung oder das Nebenprodukt einer anderen Aktivität. Bevor wir also unsere Suche fortsetzen, müssen wir gründlich und ernsthaft darüber nachdenken, was wir eigentlich wollen: Glück oder Befriedigung?« (Tom Johanson: *Durch Schatten zum Licht*, S. 63, Verlag Hermann Bauer)

Der Mensch sucht nach Glück und findet allzu oft nur Befriedigung.

Tom Johanson

Glück ist die Nachwirkung von etwas anderem.

Tom Johanson

»Um den vollen Wert des Glücks zu erfahren, brauchen wir jemand, um es mit ihm teilen zu können.« (Mark Twain)

»Wer andere glücklich machen will, muss zuerst selbst glücklich sein.« (Ernest Holmes)

Begreife, dass Glück mehr ist als die Abwesenheit von Unglück. Zum Glücklichsein braucht man nichts, nichts, nur sich selbst, wer hat das schon?

»Chancen verlieben sich.«

Wir kamen in Liebe zusammen.

VON DER LIEBE

Jeder Mensch kann lieben. So sehr, dass er sogar fähig sein kann, sich selbst zu lieben und damit alle anderen auch. »Liebe deinen Nächsten, wie auch dich selbst.« Wer sich geliebt fühlt, kann in Liebe antworten. Wenn ich mich liebe, wie ich bin, sind mir die anderen recht, wie sie sind. Diese Liebe kann jeder bei sich finden.

Mich lieben bedeutet, zu dem stehen, was war. »So war es. So ist das bei mir gewesen.« Ohne zu hadern. Bereit das zu nehmen, was daraus wird.

Chancen verliebten sich. Wir kamen in Liebe zusammen, ohne zu denken. Wenn wir in der Trennung weniger denken und mehr erinnern an das Lieben, das war, sind Probleme lösbar. Liebe ist der Zustand des Nichtdenkens.

Liebe ist bedingungslos, Liebe ist zuverlässig, Liebe ist beständig. Liebe lebt, Liebe will gelebt werden. Lieben bedeutet, den anderen immer besser kennen zu lernen und so lieben zu wollen. Lieben heißt auch gehen lassen.

Liebe ist frei, kein Muss, kein Zwang. Liebe lässt sich nicht zwingen. Verlieben ist kein Willensakt. Wir können uns nicht absichtlich verlieben. Nur Chancen verlieben sich. Doch Verliebtsein ist nicht Liebe. Weil Verliebtsein vergeht, sich verändert. Liebe dauert, ist. Ich kann mich nicht in meine Kinder verlieben, aber ich liebe sie. Mich lieben bedeutet, ohne Hadern zu dem stehen, was war. Liebe liebt, sonst nichts. Keine Kritik. Liebe bleibt. Wir lieben, weil wir lieben, ohne Warum. Liebe ist ohne Bedingungen. Ohne wollen. Ohne um zu…

Verliebtsein ist nicht Liebe.

Mich lieben bedeutet,
ohne Hadern zu dem stehen,
was war.

Kinderaugen, Sonnenaufgang und Sonnenuntergang, Meeresbrandung, Blumen, Erde, Wälder, Lachen: All das sind Bilder der Liebe. Aber Liebe bedeutet auch, alles Leid zu sehen und die Widersprüche in unserem Leben anzuerkennen. Liebe bedeutet Mitgefühl mit den Leidenden und Hilfe ohne Eigennutz. Für Erich Fromm ist die Liebe neben der Vernunft die wichtigste seelische Triebkraft des Menschen.

Sie wächst und entwickelt eine verändernde Kraft nur in dem Maße, in dem sie praktiziert wird. Nur wer sich umfassend akzeptieren und lieben kann, ist fähig, jemand anderen zu lieben.

(Aus dem Nachwort von Dr. Rainer Funk zu *Die Kunst des Liebens*, von Erich Fromm, © Quadriga Verlag Berlin in der Econ Ullstein List Verlag GmbH & Co. KG, München)

Love is all there is.

Barry Long

M. Scott Peck sagt im Buch *Der wunderbare Weg* (© 1978 by Scott M. Peck, MD. Alle deutschen Rechte bei C. Bertelsmann Verlag, München, in der Verlagsgruppe Random House GmbH): ***»Ich definiere Liebe als den Willen, das eigene Selbst auszudehnen, um das eigene spirituelle Wachstum oder das eines anderen Menschen zu nähren.«***

Ernest Holmes schreibt in *Der Schlüssel zum wahren Leben,* Verlag CSA, Bad Homburg: ***»Wer Hass heilen möchte, muss zuerst Lieben lernen. Liebe ist natürlich. Hass ist unnatürlich. Es ist natürlich, dem Universum zu vertrauen. In und hinter allem existiert eine Kraft und eine Gegenwart. Diese Kraft und diese Gegenwart muß für den Menschen Wirklichkeit werden. Er muß lernen, sie in anderen Menschen und in Ereignissen zu erkennen. Wir sind veranlagt, das zu werden, womit wir uns identifizieren.«***

Liebe ist unerklärlich, nicht fassbar. Liebe ist eine Kraft, die den Ausgleich im Guten ermöglicht. Was in Liebe gelöst wird, hat Bestand. Was im Hass gelöst wird, kehrt immer wieder, weil es ungelöst ist.

Beispiele: Ungerechte Vereinbarungen nach Kriegsende, die immer wieder zu Aufständen führen. Scheidungen, die von einem oder mehreren als ungerecht empfunden werden.

Liebe entzieht sich unserem Zugriff.

»Die Frau hat eine Welt: die Liebe,
der Mann hat eine Liebe: die Welt.« (Jacques Brell)

»Bei guten Männern oder Frauen muss man sich verändern.
Wenig Liebe, wenig Wirkung.
Ohne Liebe keine Lösung.
Das Tiefste in der Liebe ist unberührbar.« (Bert Hellinger, *Entlassen werden wir vollendet*, Kösel-Verlag)

Liebe ist natürlich.
Hass ist unnatürlich.

Ernest Holmes

Das Gegenteil von Liebe ist Gleichgültigkeit. Liebe heißt DU. Den Anderen kann ich nie ganz verstehen, das ist wichtig für die Liebe. Lass den anderen wie er/sie ist, das ist wichtig zu wissen, weil es hilft.

Wer nicht etwas lieben kann, kann nie jemanden lieben. Liebe ist.

Den Partner lieben bedeutet auch, anzuerkennen, dass ich etwas von ihm/ihr brauche, was ich nicht habe. Um ganz zu werden, brauche ich diesen Teil von meinem/meiner Partner/in. Das was mir fehlt, suche ich beim Partner. Erfüllte Liebe ist, wenn dieses Suchen und Verlangen nach Ganzheit, nach dem was mir fehlt, erfüllt wird durch einen Menschen, der mir das schenken kann. Was ich am meisten ersehne: Heilung durch Ganzwerden. Selten genug erleben wir diese Einheit.

Wenn das verwehrt wird, was die Partner voneinander brauchen, wird die Beziehung auf lange Sicht zerbrechen.

Vor der Liebe kommt das Verlieben. »Chancen verlieben sich.« Ich verliebe mich in einen Menschen, den ich noch nicht kenne. Ich ahne etwas. Ich sehe meine Wünsche in ihm/ihr. Ich sehe meine Möglichkeiten, mich zu entwickeln, in diesem Menschen aufscheinen. Ich sehe meine Chance.

Liebe ist etwas anderes. Liebe sieht den anderen Menschen ganz. Meine Liebe sieht den anderen Menschen wie er ist, mit seinen Schwächen und Stärken. In der Liebe fühle ich mich angenommen, mit meinen Schwächen und Stärken.

Nach Verlieben kommt »Entlieben«. Dann wird die rosa gezeichnete Zukunft realer und auch die farblosen, langweiligen und auch die schwierigen Eigenschaften meines Partners werden sichtbar. Das ging und geht allen so.

Verlieben ist von sexuellem Verlangen geprägt. Dieses Verlangen verändert sich. Dann beginnt die Arbeit an mir selbst. Chancen wollen als Schätze gehoben werden. Vielleicht in harter Arbeit an mir selbst, durch hinschauen, bewusst werden, ausweiten meines Bewusstseins.

Allein die Tatsache, dass es allen so ging, hilft zusammenzubleiben, solange Entwicklung möglich ist. Dann wandelt sich verliebt sein in Sinnlichkeit, Eros. Dann bezieht sich meine Sinnlichkeit nicht nur auf den Körper des geliebten Menschen,

Nach Verlieben kommt »Entlieben«.

Chancen wollen als Schätze gehoben werden.

sondern auf die Beziehung zwischen mir und der Welt, dort draußen.

Es ist eine kostbare Möglichkeit, mit der Kraft des Verliebtseins Altes zu verändern und Neues auf den Weg zu bringen.

Wir können Verliebtsein wandeln, in Liebe. Wir können lernen, liebend zu handeln, ohne verliebt zu sein.

Wer nicht **etwas** lieben kann,
kann nie **jemanden** lieben.

Liebe wird aus Mut gemacht.

Musikgruppe: Absolute Beginner

Das Gegenteil von Liebe ist Gleichgültigkeit.

Henri J. M. Nouwen sagt in *Jesus – Sinn meines Lebens* (© Herder Verlag, Freiburg 2. Auflage 1989): *»Unser Vermögen, unsere größten Sehnsüchte zu erfüllen, ist derart begrenzt, dass wir immer wieder Gefahr laufen, uns gegenseitig zu enttäuschen. Doch unser Verlangen kann manchmal so stark sein, dass wir die Begrenztheit der anderen nicht mehr sehen, dass wir dazu verführt werden, Liebe zu erzwingen. Dann wird die Liebe gewalttätig: Küssen wird zum Beißen, Streicheln zum Schlagen, ein verzeihendes Sich-Ansehen zu einem misstrauischen Blick, verständnisvolles Zuhören zum Aushorchen und die innige Hingabe zur Vergewaltigung. Jesus sieht das Böse in dieser Welt als Folge eines zu geringen Vertrauens auf Gottes Liebe. Die Liebe Gottes stellt keine Bedingungen, und nur diese Liebe macht uns fähig, ohne Gewalt zusammenzuleben, dann wird es uns möglich, von unserem Nächsten nicht mehr zu erwarten, als er uns zu geben vermag.«*

> *»… das Schöne lebt, das andere stirbt, und alles ist Unfug, außer Ehre, Liebe und das Wenige, was das Herz erkennt.«* (James Salter, *Verbrannte Tage)*

Wir anderen

Wir sprechen nicht die gleiche Sprache,
Doch unsere Träume sind sich ähnlich,

Wir gleichen uns nicht sehr in Gesicht und Gestalt
Und ernten doch alle, was wir säen oder gesät haben.

Wir gehen alle verschiedene Wege,
Doch in unserem Anfang und unserem Ende
Gleichen wir uns von Grund auf.

Abendland

Herr gib', dass ich Liebe bringe, wo Hass ist,
Dass ich verzeihe, wo Schuld ist,
Vereine, wo Zwietracht herrscht.

Nicht um getröstet zu werden, sondern um zu trösten.
Nicht um verstanden zu werden, sondern um zu verstehen.
Nicht um geliebt zu werden, sondern um zu lieben.
Nur dies ist wichtig, denn da wir geben, empfangen wir,

Da wir uns selbst vergessen, finden wir.
Da wir verzeihen, erhalten wir Vergebung.
Da wir sterben, gehen wir in das neue Leben.

Abendland von André Heller, nach einem Jesuitengebet

STANDPUNKTE EINNEHMEN

> *»Nichts ist wahr, was nicht auch gelogen wäre.*
> *Und nichts ist gelogen, was nicht auch wahr wäre.«*
> (Hubert von Goisern, CD *FÖN*, *Die Stråss'n)*

Jeder Grenzsetzung haftet etwas Willkürliches an. Standpunkte einnehmen heißt zuerst, sich selbst klar werden, wo man steht. Halt suchen, Grund finden, Begründungen finden, für das, was ich für wahr halte. Standpunkte einnehmen heißt, angreifbar werden.

Jede Beschreibung eines Standpunktes bringt die Sicherheit oder Unsicherheit mit sich, dass das genaue Gegenteil dieses Standpunktes auch richtig sein kann. Es ist eine Standpunktfrage. Das Klammern an die Unterscheidung von richtig und falsch, deren Bewerten, führt zum Konflikt.

Natürlich gibt es für uns richtig und falsch. Es sind Teilungen eines Zustandes in z. B. gut und böse. Es lohnt sich zu erkennen, dass wir diese Bewertung herbeiführen. Gut und böse sind nicht absolut. Es sind Wertungen von unterschiedlichen Standpunkten aus betrachtet. Erinnern Sie sich an den Film: *Club der toten Dichter*: »Stell' dich auf die Schulbank, um deinen Blickwinkel zu verändern...«

Oder liegt es am Standpunkt selbst? Wenn ich Standpunkte verteidige, bin ich davon abhängig, dass diese richtig sind bis Überzeugungen, bessere Argumente, meinen Standpunkt verändern. Kann ich so handeln, werden Standpunkte veränderbar und nicht starr. Dann bin ich standhaft und doch biegsam. Muss ich aus Gründen der Selbstbehauptung Standpunkte wider besseres Wissen einnehmen, ist Auflösung die Folge.

Jeder Grenzsetzung haftet etwas Willkürliches an.

Wir sind nicht dieser Standpunkt.

Wir kommen nicht umhin, in Beziehungen, im Geschäftsleben, in der Erziehung der Kinder, Standpunkte einzunehmen und sie entschieden zu verteidigen. Das bedingt, dass wir Fehler machen bzw. »falsche« Standpunkte einnehmen. Aber wo liegt das Problem? Nur solange wir auch an der offensichtlich falschen Lösung oder dem falschen Standpunkt festhalten, nicht flexibel genug sind, stehen wir unter Druck.

Wir nehmen Standpunkte ein, um Erfahrung zu sammeln. Wir sind nicht dieser Standpunkt, wir sind nicht die Landkarte,

In sentimentalen Momenten denken wir.

wir sind nicht das Gefäß, in dem Wasser ist. Wir sind die Persönlichkeiten, die Standpunkte einnehmen und verändern können. Wir sind das Land, nicht das Abbild, die Landkarte. Wir sind das Wasser, das selbst keine Form hat, sich aber jeder Form anpassen kann.

Zum Thema Trennung oder Zusammenbleiben folgender Standpunkt: Das Zusammenbleiben und das Trennen sind gleichwertig. Die Partner können sich aus den sie belastenden Themen, Situationen, nur lösen, wenn sie sich damit auseinandersetzen. Auf eine gute Weise, ohne Schuldzuweisung und Schuldübernahmen. Egal, ob sie getrennt sind oder beisammen bleiben. Die ungelösten Themen werden sich wieder und wieder melden. Trennung könnte die Illusion mit sich bringen, dass die ungelösten Situationen damit erledigt sind. Sie sind es nicht. Sie kommen in anderer Verpackung wieder auf mich zu. Weil sie mit mir in Resonanz sind.

Oftmals haben Menschen in Partnerschaften Ehen keine Wahl, zu entscheiden, ob sie zusammen bleiben wollen oder nicht, da sich ein Partner verliebt und dann geht. Dann ist es nicht die »Schuld« des oder der Neuen. Dann ist es nicht die Schuld der Menschen in der Partnerschaft, dass sie nicht beide etwas gegen die drohende Trennung getan haben. Die Kraft für die gemeinsame Zukunft war aufgebraucht.

Das anzuerkennen fällt schwer. In sentimentalen Momenten denken wir, »Ach, vielleicht hätte ich doch bleiben sollen.« »Ach, hätte ich doch damals eingelenkt, wäre sie geblieben…« Dieses Denken hat nichts mit der früheren Beziehungsrealität zu tun. Es ist ein Rückblick, der außer Acht lässt, wie es damals war, was sich alles aufgestaut hatte, was unausgesprochen war, was zugefügt, ausgehalten wurde.

Es ist das Denken »als ob« ich eine Wahl gehabt hätte. Das ist eine Illusion.

Trennung könnte die Illusion mit sich bringen, dass die ungelösten Situationen damit erledigt sind.

Steht alles fest?

VOM ZUFALL

Ist alles Zufall, was uns passiert, gibt es Vorherbestimmung? Steht alles fest? Ist der Lebensfilm schon fertig und wir sehen nur einzelne Bilder, wie ein Filmprojektor? Macht es überhaupt Sinn sich zu sorgen? Warum, wenn es sinnlos ist, tun wir es trotzdem?

Ist es Zufall, dass sich zwei Menschen verlieben? Ist es Zufall, dass sich zwei Menschen verlieben, auch wenn sie noch in »festen Beziehungen« sind?

Es eröffnen sich Möglichkeiten, die wir aus unserer eingeschränkten Sicht nicht überblicken können. Wir sind gewohnt nach Regeln, Maßstäben, zu urteilen, gut und böse zu unterscheiden. Vielleicht sollten wir überprüfen, wie sinnvoll überhaupt Urteile sind, wie abhängig wir von Regeln und Gesetzen sind.

Es soll nicht der Anarchie das Wort geredet werden. Es soll die Frage gestellt werden, wann uns die verhärteten Regeln und Gesetze töten. So weit abtöten, dass wir nicht mehr wissen noch spüren, wo wir stehen, was wir tun, wer wir geworden sind. Die neue Möglichkeit, das neue Dritte, das aus der »Überlagerung« der beiden Charakter entsteht, ist die Chance für beide, weiter zu kommen.

> ***»Der Begriff der Zufälligkeit hat nur in Beziehung zum Beobachter Sinn. Wann immer zwei Beobachter nach verschiedenen Formen der Ordnung forschen, so müssen sie darüber geteilter Meinung sein, welche Folge zufällig zu nennen ist.«*** (George Spencer Brown in *Laws of Form*)

> ***»Der Zufall zeigt seine andere Seite in Gestalt der Wahrscheinlichkeit, die sich exakt bestimmen läßt.«***
> (L. Tarassow, *Wie der Zufall will)*

> ***»Die Dinge entstehen aus der Notwendigkeit und dem Zufall.«*** (Alighiero e Boetti, italienischer Künstler)

Ein Landstreicher sagte auf die Frage, ob alles feststeht: »Das glaube ich nicht, jeder steht morgens auf und kann was aus seinem Tag machen…«

Die Wirklichkeit wirkt auf uns.

VON DER WIRKLICHKEIT

Die Wirklichkeit wirkt auf uns. Wir leben in der »Auswirklichkeit«. Wir schauen in den Spiegel und sehen, was wir fühlen, nicht was wir sind. Wirklichkeit ist das, was ist. Was wir sehen und mit unseren Sinnen aufnehmen ist real.
Was wir daraus machen, bewertend, beurteilend, ist die »Auswirklichkeit«, das Unwirkliche. Die große Verwirrung entsteht, wenn wir emotional auf die Emotionen der anderen reagieren. Dann reagieren wir nicht klar, wahr, echt auf die Situation, so wie diese Situation sich uns präsentiert, sondern gefärbt mit Gefühlen und Stimmungen, Ängsten und Befürchtungen.

Wir brauchen auf nichts zu warten. Nicht auf ein besseres Leben nach dem Leben, nicht auf das, was wir vielleicht mal waren oder einmal sein werden. Alles ist da, nur die Sichtweise kann sich ändern.

Die gute Nachricht ist, die Sichtweise ändern können nur wir selbst. Wir brauchen auf niemand zu warten. Wir können sofort anfangen. Es muss nichts einfach geglaubt werden.

Emotionen wie Hass, Angst, Eifersucht sind oberflächlich und nur von Bestand, wenn wir sie pflegen. Natürlich empfinde ich diese Gefühle. Aber ich kann lernen, mich nicht mehr abhängig zu machen von diesen Gefühlen. Indem ich diese Gefühle anschaue, nachfrage, woher sie kommen, ob sie hilfreich

Gefühle wurden vorgemacht, nachgemacht, abgeschaut.

sind oder mich behindern, gewinne ich Abstand zu ihnen. Ich kann sehen, dass ich nicht diese Gefühle bin, sondern diese Gefühle »gelernt« wurden.

Diese Gefühle wurden vorgemacht, nachgemacht, abgeschaut, zu mir gehörig erklärt. Wenn wir erkennen, für was unsere Gefühle stehen, was sie nützen, wozu sie uns missbrauchen, merken wir, was mit uns passiert. Dann verlieren die Gefühle ihre Macht. Wir verlieren die Abhängigkeit von diesen Gefühlen.

Liebe ist kein Gefühl. Die Liebe, die hier gemeint ist, ist nicht das Gegenteil von Hass. Die Liebe, die hier gemeint ist, ist einfach da. Sie will nichts. Sie ist einfach da. Nicht um zu... sondern ohne Wollen. Liebe ist eins, nicht dual, indem ich sage, »Ich will dich immer lieben.« wird sie in die Welt gezogen, gebunden. Dann überfordert diese Liebe mich und dich.

Ludwig Wittgenstein sagt in seinem *Tractatus logico-philosophicus* (© Suhrkamp Verlag, Frankfurt a.M. 1953): ***»Der ganzen modernen Weltanschauung liegt die Täuschung zugrunde, dass die so genannten Naturgesetze die Erklärungen der Naturerscheinungen seien. So bleiben Sie bei den Naturgesetzen als bei etwas Unantastbarem stehen, wie die Älteren bei Gott und dem Schicksal. Und sie haben ja dabei Recht und Unrecht. Die Alten sind allerdings insofern klarer, als sie einen klaren Abschluss anerkennen, während es bei dem neuen System scheinen soll, als sei alles erklärt. Die Welt ist unabhängig von meinem Willen.«***

Ich erkenne, dass ich nicht wie diese Gefühle bin, sondern diese Gefühle »gelernt« wurden.

Liebe ist kein Gefühl.

Paul Watzlawick in *Wie wirklich ist die Wirklichkeit* (© Piper Verlag GmbH, München 1976): *»Die Geschichte der Menschheit zeigt, dass es kaum eine mörderischere, despotischere Idee gibt als den Wahn einer ›wirklichen‹ Wirklichkeit (womit natürlich die eigene Sicht gemeint ist) mit all den schrecklichen Folgen, die sich aus dieser wahnhaften Grundannahme dann streng logisch ableiten lassen. Die Fähigkeit, mit relativen Wahrheiten zu leben, mit Fragen, auf die es keine Antworten gibt, mit dem Wissen, nichts zu wissen, und mit den paradoxen Ungewissheiten der Existenz, dürfte dagegen das Wesen menschlicher Reife und der daraus folgenden Toleranz für andere sein.«*

Jeder hat sein eigenes Bild von Wirklichkeit. Ich lasse nur Ausschnitte der Wirklichkeit in mein Bewusstsein eindringen. Diese Ausschnitte der Wirklichkeit sind gefärbt von meinen Erfahrungen. So erschafft sich jeder seine innere Wirklichkeit, jeder sein persönliches Weltbild, seine Glaubenssätze. Wahrnehmung von Wirklichkeit geschieht in unserem Gehirn, nicht davor, nicht draußen.

Ich sehe den Apfel in mir, nicht auf dem Tisch! Je mehr wir unseres Wertens bewußt werden, desto leichter können wir sehen was ist, nicht was wir meinen, was ist. P. Watzlawick kennt zwei Arten von Wirklichkeiten: Die Wirklichkeit erster Ordnung, ist die, die uns unsere Sinne vermitteln. Jeder sieht, bis auf kleine Unterschiede, dasselbe. Die Wirklichkeit zweiter Ordnung geschieht, nachdem das durch die Sinne empfangene, interpretiert wird. Es bekommt einen Sinn zugeschrieben, eine Bedeutung wird gegeben, ein Wert wird definiert. Welche Bedeutung wir jedem Ding geben, was wir daraus machen, hängt von jedem selbst ab. Es bezeichnet seinen Standpunkt.

Francisco J. Varela, Professor für Neurobiologie, Philosophie und Kognitionswissenschaften, antwortet in einem Interview von Bernhard Pörksen (erschienen in dessen Buch *Die Gewissheit der Ungewissheit*, Carl-Auer-Systeme Verlag, Heidelberg) auf die Frage: »Sie haben zahlreiche Studien zur Farbwahrnehmung publiziert. Wie entsteht ein stabiler Farbeindruck?«

Francisco J. Varela: *»Sehen Sie, vor uns auf dem Tisch liegt ein Buch; aufgrund unserer im Wesentlichen identischen Struktur erscheint es uns in einer Farbe, die wir ›Grün‹ nennen. Als Menschen sind wir das Ergebnis einer Abstammungslinie, in der unsere Vorfahren in der Begegnung mit der ihnen gegebenen Welt bestimmte Muster ausgebildet haben. Wenn man von*

einer besonderen Beschaffenheit dieser gegebenen Welt und irgendeines Objekts, das wir Buch nennen, ausgeht, und wir auch die Geschichte unserer Abstammung mit berücksichtigen, dann ergeben diese beiden Faktoren ein sich wechselseitig bestimmendes Muster.

Dieses Muster nennen wir beide eine Farbe und bezeichnen es als grün. Aber wir wissen heute längst, dass etwa Vögel aufgrund ihrer eigenen Abstammungsgeschichte etwas wahrnehmen, das wir uns einfach nicht vorstellen können.

Zahlreiche Vögel haben vermutlich ein Farbsystem, das vier Grundfarben umfasst, während beim Menschen drei Grundfarben ausreichen. Organismen existieren somit in unterschiedlichen Wahrnehmungswelten, sie leben in verschiedenen Räumen. Damit stellt sich die Frage: Wie sieht dieses Buch nun aus? Wer hat recht? Wir oder die Vögel. Die Antwort heißt: beide. Die verschiedenen Wahrnehmungen erlauben die Fortexistenz von Vogel und Mensch. Eine Farbe ist nicht das Ergebnis einer allein im Inneren des Organismus stattfindenden Konstruktion oder – dies wäre das andere Extrem – an sich existent und unabhängig von dem jeweiligen Lebewesen, das etwas wahrnimmt. Vielmehr handelt es sich um stabile Qualitäten, die sich auf der Basis einer Abstammungsgeschichte erst herausbilden. Sie lassen sich weder eindeutig dem Erkennenden noch dem Erkannten, weder klar dem Subjekt noch dem Objekt zuordenen.«

Zahlreiche Vögel haben vermutlich ein Farbsystem, das vier Grundfarben umfasst. Francisco J. Varela

Jeder hat sein eigenes Bild von Wirklichkeit. So erschafft sich jeder seine innere Wirklichkeit. Ich sehe den Apfel in mir, nicht auf dem Tisch!

Es schafft sich jeder Mensch und jede Gesellschaft ihre eigene Wirklichkeit. Wissen schafft Wirklichkeiten. Zuviel Wissen verhindert manchmal angemessenes Handeln. Probleme sind schnell, Lösungen langsam. Verfügbares Wissen nimmt rasant zu. Wie gehen wir mit der Wissenswelle in unserer Wirklichkeit um? Genehmige ich mir Zeit für meine Lösung?

Wir sind in der Lage, z. B. Menschen, Umstände und Zustände analytisch mit dem zielgerichteten Verstand, aber auch komplizierte Beziehungsgeflechte zwischen Menschen, den Austausch von unbewussten Botschaften wahrzunehmen. Alles zusammen bestimmt dann unsere persönlichen Denk-, Fühl- und Verhaltensmuster und somit unser Handeln. Es entsteht subjektive Wirklichkeit durch unsere interpretierte Wahrnehmung.

»Der Schatten ist verhindertes Licht.« (Graf Dürkheim)

»Weil es sind die selben Strass'n die Heim führ'n oder fort.« (Hubert von Goisern auf seiner CD *FÖN*, *Die Stråss'n*)

Die Wahrheit finden wir zwischen den Worten.

Eva Madelung schreibt dazu in ihrem Buch *Trotz und Treue* (Carl-Auer-Systeme Verlag, Heidelberg 1998): ***»Worin besteht der Sinn und die Notwendigkeit der Rede vom ›Zweierlei‹ der Wirklichkeiten? Dass es eine familiäre Bindung gleichzeitig mit einer Tendenz zur Abgrenzung in Familien gibt, wird kaum jemand bestreiten. Alle Kapitel, die sich mit der im Menschen angelegten Doppelbindung des Trotzes befassen, befassen***

sich mit dem manchmal bis zum Unerträglichen geladenen Spannungsfeld zwischen den Polen Selbstverantwortung und ohnmächtigem Eingebundensein, Macht und Ohnmacht, in dem wir – ob wir es wollen oder nicht – notgedrungen dabei sind, uns eine Wirklichkeit, Schritt für Schritt zu erschaffen.

Indem sich diese Wirklichkeiten – so verschieden sie aufs erste erscheinen – durchdringen, sind sie wie mit einem geheimen, unterirdischen Gang verbunden: Wir tun Schritte, indem wir uns zwischen zwei Alternativen zu entscheiden glauben, oder – im Aushalten einer Polarität – eine dritte Möglichkeit ›erfinden‹. Rückblickend gewinnen wir jedoch immer wieder den Eindruck, dass nicht wir sie ›erfunden‹, sondern dass sie uns – auf eine nicht verständliche Weise – gefunden haben.«

Haben Sie heute schon eine neue Wirklichkeit konstruiert?

Paul Watzlawick

»Die Wahrheit ändert sich. Was wir vor Jahren für wahr und gültig erachtet haben, erweist sich später als unvollständig und überholt.« (Bert Hellinger)

»Das Denken beginnt erst, wenn wir zu dem Wissen gelangt sind, dass die jahrhundertelang gepriesene Vernunft die hartnäckigste Widersacherin des Denkens ist.« (Martin Heidegger)

Probleme sind schnell, Lösungen langsam.

VOM FREIEN WILLEN

Ich habe einen freien Willen. Mein Handeln ist frei. Stimmt das wirklich? Das Handeln der anderen sehen wir oft vorherbestimmt von den Umständen, aus denen heraus sie handeln. Von der Vorgeschichte beeinflusst, die wir kennen, konnte er/sie gar nicht anders handeln. So scheint das Handeln der anderen eher vorbestimmt, vorentschieden, festgelegt. Vielleicht ist es beides, teils vorbestimmt, teils frei? Auf alle Fälle ist es ein Konzept und damit Ansichtssache, Teil eines Glaubenssystems. Das wollen wir uns genauer anschauen.

Unser Problem resultiert daraus, dass wir das, was wir für wahr halten, glauben. Wir halten die interpretierte Wahrheit für die Wahrheit. Als Beispiel: In einem Versuch zeigte der Psychologe Solomon E. Asch jeweils sieben Studenten drei senkrechte Linien von unterschiedlicher Länge. Es sollte die senkrechte Linie zugeordnet werden, die einer der drei Linien entsprach. Bei allen Studenten war es die Linie Nr. 2. Nur bei einem Studenten war es die Linie Nr. 1. Und alle außer ihm waren darüber informiert. Der »arme« nicht Wissende wurde immer leiser, als alle anderen sich klar und deutlich zur Linie Nr. 2 bekannten und sagte schließlich: »Ich glaube, recht zu haben, aber mein Verstand sagt mir, dass ich nicht recht haben kann, denn ich kann nicht glauben, dass so viele andere sich irren können und ich allein recht habe.« Dieser Versuch wurde vielfach wiederholt und 36,8 % der »Nichtwissenden« stimmten dem allgemeinen Urteil zu, obwohl sie etwas anderes sahen. (Paul Watzlawick *Wie wirklich ist die Wirklichkeit*, S. 67, © Piper Verlag GmbH, München 1976)

Die Verhaltensgenetiker sagen, dass unsere persönliche Gen-Ausstattung darüber entscheidet, wie wir sind, ob tobsüchtig oder cool, was wir tun können oder nicht, ob wir mutig oder traurig sind. Die Genforschung scheint zu belegen, dass wir Marionetten unserer Gene sind. Ist das ein Beleg für eine Weltsicht, in der alles von vornherein feststeht?

Wir müssen leben, was wir glauben. Wir müssen tun, was wir für notwendig halten. Wie steht es dann mit unserem freien Willen? Dazu sagt Hans Vaihinger in seinem 1911 veröffentlichten Buch *Die Philosophie des Als-Ob,* Scientia Verlag Aalen, 1986: ***»Die Freiheit des eigenen Willens ist erfunden. Die Willensfreiheit des Menschen lässt sich in keiner Weise objektiv***

Wir leben,
was wir glauben
und wir glauben,
was wir leben.

Die Freiheit des eigenen Willens ist erfunden.
Wir verhalten uns, »als ob« wir einen freien Willen hätten.

beweisen. Willensfreiheit ist eine nützliche Fiktion. Wir verhalten uns, ›als ob‹ wir einen freien Willen hätten. Nur so ist unser Zusammenleben möglich.«

Paul Watzlawick in *Wie wirklich ist die Wirklichkeit* (© Piper Verlag GmbH, München 1976): *»Wenn wir nach langem Suchen und peinlicher Ungewissheit uns endlich einen bestimmten Sachverhalt erklären zu können glauben, kann unser darin investierter emotionaler Einsatz so groß sein, dass wir es vorziehen, unleugbare Tatsachen, die unserer Erklärung widersprechen, für unwahr oder unwirklich zu erklären, statt unsere Erklärung diesen Tatsachen anzupassen.«*

Neurobiologisch gesehen gibt es keinen Grund für Freiheit.

Es ist der uralte Streit der Philosophen: Gibt es einen freien Willen oder ist alles determiniert, steht alles fest? Die Beantwortung dieser Frage ist für manche sehr wichtig, wie die Frage, gibt es einen Gott? Und wenn nicht? Wir müssten weiterleben wie bisher, oder würden wir daran die Sinnlosigkeit des Ganzen festmachen? Wenn Gott das Alibi ist, um sich wohl zu verhalten aus Angst vor Strafe, dann ist das genau der Gott, der nicht mehr in unsere Zeit passt. Gott ist alles, Gott lässt sich nicht mit unserem polaren Bewusstsein erklären. Die Wahrheit liegt im Sowohl-als-auch. Können wir einen freien Willen haben und es steht trotzdem schon alles fest?

Paul Watzlawick zitiert aus einem Vortrag von Max Planck aus dem Jahr 1946: ***»Von außen betrachtet ist der Wille kausal determiniert, von innen betrachtet ist der Wille frei. Mit der Feststellung dieses Sachverhaltes erledigt sich das Problem der Willensfreiheit. Es ist nur dadurch entstanden, dass man nicht darauf geachtet hat, den Standpunkt der Betrachtung ausdrücklich festzulegen und einzuhalten.«*** (*Wie wirklich ist die Wirklichkeit, Piper Verlag*)

54 Jahre später, am 1. 6. 2000, zitiert die dpa Wolf Singer, Direktor des Max-Planck-Instituts für Hirnforschung in Frankfurt a.M.: ***»Neurobiologisch gesehen gibt es keinen Grund für Freiheit. Das, was wir als freie Entscheidung erfahren, ist nichts als eine nachträgliche Begründung von Zustandsveränderungen, die ohnehin erfolgt wären.«***

Der US Hirn-Forscher Michael Gazzangia ist noch deutlicher: ***»Wir sind die letzten, die erfahren, was unser Gehirn vorhat.«***

Der US-amerikanische Forscher Benjamin Libet will sogar den zeitlichen Abstand zwischen der Handlung und dem vermeintlichem Willensentschluss gemessen haben. Das Gefühl, eine Bewegung absichtlich ausgeführt zu haben, sagt er, stellt sich exakt 350 Millisekunden nach der Bewegung ein. (dpa vom 1. 6. 2000)

V. S. Ramachandran ist Professor für Neurowissenschaften und Psychologie an der Univ. of California in San Diego. Er sagt in einem Interview im *SZ-Magazin* vom 19. 01. 2001: ***»Wir halluzinieren in Wahrheit ununterbrochen. Mehr als 90 Prozent dessen, was wir zu wissen glauben, vermuten wir nur. Diese Vermutungen verkauft uns das Hirn als Realität.«***

In dem *Focus*-Interview vom 5. 11. 2001 erklärt der Direktor der Psychologischen Abteilung der Harvard-Universität in

Wir sind die letzten, die erfahren, was unser Gehirn vorhat.

Cambridge, Daniel Schacter: *»Erinnerungen verändern sich eklatant. Angenommen, ein Mann wäre vor zwei Jahren von seiner Frau verlassen worden, sagen wir kurz vor Weihnachten. Lässt er jetzt das letzte gemeinsame Weihnachtsfest Revue passieren, würden ihm automatisch Situationen einfallen, die vermeintlich auf die bevorstehende Trennung hindeuten, beispielsweise heftige Streitereien. Hätte der Mann weiterhin eine Ehe mit seiner Frau geführt, bliebe ein vollkommen harmonisches Familienabendessen. Kleinere Auseinandersetzungen hätte er ausgeblendet.*

In einer Untersuchung stellten Forscher zahlreichen Paaren über einen Zeitraum von mehreren Jahren folgende Fragen: Wie sehr lieben Sie Ihren Partner? Wie glücklich sind sie? Wie oft fällt er Ihnen auf die Nerven? Besonders interessierte die Psychologen, wie gut sich die Partner an die Noten erinnerten, die sie ihrer Beziehung vor einem Jahr gegeben hatten. Das Ergebnis verblüffte die Fachwelt: Lebten die Befragten noch glücklich miteinander, erinnerten sich knapp 90 Prozent korrekt. Lebten die Partner inzwischen getrennt, vergaßen 75 bis 80 Prozent, dass sie vor einem Jahr noch verliebt waren. Die zerstrittenen Singles behaupteten felsenfest, sie hätten ihren Partner nie gemocht.« (Das Buch hierzu: *The seven sins of memory*, Daniel L. Schacter)

»Wir sind die letzten, die erfahren, was unser Gehirn vorhat.« (Michael Gazzangia, Hirnforscher)

Wir halluzinieren in Wahrheit ununterbrochen.

Bei Trennungen, die wir bei anderen erleben, fragen wir uns vielleicht: Wieso konnte es so weit kommen? Es sind doch gebildete Menschen, die einen Sachverhalt klären können. Wieso schaffen die es nicht in ihrer Beziehung? Vielleicht weil es dafür keine Erklärung, keine Verstandesgründe gibt. Es ist einfach so, fertig. Aber was wir daraus machen, liegt womöglich in unserer Hand. Wie wir mit Schicksal umgehen, ist vielleicht unser freier Wille, vielleicht.

Hans Vaihinger in der *Philosopie des Als Ob* von 1911 (S. 198) Scientia Verlag, Aalen 1986: *»Freiheit ist eine Fiktion. Der Strafrichter benützt diese Fiktion einfach, um ein Strafurteil zustande zu bringen. Der Zweck ist das Strafurteil, das durch die Fiktion, der Mensch, also der Verbrecher, sei frei, erreicht wird: ob der Mensch faktisch frei ist, ist gleichgültig. Der Richter schließt: Jeder Mensch ist frei und darum, wenn er gegen das Gesetz sich vergangen, strafbar.*

Ob aber der Mensch überhaupt frei sei, diese Prämisse wird vom Richter nicht untersucht: Faktisch ist diese Prämisse nur eine Fiktion, welche zur Ableitung des Schlusssatzes dient; denn ohne Bestrafung der Menschen, der Verbrecher, ist keine Staatsordnung möglich: Zu diesem praktischen Zweck ist die theoretische Fiktion der Freiheit erfunden.«

Wie wir mit Schicksal umgehen, ist vielleicht unser freier Wille, vielleicht.

Freiheit ist eine Fiktion.

Das Problem entsteht, weil wir eine Lösung wollen. Wir wollen die Dinge so oder so definiert wissen, wollen wissen, dass die einen Recht haben, die anderen Unrecht. Immer mehr erkennen wir, dass die Wahrheit so oder so zu deuten ist, dass es eine Standpunktfrage ist, was als wahr anzusehen ist. Dies stellt sich besonders in Beziehungen dar und da besonders im Streitfall. Jeder ist davon überzeugt, sein Standpunkt sei richtig. Aus seiner Sicht hat er/sie auch Recht. Jeder andere aus seiner Sicht heraus aber auch.

Deshalb ist Trennung im Streit die schlechtere Lösung, weil diese Form der Trennung nicht auf den anderen eingeht, seinen Standpunkt nicht respektiert, sondern davon ausgeht, dass einer Recht hat und der andere Unrecht.

> ***»Die Welt ist unabhängig von meinem Willen. Alles, was wir sehen, könnte auch anders sein. Alles, was wir überhaupt beschreiben können, könnte auch anders sein.«*** (Ludwig Wittgenstein im *Tractatus logico-philosophicus,* © Suhrkamp Verlag, Frankfurt a.M. 1953)

»Vermutungen verkauft uns das Hirn als Realität.«

V. S. Ramachandran, Hirnforscher

Hatten wir einen freien Willen, als es um unsere Geburt ging? Nein, wir wurden einfach geboren. Erinnern wir uns an die Zeit vor unserer Geburt, als wir noch nicht gezeugt waren? Geht nicht. In der Reinkarnationtherapie gehen die Therapeuten davon aus, dass die geschaute Wirklichkeit möglich war, aber nicht unbedingt so gewesen sein muss. In der kinesiologischen Arbeit sind die durch Muskeltests erzielten Ergebnisse nicht die Wahrheit, im Sinne von wahr gewesen, sondern die Wahrnehmung der Testperson, ihr subjektiver Eindruck. Das was der Mensch, aus dem was war, gemacht hat. In der Aufstellungsarbeit ist das gestellte Bild nicht die Wahrheit, wie eine Momentaufnahme, sondern das innere Bild des Aufstellenden.

So passiert uns Geburt. Wie alles wichtige in unserem Leben, was wir als Glück oder Schicksal erleben. Es passiert uns. Der Unfall passiert. Das Grundstück, den Gewinn, den Auftrag zu bekommen, es passiert einfach. Wir tun etwas dazu, aber können es nicht erzwingen. Das hat nichts mit freiem Willen zu tun. Freiheit ist eine Fiktion.

> ***»Wille ist ein Wunsch, der intensiv genug ist, in Handlung umgesetzt zu werden.«*** (Scott M. Peck, *Der wunderbare Weg*, © 1978 by Scott M. Peck, MD. Alle deutschen Rechte bei C. Bertelsmann Verlag, München, in der Verlagsgruppe Random House GmbH)

Hatten wir einen freien Willen, als es um unsere Geburt ging?

Bewusstsein ist unser größtes Startkapital. *Bewusstsein gibt es nur im Moment.*

VOM BEWUSSTSEIN

Bewusstsein ist unser größtes Startkapital. Abgesehen von den materiellen »Gütern« wie z. B. unserem Körper und möglichem Kapital im Sinne von Nahrung und Ausbildung, ist die Fähigkeit, uns selbst wahrzunehmen, unsere größte Möglichkeit uns aus dem »Sumpf« der Unwissenheit selbst herauszuziehen. Das Wahrnehmen meiner selbst, wenn ich als Kind das erste mal »ich« zu mir sage, ist der »magische« Moment, in dem bewusstes Sein beginnt.

Ich bin ich, du bist du. Hier geschieht bewusstes Sein. Dieses Kapital gilt es zu nutzen. Durch Bildung, Ausbildung, Schulung der Sinne, durch das Leben des Künstlers in mir. Durch das Leben meiner Kreativität, durch meinen individuellen Ausdruck, hier im Leben.

Bewusstsein ist Freude. Es ist auch die Freude, nicht alles verstehen zu müssen, die Großzügigkeit, fünf gerade sein zu lassen, sich der eigenen Entwicklung bewusst werden, zu spüren, wie es weiter geht nach oben, nach vorn. Auch wenn es manchmal so scheinen mag, als würde es immer schwerer.

Bewusstes Sein bedeutet auch die Erkenntnis, dass schon alles in mir enthalten ist, dass ich nichts mehr zu suchen brauche, dass ich fertig bin, wie ich bin. Sie lieben es, auf eine blühende Wiese zu schauen und die erste Frühlingssonne zu spüren? Das ist bewusstes Sein. Das zu tun, was ich liebe, was mir gut tut, bei dem sich nicht die Frage stellt, ob ich es mag oder nicht, das ist bewusstes Sein. Wo nichts fehlt, wo ich nichts mehr brauche, um ganz zu sein, da will ich sein.

Bewusstsein gibt es nur im Moment. Nicht vorher, nicht nachher, nur jetzt. Immer wieder neu. Unveränderlich immer neu, das ist Bewusstsein. Bewusstsein, das ist das schöne, kann man nicht lernen, jeder hat es schon. Bewusstsein ist spontan, nicht überlegt, unbedacht.

All das meint, den Weg, den ich gehen kann, zu gehen. Wir alle können nur unser Bestes dazu tun, und es dann nehmen wie es kommt.

Wir können nur unser Bestes dazu tun und es dann nehmen, wie es kommt.

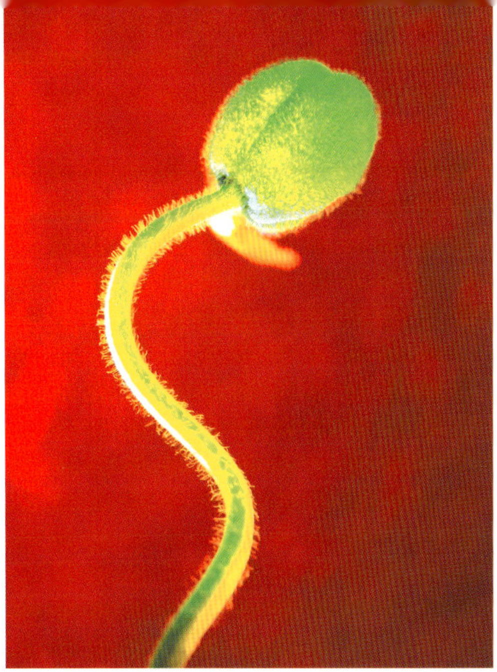

VON DER SEXUALITÄT

Sexualität, körperliches Lieben, kann der Anker sein in einer Partnerschaft. Wenn das Liebesleben stimmt, stimmt die Beziehung. Ungleichgewicht lässt sich nicht lange ausgleichen. Die meisten Partner suchen nach Erfüllung ihrer sexuellen Wünsche oder reagieren mit Frust.

Beziehungen gehen oft auseinander, weil es kein erfüllendes Liebesleben mehr gibt.

Während die öffentlich angebotene Lust immer seltsamere Blüten treibt, reduziert sich die Paareslust Jahr für Jahr mehr, wächst die Ratlosigkeit bei vielen. Durch dieses Missverhältnis entsteht fast der Eindruck, als würde unser persönliches Sexleben dem allgemeinen Standard nicht genügen. Wenn Sie über Ihre »Trennung in Liebe« oder über die Erneuerung Ihrer Partnerschaft nachdenken, ist es auch an der Zeit über Ihr gemeinsames Liebesleben zu reden, miteinander und nur miteinander. Jetzt ist der richtige Moment, sonst ist es zu spät.

Ohne Vorwurf, mit Respekt vor dem, was der/die andere kann und nicht kann. Trauen Sie sich zu sagen, was Sie sich wünschen. Trauen Sie sich zu sagen, was Sie nicht mögen. Dabei spüren Sie selbst, ob Sie Ihren Partner noch wollen, ob Sie noch weiter Kraft investieren wollen oder es eigentlich schon aufgegeben haben. Ob sie noch eine Chance hat, diese Beziehung, geht von Ihnen aus.

Wenn das Liebesleben stimmt, stimmt die Beziehung.

Jeder ist für seine eigene Sexualität selbst verantwortlich. Jeder ist für seinen eigenen Orgasmus verantwortlich. Orgasmus findet auch im Kopf statt. Es sind Märchen, dass viele Frauen frigide sind, erfundene Märchen, die uns nicht helfen, sondern uns suggerieren, es gibt keine Lösung, ich bin verdammt dazu, so zu sein. Irgendwer oder irgendwas ist schuld. Das ist falsch!

> ***»Ernst Gräfenberg stellte sich 1950 der allgemeinen Auffassung entgegen, dass ein Großteil der Frauen frigide sei. Noch in den 30iger Jahren glaubte man, dass 80 Prozent der Frauen nicht zu einem Orgasmus fähig seien, und stufte weibliche Erregung als Ausdruck von Hysterie ein.«*** (Zitiert aus dem Beitrag von Christine Westerhaus in der *Süddeutschen Zeitung* vom 18. 9. 2001, *Gipfel der Lust*)

Männer verwechseln den Samenerguss mit Orgasmus.

Barry Long *Making Love*

Jeder Mann kann in der körperlichen Liebe glücklich werden, über seine Partnerin, über die Frau. Die Frau hütet die Liebe wie einen Schatz. Manchmal verzichtet sie selbst auf die erfüllende Liebe, weil sie Angst hat, dass Männer unwürdig damit umgehen. Der Mann braucht die Frau, um Liebe leben zu können. Von dieser Liebe, die Frauen geben können, und die hier gemeint ist, ist die Sexualität ein Teil.

Ob sie noch eine Chance hat, diese Beziehung, von Ihnen aus.

Wir Männer haben nicht gelernt, würdig, vorsichtig und mannhaft mit Frauen umzugehen. Wir Männer müssen den Schritt hin zu unseren Frauen wieder tun. Nicht mit schlechtem Gewissen, aber wissend, dass wir an dem Zustand, wie er ist, zu mindestens fünfzig Prozent mittragen.

Männer und Frauen haben »Frau sein«, zu dem gemacht, was es heute ist. Männer und Frauen können aus »Mann sein«, wieder das machen, was Frauen begehren.

Niemand ist zu irgendetwas verdammt. Für jeden Menschen gibt es die gute Lösung. Die kommt manchmal von außen und manchmal aus dem Menschen selbst, durch sein/ihr bewußt werden.

Ohne empfangende und gebende Liebe zu einem Menschen ist körperliche Liebe nur Sex. Dieser Sex bleibt unbefriedigend, muss ständig erneuert werden, ist oberflächlich. Sex hält nicht. Liebe schließt Sex mit ein, geht über die Körper der zwei Menschen hinaus.

Sex ist im Kopf, in Gedanken an Bilder, andere Wunschpartner, Phantasien. Liebe ist im Erleben, Spüren, Bekommen. Liebe findet mit dem Partner statt. In der Freude über seinen/ihren Körper. Liebe ist unvergleichlich, vergleicht nicht, misst nicht.

Die Frau hütet die Liebe wie einen Schatz.

Der Mann braucht die Frau, um Liebe leben zu können.

Liebe sieht in dem Partner seine/ihre Schönheit. Liebe gibt es nur im Moment. Liebe denkt nicht, erinnert sich nicht. Die körperliche Liebe gibt es nur im Moment, jetzt. Genießen wir unsere Liebes-Lust, so oft es geht. Verändern wir, was uns Kraft raubt.

Die Regisseurin, Catherine Breillat, sagt über ihren Film *Romance* in einem Interview der *SZ* vom 15. 6. 2000, von Rainer

Gansera, auf die Frage: »Sie gehen in der Darstellung bis an die Grenzen des Pornographischen. War das nötig?«

»Es war nötig, weil es verboten ist. Man darf die explizite Darstellung der Sexualität nicht dem Pornokino überlassen. Frauen haben die größten Schwierigkeiten, sich mit ihrer Sexualität zu identifizieren. Sie dürfen ihre Sexualität nicht zeigen und wenn sie es tun, ist das ein Tabubruch. Die Identität einer Frau ist immer sexuell, es gibt keine andere. Das ist für Frauen schwierig zu begreifen, weil man ihnen in 2000 Jahren jüdisch-christlich-islamischer Erziehung eingeredet hat, dass Sexualität der Bereich von Schuld, Scham und Obszönität sei.«

Männer haben oft ihre Macht missbraucht, um Frauen gefügig zu machen und gefügig zu halten, besonders in der Sexualität, die Rechnung folgt irgendwann. Dieses irgendwann ist jetzt.

Aus der Aufstellungsarbeit Bert Hellingers ist auch zu lernen, dass Männer, die bei ihren Vätern stehen, von Frauen geachtet werden. Männer, die bei Ihren Müttern stehen, von Frauen bemitleidet und verachtet werden.

Wir Männer können nichts besseres tun, als die Kraft unserer Väter und Vatersväter hinter uns zu spüren. Am besten sieben Generationen weit, wie die Indianer sagen. Wir können diese männliche Kraft uneingeschränkt, vorbehaltlos, nehmen wie eine »Männertankstelle«. Ohne Vorbehalte, einfach die gute Kraft dieser Männer im Kreuz haben!

Dauernde Harmonie tötet die Erotik.

Dieses irgendwann ist jetzt.

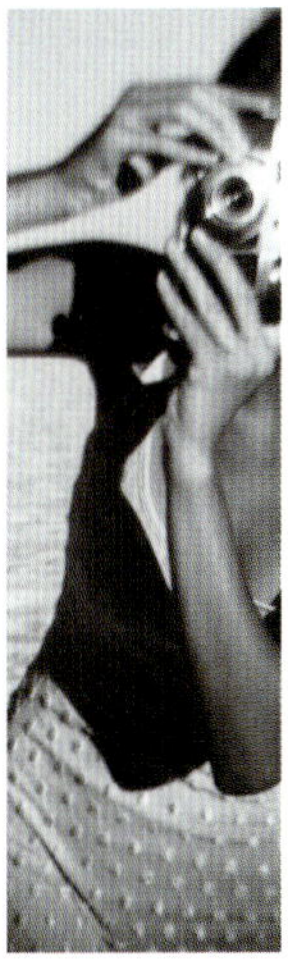

Liebe gibt es nur im Moment.

WAS ICH TUN KANN

Stellen Sie sich ganz ruhig, allein, ungestört, in einen Raum, nehmen Sie sich Zeit nur für sich. Lesen sie diese Zeilen und danach machen Sie die Übung, indem Sie sich Ihre Ahnen mit Ihren guten Wünschen ganz nah und kräftigend vorstellen. Nun folgt die Übung:

Übung für Männer: Ich kann die stärkende Kraft meines Vaters und unserer Vatersväter hinter mir gut spüren, indem ich mir vorstelle, wie z. B. diese sieben Männer hinter mir stehen. Ich stehe vielleicht sogar etwas angelehnt an diese Männer, die hinter mir stehen. Ich schaue zurück auf die imaginären Gesichter dieser Männer, die mich stützen. Die sich wünschen, dass ich weitergehe auf meinem Weg, dass ich gestärkt werde durch ihre Kraft. Dass ich von ihnen lernen kann. Diese, meine Väter, wollen mir gut. Sie wollen mich kräftigen, damit ich im Leben bestehe. Und sie sind da, um mich zu stützen. Immer. Ich brauche nur an sie zu denken. (Ende der Übung)

Dasselbe gilt für die Frauen, die in langer Reihe vor Frauen stehen. Die »Frauentankstelle« gibt den Frauen ihre Kraft zurück.

Spüren Sie dann in einer eigenen Aufstellung bei einem erfahrenen Therapeuten diese Kraft. Beeindruckend ist es, diese gute Kraft der Generationen hinter sich zu spüren. Da jeder Vater und Mutter hat, ist es wichtig, in einem zweiten Übungsteil beide Eltern hinter sich zu spüren. Indem ich meine Kritik an den Eltern lassen kann, kann ich ihre Kraft annehmen. Dann ist Platz in meinem Herzen für die Unterstützung, die irgendwo alle Eltern für ihre Kinder haben. Oft ist dieser Platz von meiner Kritik an den Eltern belegt und ich kann dann die Unterstützung, die Eltern gern ihren Kindern geben möchten, nicht annehmen.

Jedes Paar hat seine eigene Erotik, die die Beziehung der Partner widerspiegelt.

Offen gelebte Sexualität in der Partnerschaft bedeutet Kontrollverlust.

Ich kann meine eigene Sexualität und die des Partners/in wertschätzen.

Dauernde Harmonie tötet die Erotik. Erotisch sein bedeutet, den Mut zu haben, die eigenen Wünsche und Träume auszudrücken. Erotisch sein bedeutet, die geilen Träume gemeinsam mit unserem Partner auszuleben, die sich in den geheimsten Ecken unseres Kopfes herumdrücken, vielleicht wünschen sie oder er sich das schon lange!

Zum Thema Sexualität das Buch *Sex – Vom Wissen und Wünschen*, Hatje Cantz Verlag, ISBN 3-7757-1068-X, Das Begleitbuch zur Ausstellung im Dresdner Deutschen Hygiene-Museum, vom 7. 11. 2001 – 11. 8. 2002, Ein Blitzlicht mit 276 Seiten auf Sexualität und was wir daraus machen und gemacht haben… Zitat: »Sex ist gesund.«

Indem ich meine Kritik an den Eltern lassen kann, kann ich ihre Kraft nehmen.

VON DER EHE

Die Forderungen, die wir an die Ehe gestellt haben, überfordern uns.

Die Forderungen, die wir an die Ehe gestellt haben, überfordern uns. Die Ehe soll ein Bund sein, der für ein Leben lang geschlossen wird. »Bis dass der Tod euch scheidet.«: Das ist für viele ein zu großes Versprechen.

Manche behaupten, es wäre besser, die Ehe zum Schein aufrechtzuerhalten. Der Mann, die Frau, könnte ja das eine oder andere Verhältnis »nebenher« haben, das wäre immer noch besser als eine Scheidung. Scheidung wäre das Eingeständnis, es nicht geschafft zu haben. Eine zerstörte Vertrauensbasis ist die Folge des Scheins.

Kinder werden als Argument missbraucht, um Trennung zu verhindern. Dabei wäre es für manchen Jungen und manches Mädchen hilfreicher gewesen, die apokalyptischen Auseinandersetzungen, den gepressten Hass oder die Gewalt nicht aus nächster Nähe miterleben zu müssen.

Wir haben eine Schwierigkeit: Wie geht es nach dem »Verliebtsein« weiter? Gerade das Anerkennen, dass dieser Abschnitt unserer Liebe vorbei ist, ist der erste Schritt zu einer dauerhaften Liebe.

Ehe, wie sie heute oft gelebt wird, fesselt Männer, macht Männer (und Frauen) oft kaputt. Partner werden passiv, fühlen sich in der Sexualität abhängig oder nicht gewürdigt.

Männer sitzen zu Hause vor Bier und Fernseher und »erholen« sich von der Einöde des Geldverdienens. Viele Ehemänner leben in völlig unbefriedigenden Beziehungen und kaum ein

Mann spricht darüber oder tut etwas dafür. Wir werden einfach nur krank und wahrscheinlich findet der Arzt keine Ursache...

Männer: Gefängnisse zu 95 Prozent mit Männern angefüllt, eine im Schnitt um sieben Jahre kürzere Lebenserwartung, Gewalt an Frauen und Kindern, sexueller Missbrauch. Es ist Zeit endlich hinzuschauen und an uns Männern etwas zu ändern.

Motiviert genug sind wir, wenn wir spüren und hinschauen, was los ist.

Als erste Hilfe empfehle ich uns Männern: Robert Blys Bücher *Eisenhans* und *Die kindliche Gesellschaft*, sowie *Männer auf der Suche* von Steve Biddulph und den Film *Don Juan* mit Marlon Brando, Johnny Depp und Faye Dunaway.

Ehe ist ein Konzept, eine Struktur im Zusammenleben von Paaren. Partnerschaft muss erfüllt werden mit den Werten, die für beide Partner von Bedeutung sind. Partnerschaft besteht nicht durch das Ritual der Trauung, sie besteht, indem sich beide Menschen gemeinsam und jeder für sich um Lösungen bemühen.

Partnerschaft strebt Gleichwertigkeit an. Partnerschaft verändert jeden »Teilnehmer«. Keiner kann sagen, ob er in zehn Jahren noch so denkt wie heute. Eher wahrscheinlich ist, dass das Denken, die Standpunkte beider sich in dieser Zeit gewandelt haben. Wer kann da garantieren, immer noch der richtige Partner für den anderen zu sein?

Wenn wir davon ausgehen, ist es ein Glücksfall, wenn die Entwicklungen noch so parallel sind, dass ein gutes Zusammensein möglich ist. Viel wahrscheinlicher ist doch die Annahme,

Keiner kann sagen ob er in zehn Jahren noch so denkt wie heute.

Wenn man erkennt, für was etwas dient, verliert es seine Macht.

Pointers, R. S. Balsekar

Wenige sind konsequent genug, einen guten Schlussstrich zu ziehen oder die Beziehung zu verändern.

dass die einzelnen Menschen aus Gewohnheit, aus Bequemlichkeit zusammenbleiben.

Die Beziehung zwischen den Partnern sollte an erster Stelle stehen, dann die Kinder, dann die Arbeit, usw. Wenn Arbeit oder Kinder sich vordrängen oder vorgeschoben werden, ist partnerschaftliche Liebe bald am Ende. Für kürzere Zeiträume kann sich die Gewichtung verschieben: etwa durch Geburt, neue Selbstständigkeit, oder Berufswechsel etc.

Ehe, Partnerschaft braucht Raum zwischen den Partnern, ob verheiratet oder nicht. Raum, den jeder für sich selbst füllen soll. Die Beziehung darf keine Fessel werden. Sich geben, aber nicht ausliefern, zusammen stehen, aber nicht abhängig sein: Wer hat uns das geraten bevor wir Partner fanden? Lehrer, unsere Eltern, Freunde?

M. Scott Peck: *»Wir müssen den meisten Paaren sagen, dass sie zu sehr verheiratet sind, zu eng verheiratet, dass sie etwas mehr psychische Distanz zwischen sich schaffen müssen, ehe sie auch nur beginnen können konstruktiv an ihren Problemen zu arbeiten.*

Manchmal ist es tatsächlich nötig, sie physisch zu trennen, sie zu bitten, im Gruppenkreis getrennt voneinander zu sitzen. Immer ist es nötig, sie aufzufordern, nicht für den anderen zu sprechen oder einander gegen die Gruppe zu verteidigen. Immer und immer wieder müssen wir sagen: ›Lassen Sie Mary für sich selbst sprechen, John‹ und ›John kann sich selbst verteidigen, Mary, er ist stark genug‹.

Wenn sie in der Therapie bleiben, lernen schließlich alle Paare, dass wirkliches Akzeptieren der eigenen Individualität

Da kommt ein Tag, da zählt nur heiß und kalt, da wirst du sein, was du willst oder du wirst nur alt.

Ulla Meinecke CD *Löwen*,
Da kommt ein Tag/Vienna v. Billy Joel

und Getrenntheit die einzige Grundlage ist, auf der eine reife Ehe bestehen und wirkliche Liebe wachsen kann.« (Scott M. Peck, *Der wunderbare Weg*, © 1978 by Scott M. Peck, MD. Alle deutschen Rechte bei C. Bertelsmann Verlag, München, in der Verlagsgruppe Random House GmbH)

Ehe, Partnerschaft, der Wunsch in Liebe miteinander zu sein, hat einen wunderbaren Ursprung. Zu viele lassen sich diese Liebe vom Alltag zerstören. Schuld ist nicht der Alltag! Wir selbst lassen uns abgleiten in die Lustlosigkeit. Überwältigt von Arbeit und vermeintlicher Ausweglosigkeit motzen wir an allem herum, was uns nicht passt.

Dann geht die Liebe und wir fragen uns, was machen wir hier eigentlich noch, allein, ohne Liebe. Wenige sind konsequent genug, einen guten Schlussstrich zu ziehen oder die Beziehung zu verändern. Viele machen einfach weiter, weil es keine Alternative zu geben scheint. Schaffen Sie sich wieder mehr Sonntage in Ihrem Leben.

Schaffen Sie sich wieder mehr Sonntage in Ihrem Leben.

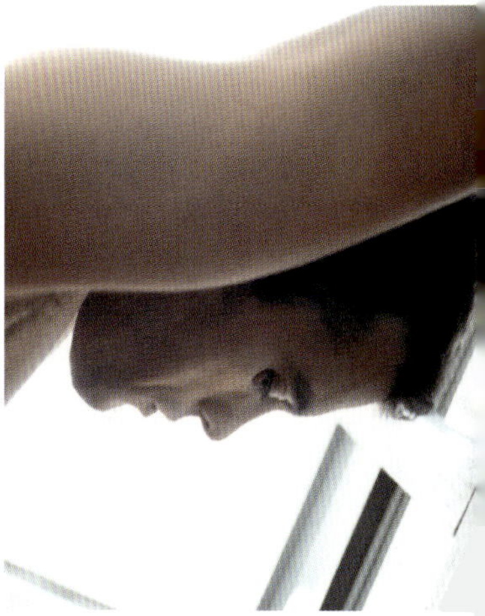

VOM SELBSTWERT

Je kleiner mein Selbstwertgefühl ist, desto größer ist mein Bedarf an Bestätigung. Bestätigung von anderen, so glauben wir, ist Liebe. Diese Liebe, den Glauben der anderen an uns, brauchen wir, um an uns selbst zu glauben. Wir bewundern die, die scheinbar dieser Kraftzufuhr von außen nicht bedürfen, die unbeirrt ihren Weg gehen. Das waren immer schon unsere Helden.

Die Schwierigkeit ist, dass diese Bestätigung von anderen uns abhängig macht von ihrem Urteil. Ist das die Freiheit, die wir suchen?

Wir können uns gegenseitig den Mangel an Selbstwert nur kurz nehmen. Dieser Mangel an Selbstsicherheit und der Überfluss an Einsamkeit kehren immer wieder, wenn wir sie im Außen, durch die Bestätigung anderer zu beheben trachten.

Selbstwert ist ein Gefühl von mir. Wenn wir uns so verhalten, als ob wir die Gefühle sind, die wir haben, wirken sie auf uns als ob sie echt wären. Meinen Selbstwert finde ich im Zusammenleben mit anderen.

So wie ich mich im Vergleich zu dem sehe, was ich gerne wäre – ob ich meine Ziele erreicht habe oder nicht –, damit steigt oder fällt mein Selbstwertgefühl. Dieses Gefühl sitzt im Verstand, es lohnt sich, sich mit diesem Gefühl zu beschäftigen. Indem ich mir klar werde, welche Werte in mir angelegt wurden durch Erziehung, durch Nachahmen, durch Moral etc. Sind das noch meine Werte?

Wenn ein geliebter Mensch stirbt, ist dieser Schmerz ein Gefühl oder nicht? Das ist tiefe Betroffenheit, tiefer Schmerz über den Verlust dieses Menschen. Das ist echter Schmerz, kein oberflächliches Gefühl.

Natürlich gibt es das Selbstwertgefühl. Es geht darum, mit diesem Gefühl umzugehen. Es für sich zu beschreiben. Zu erfahren, was dieses Gefühl für eine Qualität hat. Was wahr daran ist. Was tief daran ist.

Ich kann den Umgang mit Gedanken, die Emotionen wie z. B. Angst auslösen, lernen. Nicht Willenskraft, sondern Selbstbeobachtung, wie ich mit dem Gefühl z. B. der Angst vor Trennung umgehe, ist das Mittel dazu.

Was mit mir geschieht, wenn diese Angst auftritt. In welcher Gemütslage ich bin, wenn diese Angst auftritt. Was sie verstärkt, was sie schwächer werden lässt. Was bewirkt, dass sie verschwindet.

Indem ich diesen Umgang lerne, lerne ich mich kennen, erlebe ich meine Reaktion auf die Angst. Ich bemerke irgendwann, ich bin nicht diese Angst, sondern sie ist wie eine Kapsel in mir. Eine Kapsel, die ich geschluckt habe und die ich auflösen kann. Angst, die immer wieder auftreten kann, die ich dann wiedererkenne, die ich begrüßen und verabschieden kann, durch Wahrnehmen, durch Bewusstmachen.

Ich nehme die Angst ernst. Ich schaue sie an mit dem Ziel, sie zu mir zu nehmen, sie zu integrieren, sie zu heilen. Ich handle, wenn ich bemerke, dass Handlungsbedarf besteht. Dann kann ich mir überlegen, was die geeigneten Maßnahmen sind, um dieser Angst gerecht zu werden. Das Ziel ist, die Angst in Aktivität zu wandeln oder sie aufzulösen, wenn sie unbegründet ist. Das geht, indem ich Angst aus dem undefinierten Gedankenwirrwarr herauslöse, durch Anschauen der Angst.

»Unsere Fähigkeit, uns gegenseitig unsere größten Wünsche zu erfüllen, ist so unzureichend, dass aus der Enttäuschung darüber Gewalt werden kann.«

Selbstwert ist ein Gefühl von mir.

Bestätigung von anderen, so glauben wir, ist Liebe.

Toleranz ist das Fundament wahren Selbstwertes.

VON DER DEMUT

Wenn wir die ganze Menschheit auf ein Dorf von 100 Einwohner reduzieren würden, aber auf die Proportionen aller bestehenden Völker achten würden, wäre dieses Dorf so zusammengestellt (Stand im Jahr 2000):

Wenn man die Welt aus dieser Sicht betrachtet, wird jedem klar, dass das Bedürfnis nach Zusammengehörigkeit, Verständnis, Akzeptanz und Bildung notwendig ist.

57 Asiaten
21 Europäer
14 Amerikaner (Nord- und Süd-)
8 Afrikaner
52 wären Frauen
48 wären Männer
70 nicht-weiße
30 weiße
70 nicht Christen
30 Christen
89 heterosexuelle
11 homosexuelle
6 Personen würden 59 % des gesamten Weltreichtums besitzen und alle 6 Personen kämen aus den USA.
80 hätten keine ausreichenden Wohnverhältnisse
70 wären Analphabeten
50 wären unterernährt
1 würde sterben
2 würden geboren
1 hätte einen PC
1 (nur einer!) hätte einen akademischen Abschluss

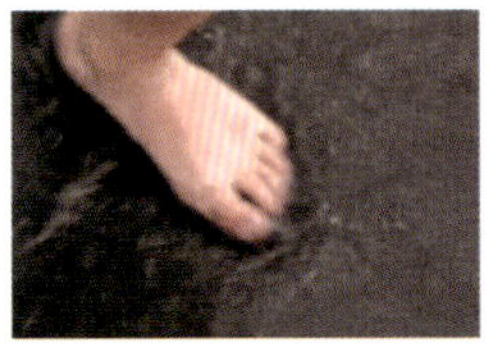

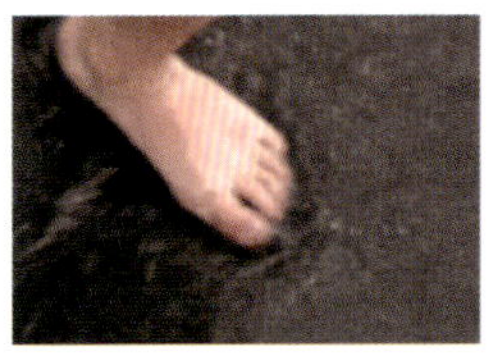

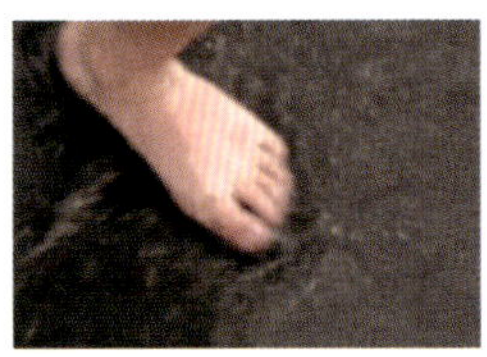

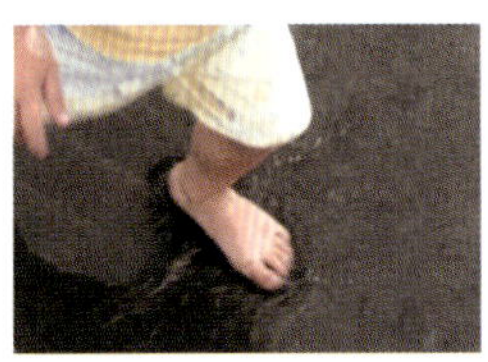

Wenn du heute Morgen gesund und nicht krank aufgewacht bist, bist du glücklicher als eine Million Menschen, welche die nächste Woche nicht erleben werden.

Wenn du nie einen Kampf oder Krieg erlebt hast, nie die Einsamkeit in Gefangenschaft, die Agonie des Gequälten oder Hunger gespürt hast, dann bist du glücklicher als 500 Millionen Menschen auf der Welt.

Wenn du in die Kirche gehen kannst ohne die Angst, dass dir gedroht wird, dass man dich verhaftet oder dich umbringt, bist du glücklicher als drei Milliarden Menschen auf der Welt.

Wenn sich in deinem Kühlschrank Essen befindet, du angezogen bist, ein Dach über dem Kopf hast und ein Bett zum Hinlegen, bist du reicher als 75 % der Einwohner dieser Welt.

Wenn du ein Konto bei der Bank hast, etwas Geld im Portemonnaie und etwas Kleingeld in einer kleinen Schachtel, gehörst du zu den 8 % der wohlhabenden Menschen auf dieser Welt.

Wenn du diesen Text liest, bist du gesegnet, du gehörst nicht zu den zwei Milliarden Menschen, die nicht lesen können.

Jemand hat irgendwann einmal gesagt:
Arbeitet, als würdet ihr kein Geld brauchen.
Liebt, als hätte euch noch nie jemand verletzt.
Tanzt, als würde keiner hinschauen.
Singt, als würde keiner zuhören.
Lebt, als wäre das Paradies auf der Erde.

(Mail von Alicia Banffy)

ICHWERDUNG

Sei dennoch unverzagt, gib dennoch unverloren.
Weich keinem Glücke nicht, steh' höher als der Neid,
vergnüge dich an dir und achte es für kein Leid,
hat sich gleich wider dich Glück, Ort und Zeit verschworen.

Was dich betrübt und labt, halt alles für erkoren.
Nimm dein Verhängnis an, lass alles unbereut.
Tu' was getan muss sein und eh man dir's gebeut…
was du noch hoffen kannst, das wird noch stets geboren!

Was klagt, was lobt man doch,
sein Unglück und sein Glücke, ist ihm ein jeder selbst.
Schau' alle Sachen an! Dies alles ist in dir!
Lass deinen eitlen Wahn, und eh du förder gehst,
so geh in dich zurücke.
Der selbst sein Meister ist und sich beherrschen kann,
dem ist die weite Welt und alles untertan.

(Paul Flemming aus dem Jahr 1641)

Wir sind gefangen in unseren Denkweisen, weil wir meinen, nichts anderes zulassen zu können.

ACHTUNG
für den Partner

Achtung für den Partner zeige ich, indem ich ihm danke für das Gute, was ich von ihm bekommen habe.

Achtung erweise ich, indem ich dem Partner unterstelle, dass er das Beste getan hat, was ihm möglich war. Was er nicht getan hat oder unterlassen hat, brauche ich nicht anzumahnen, es war im Moment nicht möglich, sonst hätte er es getan. Kein »Hättest du nur…«, kein »Warum hast du nicht…«

Achtung gebe ich, indem ich die Angst achte, die mein Partner vor der Trennung hat. Indem ich das, was ich tat, zu mir nehme und sein Tun bei ihm lasse. Ich achte den Partner, wenn ich anerkenne, dass wir unsere Versprechen nicht halten konnten.

Ich achte meinen Partner, indem ich keine Schuld zuweise und keinen Vorwurf mache. Durch Achtung für den Partner erreiche ich Trennungsfähigkeit.

Achten werde ich meinen Partner in unseren gemeinsamen Kindern, indem ich die Kinder zu ihm lasse und damit einverstanden bin. Haben wir keine gemeinsamen Kinder schätze ich das, was wir an Schönem gemeinsam erlebt haben.

Den Partner achte ich, indem ich dem Kind sage: Dein Vater, deine Mutter ist genau der/die richtige für dich.

Ich erkenne an, dass nicht immer alles perfekt und fertig sein kann. Manches bleibt auf dem Weg. Ich gebe mein Bestes und der andere auch. Das sind Ziele. Ich erreiche Ziele, wenn mir das Ziel erstrebenswert erscheint. Wenn ich weiß, die Mühe lohnt sich. Wenn es sich lohnt, was ich habe, dafür aufzugeben. Das Ziel ist: In Frieden mit mir zu leben. Da geht es nur um mich. Da ich mich selbst nicht sehen kann, werfe ich, wie ein Diaprojektor, meine Bilder auf die »Partnerleinwand«. Wir sehen nur das, was wir zu sehen gelernt haben und zulassen können. Wir sind gefangen in unseren Denkweisen, weil wir meinen, nichts anderes zulassen zu können. Ich achte den Partner, indem ich die guten Dinge erwähne, z. B. gegenüber unseren gemeinsamen Kindern: z. B. »Deine Mutter kann super nähen.«

Achtung erweise ich,
indem ich dem Partner unterstelle,
dass sie/er das Beste getan hat,
was ihm möglich war.

Initiation dauert das ganze Leben.

SCHEIDUNG/TRENNUNG ALS EIN INITIATIONSRITUAL

Initiation ist der erste Schritt vom Jugendlichen zum Mann. Initiation beginnt normalerweise bei Jungen nach der Pubertät mit ca. 16–18 Jahren. Sie markiert das Ende des Kindheit. Das Erwachsenwerden beginnt. Initiation dauert das ganze Leben. Initiation ist der Anfang von etwas Neuem (lat. initiare = beginnen). Das Ende von etwas Bekanntem. Initiation geht weiter bis zum Tod.

Natürlich sind die Zeitpunkte, an denen ein Lebensabschnitt endet oder beginnt, von Mensch zu Mensch unterschiedlich. Durch das Ritual wird der Übertritt in einen neuen Lebensabschnitt bewusst vollzogen. All das geschieht bei der Initiation in den traditionellen Stämmen Afrikas und ebenso bei einer heutigen Scheidung. Holen wir damit die nicht gemachten Schritte unserer Jugend nach?!

Michael Mead, James Hillman und Malidoma Somé, die Erfahrung mit Initiation haben, sagen über den Prozess der Initiation (aus den Kassetten *Images of Initiation*, teilweise zitiert):

Ziel von Initiation ist das Erwachsenwerden.

a) ***»Ich werde initiiert, d. h. ein anderer stellt die Bedingungen, da ich das Wasser (die Bedingungen) zu heiß oder zu kalt machen würde.«***

b) ***»Initiation geschieht zu einem Thema, z. B. Angst. Ich erlebe meine Angst sehr verstärkt in mir. Verstärkt durch meine gesteigerte Aufmerksamkeit.«***

c) ***»Trennung ist ein Teil von Initiation. Trennung von den Eltern, der Eltern-Kind-Beziehung. Neue Bindung mit den Ahnen, den Mythen, mit dem Tod entsteht. Initiation ist der Tod von etwas. Tod und Initiation sind Part-***

ner. Ich nehme meinen Tod als etwas Unausweichliches wahr.« Dann kann ich das Leben, welches mir bleibt, ganz leben.

d) *»Initiation ist unumkehrbar. Initiation hat mehr mit erwählt zu tun als mit Wahl. Es gibt keine Wahl bei Initiation, es passiert mir.« Das ist schwer anzunehmen in einer Zeit, in der wir meinen, bei allem die Wahl zu haben.*

e) *»In Initiation gehe ich tiefer in die Wunden, die ich habe. Nach der Initiation ist etwas für immer in mir geändert. Es bleibt eine Narbe, sichtbar für andere.« (Bei Scheidung der Ehestand »geschieden«)*

f) *Initiation macht mich vertraut mit meinen Schwächen. Ich lerne, meine Schwächen zu mir zu nehmen, anzuerkennen. Indem ich diese Verletzungen spüre, fühle, anschaue, werde ich ganz. Kann ich Menschen mit ähnlichen oder anderen Verletzungen achten. Mir erwächst Stärke und Klarheit, indem ich dort schwach sein darf, wo ich es bin.*

Fast alle genannten Schritte erfahren Menschen, die sich trennen: Trennung bei Paaren hat die Qualität von Initiation. Es wird, manchmal zum ersten Mal, ernst. Ich muß mich mit meinen Ängsten auseinandersetzen. Eine extreme Veränderung in der Qualität der Partnerschaft ist gefordert, sonst geht alles so weiter wie bisher. Alles steht auf dem Spiel. Trennung passiert. Mindestens einer in der Beziehung wird davon überrascht, indem der andere die Trennung will, er/sie aber nicht. Ziel von Initiation ist Erwachsenwerden. Das selbe Ziel hat Partnerschaft auch. Ist Erwachsenwerden in der Partnerschaft nicht möglich, wird es möglicherweise durch Trennung erlebt.

»In Initiation gehe ich tiefer in die Wunden, die ich habe. Es bleibt eine Narbe, sichtbar für andere.«

Trennung bei Paaren hat die Qualität von Initiation.

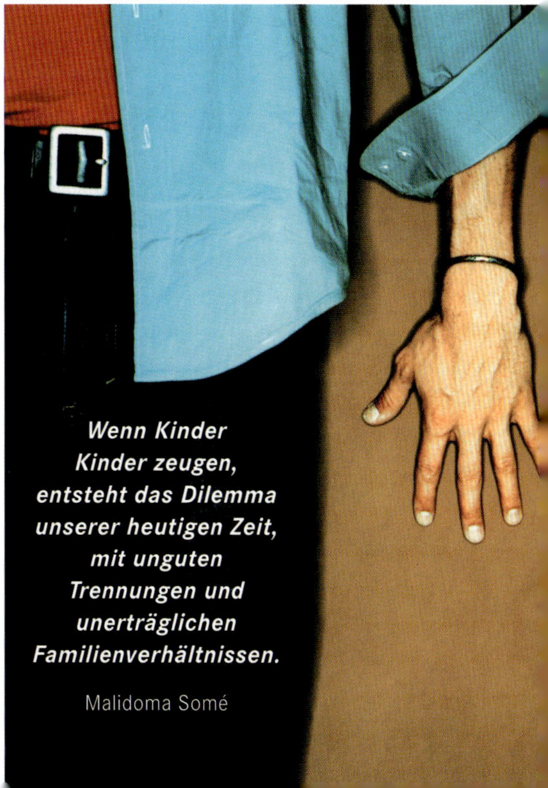

Sie bekommen zu hören, was Sie wollen.

DER PARTNER, DER ZURÜCKBLEIBT

Lieben heißt auch Gehenlassen. Gehenlassen wohin der/die andere will oder muss.

Abschied muss man üben, sonst tut er zu weh.

Trennen sich zwei Menschen oder eine Familie, fühlen sich manche zurückgelassen. »Du hast alles zerstört.« Kann das niederschmetternde Urteil lauten. Der Lebensentwurf eines Partners scheint auf grausame Art und Weise verworfen zu sein. Schuld, Schmerz regiert. Der andere wird beschuldigt, diese furchtbare Situation heraufbeschworen zu haben.

Sehr oft sind Schuldzuweisung und Verurteilung die schockierte Reaktion auf ein Verhalten des anderen, das man sich nie hätte träumen lassen. So etwas trifft doch immer nur die anderen... Man reagiert zutiefst enttäuscht!

Man ist auch zutiefst getäuscht vom Bild der Beziehung, hat dem anderen nicht zugetraut, dass er es wirklich tut. Der zurückbleibende, passive Partner geht oft den Weg des Leidenden, des Überrumpelten. Er projiziert wie ein Filmprojektor, seine Gedanken, Erwartungen, Erfahrungen auf den Partner.

Er fühlt sich als der Zurückgelassene, der für all das nichts kann, na ja, zumindest nie den Anlass gab zu dieser Trennung. Und bitte, aus seiner Sicht hat er Recht. Und er bekommt natürlich auch Recht. Von Freunden, die sich nach oder schon vor einer Trennung auf eine Seite geschlagen haben. Von Eltern, Schwiegereltern, Verwandten, die sich jetzt entscheiden müssen, auf welcher Seite sie stehen wollen. Der Partner, der zurückbleibt, gilt als Opfer, der oder die Arme, das hat er nicht verdient, oder wie konnte er sie nur allein lassen.

Sie bekommen das zu hören, was Sie wollen. Sie brauchen jetzt eine Lösung ihrer Situation. Kein parteiisches Palaver, das Sie bestärkt oder kritisiert. Woher sollen die Gesprächspartner hilfreiche Ratschläge nehmen? Die meisten hängen doch mit Ihren Beziehungen genauso in der Luft. Es gibt leider noch keine Trennungskultur. Sie können jetzt damit beginnen, eine

Die meisten hängen doch mit Ihren Beziehungen genauso in der Luft.

Qualität zu schaffen, die Ihnen direkt weiterhilft. Und später anderen auch ein guter Wegweiser sein kann. Was Ihnen hilft im Umgang mit sich und dem Partner, der sich getrennt hat, sowie anderen Kontaktpersonen:

Lassen Sie das, was zu Ihrem Partner gehört, bei ihm.

Nehmen Sie das, was Ihr Anteil ist, »auf Ihre Kappe« und nehmen Sie Ihre Verantwortung zu sich.

Danken Sie Ihrem Partner für die schöne Zeit, die sie zusammen hatten.

Wenn Sie die Trennung nicht wollen, sagen Sie das klar und liebevoll. Sie können den anderen Menschen nicht zwingen. Lösung kann auch Loslösen bedeuten. Auf das »Wie« kommt es an, nicht auf das »Warum«.

Tun Sie sich etwas Gutes! Sorgen Sie für sich! Jetzt kann dafür viel Zeit und Raum sein. Erfüllen Sie sich die Wünsche, die Sie immer schon hatten. Lieben heißt lassen auch Gehenlassen.

Tun Sie sich etwas Gutes!

Be kind to your needs!

Lieben heißt lassen,
auch Gehenlassen.

Bleiben Sie bei sich.

Sehen Sie die guten Aspekte dieser »Entwicklung«. Hier wickelt sich etwas ab, das anzuschauen, viele keinen Mut haben. Was da ans Tageslicht kommen kann, ist nichts anderes als Ihr Kern, Ihr Wesen oder zumindest Teile davon.

Ermutigen Sie sich, die Schattenseiten Ihres Seins zu sehen. Es gibt Lektionen zu lernen. Jetzt ist eine sehr gute Zeit dafür. Sie sind in der Lage, auch das hier zu schaffen.

Sie tun sich etwas Gutes, indem Sie Ihren Hass, Ihre Eifersucht, Ihre negativen Gefühle anschauen, nicht verdrängen. Indem Sie diese Kraft zu sich nehmen, anerkennen, integrieren, dazu stehen, es als Teil von sich sehen, als einen Teil, den jeder Mensch sonst gerne von sich weist.

Als einen Teil, mit dem keiner gerne etwas zu tun haben möchte. Weil es schwer ist, auch das zu sein, auch so zu sein. Nur indem wir sie sehen, können wir diese Anteile, die jeder hat, heilen. Wir haben die Wahl, ob wir sie immer wieder ausleben müssen oder ob wir lernen, damit umzugehen.

Sie sind in der Lage, auch das hier zu schaffen.

Zu spüren, ich würde jetzt am liebsten draufhauen, aber es nicht zu tun. Wenn ich mir das Vorhandensein meiner Schattenseiten eingestehe, kann ich sie verarbeiten. Versuchen Sie Anschluß an sich zu bekommen. Was soll dieser Blödsinn! Die/der soll gefälligst wieder zurückkommen, dann sehen wir weiter...

Das könnte Ihr Standpunkt sein. Gehen wir mal davon aus. Hilft Ihnen das? Hat es einen Einfluss auf Ihr Handeln? Sie sind handlungsunfähig. Sie begeben sich in Abhängigkeit von den Handlungen des Partners, indem Sie Ihr Glück/Unglück vom Zurückkommen des Partners abhängig machen. Ändern Sie

Für alle ist genug Liebe da.

Ihre Standpunkte selbst, bevor Sie dazu gezwungen werden, durch Druck von außen, Schicksal, Leid, egal wie wir es benennen.

Sie wollen, dass alles bleibt wie es war? Sie wollen keine Veränderung? Sie sind sogar bereit das Machtspiel zu spielen? Sie würden auch das Abwertungsspiel bestreiten? Tut es Ihnen gut diese Beziehung zu kontrollieren? Was hat diese Kontrolle Ihnen gebracht? Gilt tatsächlich nur Ihre Wahrheit? Gibt es nur entweder oder? Werden Sie durchhalten bis zum »bitteren Ende«?

Sie können besser mit Ihren Kräften umgehen. Bleiben Sie bei sich. Jetzt. Denken Sie an die Liebe zu Ihren Kindern. Denken Sie an die Liebe, die zwischen Ihnen war. Diese Liebe hat Besseres verdient, als jetzt von irgendwem in den Dreck gezogen zu werden.

Anschluß finden an das, was Sie tief in sich sind. Was Sie immer schon gespürt haben. Anschluß an den, mit dem Sie reden, wenn Sie allein sind. Anschluss an das, was Ihnen Kraft gibt, wenn Sie unten sind. Anschluss an das, was Sie nachts erfrischt, so dass Sie morgens wieder Kraft haben. Beten Sie, wenn Sie können. Glauben Sie, dass das alles kein Zufall ist. Es hat seinen tiefen Sinn. Es passiert, damit es weitergeht. Weiter auf Ihrem Weg. Sie können die Chance nutzen. Sie haben die Wahl, wie Sie damit umgehen.

Keiner kann Sie drängen, wenn Sie es nicht zulassen. Keiner weiß besser, was gut für Sie ist, als Sie selbst. Gestehen Sie dem anderen freies Handeln zu. Spüren Sie die Liebe zu sich,

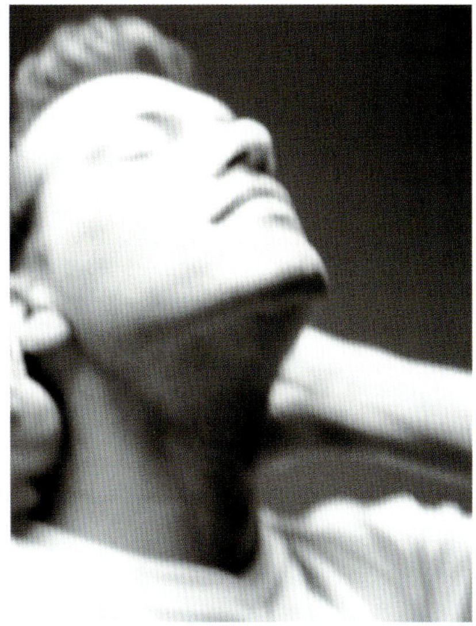

Keiner weiß besser, was gut für Sie ist, als Sie selbst.

wie Sie sich lieben können, indem Sie sich an Erfolge erinnern, an Momente, in denen Sie von anderen um Ihrer selbst willen geliebt wurden. Spüren Sie, fühlen Sie, wie es war, als Sie bei sich zu Hause waren. Wenn Sie diese Liebe noch nicht gespürt haben, ist jetzt vielleicht der Moment, in dem diese Liebe in Ihnen aufsteigen kann.

Für alle ist genug Liebe da.

Anschluß finden an das, was Sie, tief in sich, sind.

Anschluss an die Liebe, die in mir wirkt...

In den später folgenden Kapiteln »Im Anschluß sein mit mir« Seite 237, und »Auf mein Herz hören« Seite 231, geht es genau darum.

Ja, es tut weh. Trennung tut weh, Trennung ist ein kleiner Tod. Es stirbt etwas. Aber Sie sterben nicht. Ihr Leben geht weiter. Benützen Sie diese Trauer, dieses Leid, um abzuschließen.

Finden Sie Anschluss an die Liebe, die in Ihnen wirkt. Anschluss an das, was gewachsen ist bis zu dem, was wir heute sind. Zum Beispiel körperlich: Haben wir uns, als wir noch Kinder waren, je Gedanken gemacht, wie viel wir noch zu wachsen haben in unserem Körper? Unser Blutdruck, die Verdauung, Wundheilung, alles funktioniert wie von selbst. Unsere Nägel, Haare, Augen, das wunderbare Zusammenspiel der Organe, alles funktioniert ohne unser Denken. Einfach, weil es so sein soll.

In Anschluss mit sich kommen heißt: Sich vor dem Leben als etwas größerem zu verneigen. In Demut anzunehmen, was ist. Respekt vor sich und dem anderen zu haben. Sich und dem anderen die Ehre zu geben.

In Anschluss mit sich kommen, sein und bleiben, kann ein Ziel sein, ein Ertrag, den Sie aus dieser Situation gewinnen können. Es kann Ihr Leben verändern. Sie können eine wirkliche Beziehung zu sich aufbauen! Wie leicht kann es dann sein, zu einem geliebten Menschen eine neue Beziehung zu finden oder die bisherige Beziehung völlig neu zu definieren.

Im Anschluss mit sich sein meint, in die eigene Kraft kommen. Bei sich sein. Sich darüber klar werden, was ich will. Das ausdrücken können, was ich bin. Sich wehren können. Beschützen können. Lieben können. Geliebt werden, zulassen können. Geben können.

Wenn ich mit mir in Verbindung bin, weiß ich, was zu tun ist. Vielleicht nicht sofort, aber Tag für Tag mehr. Gehen Sie weiter auf Ihrem Weg. Keiner kennt ihn besser als Sie. Sehen Sie sich in hohem Alter zurückblicken auf das Leben: und es war ein gutes Leben, auch und gerade, weil es viel Arbeit an mir selbst war.

Sich vor dem Leben, als etwas größerem zu verneigen.

Wenn ich mit mir in Verbindung bin, weiß ich, was zu tun ist.

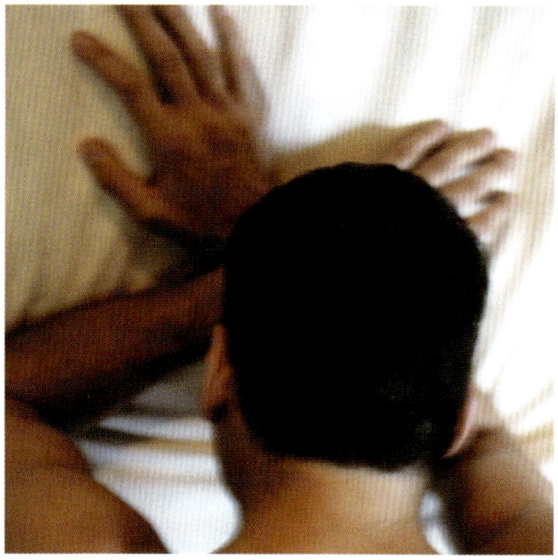

Ja, es tut weh.

DIE KINDLICH-SYMBIOTISCHE BEZIEHUNG

Erste, große, tiefe Beziehungen, Ehen haben oft nach dem Ende der Verliebtheit als Grundlage das hilflose Gefühl eines Kindes. Die da draußen, die böse Welt und wir beide. Wir müssen nur ganz fest zusammenbleiben, dann bleibt alles gut. Wir schaffen uns eine eigene, sichere Welt mit kindlichen Zärtlichkeiten, kindlichen Liebkosungen solange wir zusammenhalten, ist alles gut.

Dieses kindliche Gefühl, des Alleingelassenseins haben auch Erwachsene, die immer schon auf sich selbst gestellt waren. Auch Männer, die im Berufsleben vermeintlich ihren Mann stehen, sieht man oft diese Hilflosigkeit nicht an. Meist sind es Männer, die auf diese Weise den Schutz der Ur-Mutter bei ihrer Frau suchen. Solche Männer trifft eine Trennung ins Mark.

Wir werden von einer Trennung überrollt. Empfinden sie als Verrat an unserer so sicher geglaubten Beziehungswelt. An dieser scheinbar letzten Sicherheit vor dem Tod. Deshalb glauben wir die Scheidung wäre wie Sterben. Deshalb fühlen wir uns existentiell bedroht, drohen dem Partner sogar mit Selbstmord und Gewalt, wenn diese totale Bedrohung unseres Lebens nicht total zurückgenommen wird.

Solange wir zusammenhalten, ist alles gut.

Solche Männer trifft eine Trennung ins Mark.

Ich brauche dich so sehr wie meinen Atem.

Vielleicht ist es möglich beim ersten Mal mit Druck, unserer gespielten Hilflosigkeit, oder mit Macht, die Frau/den Mann wieder in die Ehe zurückzudrängen. Wir werden erst unseren Frieden finden, wenn wir daran gehen, unsere Wunden, die möglicherweise aus unserer Kindheit stammen, zu heilen.

In der Verliebtheit sagen wir: »Nur mit dir kann ich überleben…«. »Ich brauche dich so sehr wie meinen Atem zum Leben…«. In der Lebensbeziehung danach raubt uns diese Einstellung die Kraft erwachsen zu werden. Diese Haltung tötet die Beziehung auf lange Sicht. Das hält kein Partner lange aus. Ein Lösungsweg beginnt genau da, wo Veränderung weh tut.

Eine Lösung finden wir, wenn wir sehen, wieviele Männer und Frauen nach der zerbrochenen Beziehung weiterleben in dem nicht endenden Vorwurf an den gegangenen Partner: »Du hast mein Leben zerstört.« »Du bist Schuld, dass es mir so schlecht geht, ich bin unschuldig.« Das ist ein Kindergefühl. Wir fühlen uns dann klein und nicht erwachsen.

Die Zeiten haben sich verändert. Ich bin nicht mehr dieses Kind von damals, das damals hilflos war. Ich bin älter geworden und kann mir überlegen, ob ich dieses Gefühl noch brauche. Oder was ich damit erreichen will. Dieses Gefühl verhindert Veränderung. Ich kann auch versuchen so zu bleiben, kindlich unschuldig, indem ich denke: »Mein Ex-Partner ist jetzt auch da draußen bei den Bösen. Jetzt bin ich ganz allein.«

Ich suchte eine heile, beschützte Beziehung in der Ehe. Viele haben dieses Gefühl heute. Ein Erklärungsmodell ist: Männer und Frauen haben nicht aufgehört, Kind zu sein. Wir sind in manchen Aspekten unseres Seins noch Kinder. Manchmal ist es auch schön sich noch wie ein Kind freuen zu können. Das tut mir gut, deshalb behalte ich es. Es ist gut, den Anschluss an die eigene Kindheit zu bewahren. Es soll nicht die gute Verbindung zu meinem Kindsein verändert werden. Aber werden Sie sich der Verhaltensweisen, Muster, Gefühle bewusst, die Sie unmündig halten. Es kann von mir, dem betroffenen Lesenden hinzugefügt werden: »Jetzt ist meine Kindheit vorbei, ich bin erwachsen und verhalte mich in dieser Trennungssituation verantwortlich.«

Ein guter Anfang ist, die Eltern so zu lassen wie sie sind und selbst die Verantwortung für sich zu nehmen. Denn als Kinder übernehmen wir manchmal aus Liebe für die Eltern Schweres. Manche Kinder wollen damit das Schwere den Eltern nicht zumuten. Sie erleben die Eltern als schwach und klein. So können Kinder von den Eltern nicht nehmen. So kommen sie von den Eltern nicht los und können selbst nicht erwachsen werden. Sie bemitleiden die Eltern für ihr Sosein, machen die Eltern für ihr eigenes Unglück verantwortlich. Manchmal trennen sich große Kinder dann im Hass von ihren Eltern oder Partnern.

Jetzt bin ich ganz allein.

Kinder wollen ihre Eltern gross, nicht gleich.

Bert Hellinger

Männer und Frauen haben nicht aufgehört, Kind zu sein.

Die gute Lösung, die Bert Hellinger anbietet ist: Das Kind gibt die Bürde an Vater und Mutter mit Achtung zurück. Dies kann in einer Aufstellung geschehen aber auch in einem Ritual, in dem der betroffene Mensch einen schweren Gegenstand z. B. ein Stein, in seiner Vorstellung (oder praktisch an einen Stellvertreter) Vater und Mutter zurückgibt. Vielleicht mit den Worten: »Das war nicht meine Last, ich gebe sie dir wieder zurück.« Entlasten wird dieses Ritual nur, wenn die innere Haltung mit dem äußeren Tun übereinstimmt und die Methode vom »Anwender« angenommen werden kann.

Jetzt ist meine Kindheit vorbei, ich bin erwachsen und verhalte mich in dieser Trennungssituation erwachsen.

Zum Erwachsenwerden des Mannes gehört die Initiation.

Andere Männer erzählen mir...

Viele Ureinwohner und unsere eigenen Vorfahren haben ihre Jugend rituell abgeschlossen. Wir können lernen, wie sie damit umgegangen sind. Männer lieben Rituale, um eine Zeit symbolisch zu beginnen oder zu beenden. Zum Erwachsenwerden des Mannes gehört die Initiation. Sie ist der Abschluß der Kindheit. Der Beginn des Mannwerdens. Dieser Prozess dauert ein Leben.

Brauchen Frauen Initiation? Ich glaube, dass Mädchen/Frauen durch Menstruation, Schwangerschaft, Geburt und die Liebe zum geborenen Kind eine natürliche, sich selbst vervollständigende Initiation erfahren. Diese natürliche Initiation betrifft den mütterlichen Aspekt des Frauseins. Sicherlich würde eine auf die weibliche Art abgestimmte Initiation, z. B. eine Weitergabe von Erfahrungen durch ältere Frauen das Zusammenleben von Frauen und Männern erleichtern.

FÜR MÄNNER GESCHRIEBEN

Natürlich bleiben die schönen und die schweren Kindheitserlebnisse da. Ich gehe in der Initiation einen von anderen Männern begleiteten Schritt ins Mannwerden. Andere Männer erzählten mir, dass es ihnen ähnlich ging, dass sie noch viel größere Schwierigkeiten hatten als ich.

Andere Männer erzählten mir damals, vor langer Zeit, von einem, der keine Initiation hatte und als großes Kind weiterlebte:

»Es war einmal ein Mann, der suchte als erwachsenes Kind Schutz bei einer Frau. Dafür bekam er von ihr Verachtung in vielen Lebenslagen. Um diese Verachtung aushalten zu können und zu überspielen, musste der kindliche Mann mit viel Macht hantieren. Macht, die er gegen seine aufsässigen Kinder missbrauchte. Macht, die er gegen seine Frau missbrauchte. Macht, die er gegen seine Kollegen/Innen missbrauchte. Macht, die er als Führer missbrauchte.

Im Gebrauch dieser dunklen Seite der Macht war der Mann unglücklich und starr, selbst bei seinen Freunden nur geliebt, wenn er diese ›Als-ob‹-Stärke zeigte. Tief innen war er unglücklich, hilflos. Doch es gab einen Weg für diesen Kindermann, der verlassen von seiner Frau, zurückblieb...

Zum Erwachsenwerden des Mannes gehört die Initiation.

Männer lieben Rituale.

Zuerst suchte er Verbündete, dann versuchte er es mit Freunden, die alle Rechtswege kannten. Aber er sah: Je weiter er diesen Weg ging, desto weiter entfernten sich seine geliebte Ex-Partnerin und seine Kinder von ihm. So ließ er die Freunde des Rechtsweges und die falschen Verbündeten ihren Weg allein gehen.

Was ihn am meisten störte an sich: Er wollte kein Kindermann mehr sein. Er wollte ein richtiger Mann werden. So suchte er viele Jahre, aber er fand niemanden, der ihm noch sagen konnte, wie Männer einmal waren. Er fand nur Kindermänner und Frauen, die Kindermänner gekannt hatten und sie dafür verachteten.

Da erwachte der Kindermann aus einem tiefen, Angst einflößenden Traum. Von dem blieb etwas Wichtiges: Wir Männer müssen uns selbst helfen! Wir lassen uns nicht mehr von Generälen und Politikern in Kriegen missbrauchen. Wir lassen uns nicht mehr von Frauen verachten. Wir lassen uns nicht mehr von unseren Kindern auslachen. Wir beginnen wieder von vorn. Wir erinnern uns an den Ur-Mann in uns, der uns führen kann.«

Mann werden dauert ein Leben.

Unser Anteil ist, wir lassen uns: verachten, verlachen, missbrauchen und reagieren dann mit Gewalt. Unser Job ist es, hinzuschauen und Verantwortung für unser Handeln zu übernehmen. Die Frage ist auch, was machen wir statt dessen? Gehen wir nach vorn in unsere Veränderung. Jeden Tag neu.

Gehen wir nach vorn, jeden Tag neu.

Tief innen war er unglücklich, hilflos.

ALTE UND NEUE BINDUNGEN

Dann kann neue Liebe nur schwer wachsen.

Alte Bindungen enden und heilen durch Lassen.

Wenn sich eine lange Beziehung trennt, wenn die Liebe gegangen ist, wenn es nichts mehr Schönes gibt, wenn die Partner sich nur noch anöden, wenn kein sichtbarer Grund für ein Zusammenbleiben mehr besteht, bleibt trotzdem eine tiefe Bindung.

Diese Bindung entstand durch die körperliche und seelische Liebe, die zusammen gelebt wurde. Diese Bindung ist ein tiefes, festes Band, das durch eine Scheidung nicht getrennt wird. Dieses Band verbindet nicht den äußeren Partner mit mir, sondern den inneren Partner, das Bild, das ich von ihm in mir trage. Wie er/sie auf Situationen zu reagieren pflegt oder die Art zu sprechen, die Vorlieben und Abneigungen, der Tonfall, besondere Bewegungen, etc.

Es ist wichtig diese Bindung an den vorherigen Partner zu würdigen und anzuerkennen. Von mir und von meinem neuen Partner. Sonst wendet sich die Kraft unserer vergangenen Beziehung gegen unsere jetzige Partnerschaft. Dann kann neue Liebe nur schwer wachsen.

Anerkennen der vorherigen Bindungen bedeutet, was zwischen mir und dem vorherigen Partnern war, ohne Wertung zu sehen. Alte Bindungen enden und heilen durch Lassen. Nicht durch Hadern mit dem, was war. Sie heilen durch Anerkennen.

Jeder hat genug damit zu tun, seine eigenen Bindungen in sich zu heilen. Und doch ist die Versuchung sehr groß, den Splitter im Auge des anderen zu sehen, aber das eigene Brett vor dem Kopf nicht.

Es ist leichter, den bisherigen Partner im Streit zu verlassen. Damit bleibt Unerledigtes übrig. Damit ist diese Beziehung noch nicht zu Ende. Die Partnerschaft im Frieden zu beenden braucht Zeit, die Achtung vor sich und dem anderen und den Willen auf das Ganze zu schauen.

Es finden sich immer genug Gründe, warum er/sie so »saublöd« war. Hilft es? Stimmt es? Oder ist es nur die emotional starke Gewichtung einer bestimmten Zeit der Beziehung? Nur die Sicht auf Teilaspekte des anderen Menschen erlaubt Ablehnung. Es gibt immer Seiten beim anderen, die Sie noch lieben oder sehr geliebt haben.

Sehen Sie das Ganze, ihr ganzes Leben, das des Partners oder Ex-Partners. Schauen Sie auf unser Eingebundensein im Leben, auf Geburt und Tod. »Trennung in Liebe« erfordert die Auseinandersetzung mit mir und meinen Anteilen, nicht das Aufzählen der Fehler des anderen Menschen!

Schauen wir auf den ganzen Menschen.

Wir hassen im Außen, was wir in uns hassen.

Arno Gruen

Gefühle überkommen Sie.

Sind Sie bereit, anzusehen, was ist?

SCHRITTE, UM IN EINER PARTNERSCHAFT WEITERZUKOMMEN
oder »Trennung in Liebe« zu praktizieren

Wir betrachten eine Beziehung, die auseinander zu brechen droht, als Unglück. Sie spüren selbst wieviel Kraft, Bindung und Substanz da ist. Alles, was war, sind Erinnerungen an die Vergangenheit dieser Beziehung. Gefühle überkommen Sie. Gefühle des Hasses, der Erniedrigung, des Erdrücktwerdens, des Aushaltens. Es hilft Ihnen nicht weiter, auf diesem Weg zu gehen. Sie baden in Schuldzuweisungen, Entschuldigungen und Täuschungen, auf die Enttäuschungen folgen. Hören Sie auf damit.

Sehen Sie den Tatsachen ins Auge. Seien Sie bereit, jetzt und heute, in diesem Moment eine reelle Bestandsaufnahme Ihrer Situation zu machen. Wie geht es Ihnen, wie geht es Ihrem Partner, in diesem Moment. Sind Sie bereit anzusehen, was ist? Klar und deutlich. In welcher Situation befindet sich Ihre Ehe jetzt? Gibt es Chancen, die Beziehung zu balancieren? Sprechen Sie mit Ihrem Partner über Ihre Ängste vor einer Trennung. Sprechen Sie mit Ihm/Ihr über das, was Sie bedrückt. Über die Angst, allein zu sein, die Partnerschaft zu verlieren. Nur Sie und Ihr Partner können etwas ändern. Fangen Sie jetzt damit an.

Tun Sie alles, um diese Partnerschaft zu retten. Durch offene Gespräche oder einen Brief, in dem alles steht, was Sie sich nie zu sagen trauten. Jetzt ist die Zeit, gemeinsam mit Ihrem Partner Änderungen herbeizuführen. Nur mit Ihm/Ihr gelingt es, aus dem Vergangenen zu lernen, für eine neue Gemeinsamkeit oder für ein neues Leben allein.

Arno Gruen, in einem Vortrag am 24. 3. 2000: ***»Wir hassen im Außen, was wir an uns (in uns) hassen. Gehorsam untermauert Macht. Gegen Gehorsam zu verstoßen, heißt von Schuld überschüttet zu werden.«***

Eine mögliche Trennung kann ein Schock sein. Sie können es als großes Problem sehen, Sie können sich zermartern und sich einreden oder einreden lassen, dass sie alles kaputt gemacht haben oder gerade kaputt machen. Wem hilft das? Ihnen nicht, dem Partner nicht und der Beziehung hilft es auch nicht.

Nur Sie und Ihr Partner können etwas ändern.

Tun Sie alles, um diese Partnerschaft zu retten.

Akzeptieren Sie, dass Sie heute nichts mehr am gestern verändern können

Sie werden nur etwas verändern, wenn Sie jetzt handeln und sich nicht überwältigen lassen von den erlernten Gefühlen der Schuld und Hilflosigkeit. Bleiben Sie im Moment, klar, ohne Angst. Leicht gesagt?

Akzeptieren Sie, dass Sie heute nichts mehr am Gestern verändern können und dass Sie nicht verändern können, was morgen geschieht. Im besten Fall können Sie nachbereiten und vorbereiten. Nur im Moment sind Sie handlungsbereit. Ansehen, was ist. Handeln. Damit erfolgt, was erfolgen soll. Das bringt Erfolg, denn Erfolg folgt dem Handeln und den Ereignissen, die uns schicksalhaft geschehen. Erfolg ist, was erfolgt.

Es folgt ständig etwas aus unseren Handlungen. Nur unsere Bewertung teilt es in Gut und Böse, in Polaritäten. In unerwünschten Erfolg und erwünschten Erfolg. Bleiben Sie beim Handeln. Die Rücksicht auf Vergangenes und die Vorsicht auf Kommendes vereiteln Handlung. Wir alle machen ständig Fehler. Die Erfolgreichen trauen sich Fehler zu machen. Und sie stehen immer wieder auf, wenn sie umgehauen wurden vom Schicksal. Stehen Sie auf, machen Sie sich Mut. Mut zum Handeln. Mut auch, um denen zu helfen, die zu schwach sind, wieder aufzustehen.

Zeichnet sich ab, dass Sie im Gespräch mit Ihrem Partner/in nicht zu einer Lösung oder zu einer Verbesserung kommen, sagen Sie klar zu Ihrem Partner/in, dass Sie sich trennen werden. Sagen Sie klar, dass Sie nicht auf seine/ihre Kosten oder etwa auf Kosten der Kinder handeln werden. Sagen Sie aber auch, dass Sie dem Partner zumuten, mit dieser Trennung fertig zu werden.

Es muß keine Verlierer geben. Soll »Trennung in Liebe« auf Dauer funktionieren, darf es keine Verlierer geben. Es liegt nahe, dass sich der verlassenen Partner als Verlierer darstellt, um so jede Art von Entwicklung zu verhindern.

Eine Partnerschaft ist kein Geschäft, dass eben mal so beendet wird und dann eben mal so wieder begonnen wird. Menschen haben sich hier mit viel Herz und Ihrem ganzen Sein gegeben und beanspruchen respektiert zu werden. Die Eindrücke beider Partner sind gleich viel wert. Der eine sagt, es geht nicht mehr. Der andere sagt, es war doch alles in Ordnung. Diese beiden Standpunkte prallen oft hart aufeinander. Beide haben das Recht, angehört zu werden. Es ist ein »Partnerspiel«, es geht nur zu zweit. Wenn einer sagt: »Ich kann nicht mehr.«, muss der andere damit umgehen. Handlung ist erforderlich. Ausgehalten haben wir schon lange genug, es hat nichts gebracht.

Was gut angefangen hat, soll auch gut zu Ende gebracht werden, damit für beide gemeinsam oder für jeden allein etwas Neues beginnt.

Es braucht keine Verlierer geben heißt, die Trennung darf nicht auf Kosten eines Beteiligten gehen. Weder finanziell noch persönlich. Was da ist, soll so verteilt werden, dass beide zufrie-

Sagen Sie klar, dass Sie nicht auf seine/ihre Kosten oder etwa auf Kosten der Kinder handeln werden.

Gefühle sind sehr unzuverlässig.

den sind. Handeln Sie aus einer Position der Gleichberechtigung heraus, die sich auch an dem orientiert, wer was einbrachte in die Beziehung und wer welche Werte in der Beziehung geschaffen hat. Dabei sind erschaffene Werte, wie für die Kinder dazusein und Haushaltsarbeit, mit der Erwerbstätigkeit gleichzustellen. Teilen Sie gleich, dann sind die Chancen frei zu werden am besten.

Wer ungleich teilt, möchte dem anderen im Streit verbunden bleiben. Möchte den anderen nicht loslassen. Was wollen Sie?

Es geht. Immer mehr Menschen schaffen eine »Trennung in Liebe«. Es gibt keine bessere Alternative dazu! Streit oder Trennung im Streit bringt keine Lösung. Die alten Indianerstämme im Süden Kaliforniens haben ein Ritual, das so betrieben wird: Alle Beteiligten setzen sich in einen Kreis und das strittige Thema wird solange besprochen, von allen Seiten erörtert, bis eine gemeinsame Lösung gefunden ist. Sie gehen vorher nicht auseinander. Erst die gemeinsam getragene Lösung ist die Basis für eine gute Zukunft. Ihre Partnerschaft, auch wenn sie auseinander geht, hat es verdient. Sie haben es verdient, dass Sie beide gut mit sich umgehen.

Wir sind einzigartig in unserem Erbe und unseren Lebenserfahrungen. Keiner hat dieselben Fingerabdrücke. Jedem werden andere Fragen durch das Leben gestellt. Trotzdem glaubt jeder, dass sein Verhalten das einzig richtige ist.

Wird der Partner mit einem Verhalten konfrontiert, dass anders ist als sein eigenes, empfindet er das oft als einen persönlichen Angriff, als Verletzung. Geben Sie sich und dem Partner Zeit, sich an neue Situationen zu gewöhnen. Aber spielen Sie nicht auf Zeit und lassen Sie nicht mit sich spielen. Zeit ist wichtig, um veränderte Bedingungen anzuerkennen.

Jedem werden andere Fragen durch das Leben gestellt.

Alles verändert sich ständig, besonders Beziehungen. Wir tun uns oft schwer, das anzuerkennen und versuchen durch die Illusion der »ewigen« Bündnisse unendliche Dauer vorzugaukeln. Davon bleibt oft nur diese Selbsttäuschung und Schmerz zurück.

Gefühle sind oft sehr unzuverlässig. Möglicherweise sind sie falsch. Möglicherweise sind die Gefühle, die Sie bei Trennung befallen, Gefühle die Sie nachfühlen, gar nicht Ihre eigenen Gefühle. Gefühle sind manchmal übernommen, z. B. von Vorfahren wie Eltern oder Großeltern, Tanten, Onkel.

Gefühle entstehen meist in unserem Verstand. Wir denken es ist so, wir sind so. Mit der Wirklichkeit hat es nichts zu tun. Beweis: Ein anderer Mensch ohne unsere Bezüglichkeiten, aber mit seinen, wird in der selben Lage möglicherweise völlig anders reagieren. Eben nach seinen Gefühlen. Wir alle reagieren nicht auf die Tatsachen, sondern auf das, was wir in unseren Köpfen daraus gemacht haben. Jeder nach seinem Weltbild.

Beide Partner

Sie treffen die Wahl: Sie können dem nachtrauern, was hätte sein können oder Sie können dem zustimmen, was ist. Zustimmen was war und jetzt tun, was getan werden muss, zusammen oder getrennt.

Sie können dem Schmerz der Trennung durch Anerkennung gerecht werden. Trennung verlangt auch Trauerarbeit. Gemeinsame Trauer, Eingeständnis, dass es beiden nicht leicht fällt, gesteht dem anderen zu, dass das, was gewesen ist, nicht umsonst war. Es heilt den Zorn, Vorgeworfenes verliert die Gewalt. Trauerarbeit findet ein Ende und macht der Kraft des neuen Lebens Platz.

Erkennen Sie an, Gutes von Ihrem Partner oder Ex-Partner erhalten zu haben. Übernehmen Sie Ihre Verantwortung dafür, dass Sie dieser Beziehung zugestimmt haben.

Wenn es mir gelingt, das Gute, was ich in der Partnerschaft erhalten habe, zu schätzen und anzunehmen und zu halten, ist es für alle gut, am besten für mich selbst. Und es kann weitergehen im Guten, zusammen oder getrennt.

Wenn Sie Hass verspüren, lassen Sie Ihren Schmerz über die Situation zu. Schauen Sie Ihr Weh an, ganz genau. Erkennen Sie an, dass auch Sie ein Teil der Situation waren, dass Sie beteiligt waren. Tragen Sie mehr oder weniger Schuld als Ihr Gegenüber? Schuld ist ein untaugliches Mittel, um zur Ruhe zu kommen. Schuld hält die Suppe aus Wut, Trauer und Schmerzen nur weiter am kochen. Wollen Sie das?

»Trennung in Liebe« erfordert den Mut hinzuschauen. Die Kraft zur Trauer über ein nicht erreichtes Ziel nachzudenken. Trennung in Liebe« erfordert den Mut, den Schmerz zuzulassen, den eignen Anforderungen nicht gerecht geworden zu sein. Dann können wir auch neues Glück zulassen. Altes Leid darf zu Ende gehen. Wir dürfen neu erblühen in der Verantwortung für die Vergangenheit und der Erwartung der Zukunft.

Wenn beide dem Gewesenen danken können und der Tiefe der Beziehung auch in der Trennung gerecht wurden, ist kein Platz mehr für
Groll,
Hass,
Neid.

Beide Partner treffen die Wahl. »Trennung in Liebe« kann sein wie Tod und Wiedergeburt. Die tiefe Trauer über das Vergangene ehrt das Verstorbene, das Gemeinsame. Wiedergeboren wird die Hoffnung und das Recht auf ein neues Glück. Das darf sein. Wenn beide dem Gewesenen danken können und der Tiefe der Beziehung auch in der Trennung gerecht wurden, ist kein Platz mehr für Groll, Hass, Neid. Dann gönne ich dem anderen und mir selbst einen guten Neuanfang. Und was besonders für die Kinder zählt, Papa und Mama sind beide für sie da. Die Kinder werden nicht zum Blitzableiter der Unfähigkeiten der Eltern! Dann gibt es keine Verlierer, nur Getrennte in Liebe.

Wie im Berufsleben so gibt es in der Beziehung den Zustand der »inneren Kündigung«. Den Zeitraum, in dem die Partner oder nur einer von ihnen sich entfernt und keinen Weg mehr sieht zurückzugehen. Um diesen Zustand geht es bei »Trennung in Liebe«, diesen Zustand zu ändern, gemeinsam oder getrennt.

Die innere Trennung findet bei mir statt, in mir. Es ist die gute Verarbeitung dessen, was war, wie es auf mich gewirkt hat, was ich daraus gemacht habe. Trennung findet während der Beziehung statt. Wir bezeichnen es als »Auseinanderleben«, als Desinteresse an der Beziehung. Es geht nicht mehr weiter in der Beziehung. Die gemeinsame Zeit beginnt sich zu verändern, zu enden.

Die äußere Trennung ist die »Abwicklung« der inneren Trennung, meist auch mittels Mediator, Rechtsanwalt, Scheidungsrichter, Notar, Steuerberater. Das Trennen der Werte, das Übernehmen und Übergeben von Verantwortungen. Die gute Sorge für die Kinder durch beide Elternteile.

Es braucht keine Verlierer geben.

Die innere Trennung
findet bei mir statt, in mir.

Die äußere Trennung ist die
»Abwicklung« der inneren Trennung.

WAS DER BEZIEHUNG SCHADET UND WAS IHR NÜTZT, SPÜREN WIR GENAU

Beziehungen sind manchmal schon »von innen« geschieden, oder eigentlich gar nicht richtig zusammengekommen. Und die Partner wissen nichts davon.

Zum Beispiel, wenn ein früherer Partner nicht vergessen werden kann, wenn es noch Bindungen an diese frühere Beziehung gibt, die nicht zulassen, dass die neue Bindung sich ausdehnen kann. Unterschätzen wir diese Wirkung, kann unsere neue Partnerschaft nicht tief greifen, weil noch wichtige Seelenplätze vom Menschen davor belegt sind.

Unser Wissen erstreckt sich auf das, was wir für möglich halten. Gleichzeitig wissen wir, dass Leben immer über das alles hinausgegangen ist und einen weit größeren Bogen über uns spannt. Beziehungen können nur noch »formal« bestehen. Der Sinn der Beziehung ist dann abhanden gekommen, wenn die Liebe einem Funktionieren gewichen ist. Das Zusammenleben hat sich dann auf Sich-Ertragen reduziert.

Was der Beziehung schadet und was ihr nützt, spüren wir genau.

Menschen gehen unterschiedlich mit ihrer Beziehung um. Die einen erwarten nichts mehr, die anderen gehen daran zu Grunde, ohne etwas zu ändern. Wieder andere handeln, beenden die Beziehung. Noch andere lassen den Partner handeln, weil sie nie diejenigen waren, die gehandelt haben. Sie haben handeln lassen. Sie haben dann auch die Möglichkeit, sich als Opfer zu fühlen und die Tragik der Situation zu verdeutlichen und vor den Freunden und Bekannten zu zelebrieren.

Was beide Partner verbunden hat, steht nicht mehr im Vordergrund. Die gemeinsamen Lernschritte scheinen beendet. Es kann gut tun, diese Partnerschaft neu anzuschauen, zum Wohle derer, die daran beteiligt sind. Dieser Punkt ist beiden Partnern meistens klar. Nur traut sich keiner, offen darüber zu reden, weil es so ausweglos erscheint, weil man nicht weiß, wie es gehen könnte, weil man nicht weiß, was man statt dessen tun soll. In diesen Beziehungen ist oft der Ausgleich von dem, was sein sollte und dem, was ist, in der Beziehung, nicht möglich, weil keiner mehr bereit ist, Veränderung zuzulassen. Dann kann die Veränderung von außen kommen, durch eine neue Liebe, durch Schicksal oder gar nicht.

Die Frau verwaltet die Liebe. In diesem Zusammenhang ist gemeint: sie verwaltet die Sexualität. Dies ist in der vom Mann beherrschten Welt der Platz, wo sie sich durch Verweigerung oder Zulassen der Sexualität Einfluß gesichert hat. Der Mann kann nur über das Einverständnis der Frau seine Sexualität leben. Alles andere wäre Vergewaltigung, die es leider zu oft in Ehen gibt. Meist bleibt es beim Dulden, beim Ertragen, was für beide eine äußerst unbefriedigende Basis ihres Liebeslebens bleibt.

Es ist der furchtbare sexuelle Trott, der zu oft nach dem Verliebtsein eintritt. Wenn klar wird, wie die nächsten Jahre verlaufen werden. Flucht in den Konsum ist eben Flucht. Hier kann helfen: Offen anzusprechen, dass die Beziehung, so wie ich sie empfinde, nach Veränderung schreit! Ehrlich zu der Situation zu sein meint, mit dem Partner und mit ihm zuerst anzusprechen, was ich mir in der Sexualität und im Zusammenleben wünsche.

Die Frau verwaltet die Liebe.

Die Frauen, die sich in ihrem Sexualleben auf das »einmal pro Woche« oder »alle 2 Wochen« zurückgezogen haben, weil sie meinen, wenigstens so weit müssen sie ihrem Mann entgegen kommen. Diese Frauen leben eine tote Sexualität. Ihre Männer leben eine tote Sexualität. Sind das die Millionen Konsumenten von käuflichem Sex? Sind das Menschen, die kein erfülltes Liebesleben leben? Es könnten Menschen sein, die keine Bildung in Liebesdingen erhalten haben, wie es nach dem Verliebtsein weitergeht.

Für alles können wir uns ausbilden lassen, müssen wir Tests ablegen. Wer bringt uns liebevoll bei, wie wir lieben könnten? Wer zeigt uns, was unser Partner braucht, was uns gut tut? Wer spricht über das wichtige Thema körperlicher Liebe? Wer unterstützt uns Männer darin, über unsere sexuellen Bedürfnisse zu sprechen?

Wie konnte das so wichtige Thema »Wie liebe ich meinen Partner, den mir Nächsten« so unter den Tisch fallen?

Ein Weg kann sein, das alles mit meinem Partner anzusprechen. Es in meinem Leben zu ändern. Vom Zuschauer zu Handelnden zu werden! Nicht Sex zu konsumieren und dafür zu zahlen, sondern Liebe selbst zu geben und selbst zu bekommen!

Wir leben mit dem Widerspruch, dass Liebe zum einen ein hoher Wert in der Gesellschaft ist, zum anderen aber ständig mit Liebesersatz kompensiert wird wie z. B. mit Arbeit, Nikotin,

In unzähligen Beziehungen ist die Liebe gegangen.

Alkohol, Geld, Macht, Sex, Drogen, Besitz, Statussymbolen etc. Wir schaffen im Außen Werte, die gut und wichtig sind, lassen es aber dabei und bringen es oft nicht fertig, ebenso Werte in uns zu schaffen.

In unzähligen Beziehungen ist die Liebe gegangen. Sie ist zur Interessengemeinschaft geworden, die beide Partner noch zusammenhält. Getragen wird sie von täglicher Arbeit, alltäglichem Klagen über Gesundheit, Wetter, Nachbarn, Kollegen. Diese Beziehungen sind keine mehr, sie sind tot.

Jederzeit können beide Menschen, gemeinsam oder jeder für sich, Liebe wieder leben. Sofort. Wenn der Wille zur Veränderung da ist, wenn Entschlossenheit lebt, das, was war sofort zu ändern, Qualität ins Leben zu bringen, nicht mehr nur Quantität. Liebe verlässt uns nie. Es ist genug Liebe für alle da! Ein kleiner erster Schritt in die richtige Richtung zählt mehr als tausend kritisierende Gedanken. Der Weg zu zweit ist wohl der schwierigste aller Entwicklungsschritte, aber das soll uns nicht schrecken.

Die Beziehung zu einem wichtigen Partner endet nicht so einfach. Insbesondere wenn gemeinsame Kinder da sind. Was ist damit gemeint? Das Gute und das Schlechte, das sich beide angetan haben, wirkt auch über eine Trennung hinaus. Es verbindet beide im Guten und im Bösen. Es gibt Ihnen Kraft, sich zu lassen, wo sie beide stehen, oder kettet sie aneinander im verzweifelten Wunsch und Drang, die offenen Rechnungen zu begleichen.

Liebe verläßt uns nie.

Wenn wir Gleiches mit Gleichem vergelten, geht unsere Beziehung verloren. Das ist so in der Phase der Neuordnung einer »Partnerschaft« bzw. der »Trennung in Liebe«. Der gute Weg aus diesem Schlagabtausch ist: Dem Partner weniger anzutun, als er mir angetan hat und wenn es geht, ihm mehr vom Guten zu geben, als er mir gegeben hat. Es nützt der Beziehung und der »Trennung in Liebe«, wenn wir für unseren Partner das tun, was wir für uns gewünscht hätten. Wenn wir das lassen, was wir selbst nicht wollen.

Wenn wir Schlechtes mit Schlechtem vergelten, geht eine gute Beziehung verloren.

Was der Beziehung nützen würde, spüren wir. Trotzdem scheinen wir manchmal gezwungen, gegen dieses Spüren zu handeln. Dafür scheint das »Gewissen« wichtig zu sein.

Bert Hellinger über die Grenzen des Gewissens: *»Das, was wir gewöhnlich als Gewissen bezeichnen, ist ein innerer Sinn, ähnlich wie unser Gleichgewichtssinn, mit dessen Hilfe wir in einer Gruppe wahrnehmen, wie wir uns verhalten müssen, damit wir dazugehören, und was wir meiden müssen, damit wir die Zugehörigkeit nicht verspielen. Wir haben ein gutes Gewissen, wenn wir die Bedingungen für die Zugehörigkeit erfüllen. Wir haben ein schlechtes Gewissen, wenn wir von den Bedingungen der Zugehörigkeit abweichen. Die Bedingungen für das Recht auf Zugehörigkeit sind von Gruppe zu Gruppe verschieden. In einer Familie von Dieben muss man anderes tun, um dazuzugehören, als in einer Pfarrersfamilie. In beiden Familien haben die Kinder bei völlig unterschiedlichen Verhaltensweisen ein gutes oder ein schlechtes Gewissen.*

Moralisch heißt also für viele das, was in unserer Familie gilt, und unmoralisch heißt das, was in unserer Familie nicht gilt. Das Merkwürdige ist, dass wir uns aus dem guten Gewissen heraus das Recht nehmen, anderen, die anders sind, zu schaden. Wenn sich jemand auf sein Gewissen beruft, dann meistens, wenn er einem anderen etwas antun will. Wenn ich gut bin und Gutes will, brauche ich mich nicht auf mein Gewissen berufen. Deswegen ist das wirklich Gute etwas jenseits des Gewissens, und es braucht Mut, über das Gewissen hinauszugehen, um das wirklich Gute zu tun. Das wirklich gute heißt, dass es vielen dient, und dass es auch die Unterschiede von anderen Gruppen und anderen Systemen oder anderen Religionen als gültig anerkennt.« (*Die Quelle braucht nicht nach dem Weg zu fragen,* 2. korr. Aufl. 2002, Carl-Auer-Systeme Verlag)

Anne Ancelin Schützenberger zitiert in *Oh, meine Ahnen!*, Carl-Auer-Systeme Verlag: *»1973 hat Ivan Boszormenyi-Nagy die unsichtbaren Bindungen entdeckt, die unsichtbaren familiären Loyalitäten. Psychoanalytiker wie Martin Bergmann, Serge Tisseron stellen die Hypothese von einer ›bewahrenden Verdrängung‹ auf: Eine Kette von Ungesagtem, das von einer Generation an die nächste weitergegeben wird.«*

Die Psychoanalytikerin Fanita English geht sogar so weit zu sagen, dass man sich »die heiße Kartoffel« von einer Generation zur nächsten weitergibt, um sie loszuwerden, wie in einem geschlossenen System.

Françoise Dolto: *»Das Kind weiß, errät und erfühlt die familiären Angelegenheiten über zwei oder drei Generationen hinweg.«* (*A. A.* Schützenberger, *Oh, meine Ahnen!* Carl-Auer-Systeme Verlag)

WAS ICH TUN KANN

Ich merke, dass Krieg in der Beziehung oder während der Trennung tötet. Ich bin bereit einen guten Ausgleich zuzulassen. Ich erkenne an, dass ich Teil eines größeren Ganzen bin, das nie vergisst, das immer die Balance zum Ziel hat. Das mich einspannt, obwohl ich es nicht merke. Das mich ausspannt, obwohl ich es nicht verstehe. Denn unser Verstand ist kein ausreichendes Mittel, um »Trennung in Liebe« zu vollziehen. Das mitmenschliche Fühlen hilft uns aus der Angst heraus, in die eigene Kraft. Weg von Schuld und Unschuld, hin zur eigenen Verantwortung des Handelns, hin zur Kraft, dem anderen in Liebe zuzuhören, hin zu dem Respekt vor der Unausweichlichkeit, mit der Leben gelebt wird.

Die Schwierigkeiten, die wir in der Beziehung beklagen, verändern sich, sobald wir erkennen, dass wir an ihrem Entstehen beteiligt sind. Wenn wir am Entstehen der Schwierigkeiten beteiligt sind, können wir auch die Lösung finden. Wir waren Teil der Schwierigkeiten. Jetzt werden wir Teil der guten Lösung.

Alles, was ich beim anderen Menschen, beim Partner erkennen kann, trage ich auch als Fähigkeit in mir. Sonst könnte ich es nicht erkennen. Bei positiven Eigenschaften finden wir das gut, wie ist es bei negativen? »Sie ist himmelhoch jauchzend, zu Tode betrübt, sie macht die Stimmung in der Familie mit ihren Launen.« Wenn ich diese Feststellung treffen kann, kann ich dasselbe tun. Ich habe es vielleicht noch nicht probiert, aber allein meine Fähigkeit zum Empfang dieser Botschaften zeigt, dass ich auch auf dieser Wellenlänge senden kann.

Das ist im Grunde die Erkenntnis: So bin ich auch, so kann ich auch sein, so war ich auch. Dieses Zustimmen zu meinen Schwächen erlaubt mir, dass ich den Schwächen des anderen auch zustimmen kann. Das ist Lassen, das ist Lieben.

Es nützt der Beziehung, wenn wir anerkennen, dass wir nur eines leben können. Von zwei gegensätzlichen Möglichkeiten eben nur eine. Indem wir darauf verzichten, die nicht gewählte Möglichkeit schlecht zu machen, gewinnen wir alles. Beispiel: Eine Frau entscheidet sich für Ihren Beruf und gegen Kinder. Sie gewinnt, indem sie das Muttersein und Mutterwerden hoch schätzt. Sie verliert, wenn sie innerlich diese Entscheidung bedauert und nicht zu den Folgen steht. Diese Frau gewinnt, wenn sie die Folgen trägt und dazu steht, keine Kinder zu haben. Sie kann Karriere machen und z. B. die Kinder ihrer Schwester lieben und ein offenes Herz für sie haben und mit diesen Kindern Urlaub machen, wenn alle Beteiligten das wollen.

Ebenso verhält es sich mit »Trennung in Liebe«. Indem ich die Zeit, die wir zusammen hatten, achte, gewinne ich. Indem ich die Trennung achte als eine wichtige Entwicklungsmöglichkeit, gewinne ich.

Früher ging es bei mir genauso zu.

FÜR EINE GLEICHBERECHTIGTE BEZIEHUNG DER PARTNER – DAS »DULUTH-MODELL«

Das hier vorgestellte »Duluth-Modell« wurde von wiederholt heftig geschlagenen, misshandelten Frauen in Duluth/Minnesota entwickelt. Es dient der Unterbindung häuslicher Gewalt. Es zeigt Machtgebrauch und Machtstrategien auf. Der Gleichwertigkeitskreis weist darauf hin, wie sich jeder aus dem Gefängnis von Macht und Kontrolle befreien kann.

Um »Macht und Kontrolle« zu behalten, sind Männer (und manche Frauen) bereit, physische und sexuelle Gewalt in Beziehungen anzuwenden. Dieses Verhalten wird begleitet von Aussagen wie: »Früher ging es bei mir genauso zu« oder »Was sie mir angetan hat, darauf kann ich nur noch mit Schlägen reagieren«. Natürlich gilt das Modelle für beide Geschlechter, auch wenn hier im Speziellen auf den Mann hingewiesen wird.

Shere Hite schreibt in *Sex & Business* (Financial Times Prentice Hall, 2000): ***»Wieso besteht für manche Männer eine Verbindung zwischen Erotik und der Tatsache, Frauen Schmerzen zuzufügen?«***

Shere Hite stellt hierzu die Theorie auf, ***»… dass dieses Verhalten zurückzuführen ist auf die Tatsache, dass das Erwachen der männlichen Sexualität (vom zehnten bis zwölften Lebensjahr) zusammenfällt mit dem Verlust der mütterlichen Nähe, Berührung.***

Da ihre Sexualität genau zu dem Zeitpunkt erwacht in dem sie lernen, die Mutter zurückzuweisen und lächerlich zu machen, und da viele Mütter ihrem Sohn, je schwieriger er reagiert, um so mehr ›Liebe und Verständnis‹ entgegenbringen, wird dieses Verhaltensmuster nur noch verstärkt.

Viele Männer glauben schließlich, dass Frauen Schmerz lieben, dass sie ›Masochistinnen‹ sind, dass sie mich lieben wird, egal, was ich tue.«

Bitte prüfen Sie als Frau, ob Sie sich so oder ähnlich behandelt fühlen, wie im Kreis »Macht und Kontrolle« dargestellt.

Bitte prüfen Sie als Mann, ob Sie sich in diesen »Macht- und Kontrolldarstellungen« wiedererkennen.

Vielleicht haben Sie zu Anfang den Eindruck: »Damit habe ich gar nichts zu tun.« Lesen Sie deshalb als Mann beide Kreise mehrmals durch. Prüfen Sie sich selbst öfters, ob da vielleicht was dran ist…

Macht und Kontrolle

Täter stellen sich als Opfer dar.

Auf den »Macht- und Kontrollkreis« folgt der »Kreis der Gleichwertigkeit und Gewaltlosigkeit.« Die einzelnen Felder sprechen für sich.

Natürlich gibt es Machtmissbrauch auch von Frauen. Natürlich ist die destruktive Kraft von Macht und Kontrolle, ausgeübt durch Frauen, genauso zerstörend. Aber die weitaus größte Anzahl von Unterdrückungsakten geht von Männern aus. Es ist Zeit, mit Macht besser umzugehen und sie in den Dienst der Familie und der Gemeinschaften zu stellen.

Täter stellen sich als Opfer dar, wenn sie von sich selbst sagen: »Ich hatte keine Kontrolle mehr über mich, ich konnte mich nicht beherrschen, ich war nicht mehr Herr meiner Sinne. Es war alles zu viel. Es ist einfach so über mich gekommen.«

Täter stellen sich als Opfer dar, wenn sie ihr Verhalten rechtfertigen mit dem Verhalten der anderen: »Mein Vater hat mich auch geschlagen, die Kinder, der Partner, das Schicksal ist schuld daran, dass ich so handeln musste…«

Die weit verbreitete Haltung ist: »Ich kann nichts tun. Erst wenn der Partner die und die Schritte getan hat, bin ich in der Lage, ebenfalls zu handeln… Erst wenn die anderen etwas geändert haben, kann ich auch etwas tun…«

Informationen über diese Initiative beim Domestic Abuse Intervention Projekt, Duluth, Minnesota 55802, USA. www.wise.infoxchange.net.au/DVIM/DAIP.htm

Gleichwertigkeit und Gewaltlosigkeit.

WAS ICH TUN KANN

Ich werde mir klar darüber, dass ich Teil des gesamten Geschehens bin. Wenn das stimmt, verursacht jede meiner Veränderungen eine Veränderung für das Ganze. Zunächst vielleicht unmerklich, aber dann mit immer deutlicheren Folgen. So kann ich mich aus der Hilflosigkeit befreien und selbst etwas tun. Sofort, jetzt! Ich kann mein Anliegen gewaltfrei zum Ausdruck bringen. Ich bin nicht gezwungen, Gefühle aufzustauen. Ich kann Einfluss nehmen auf das, was geschieht, ohne mich als Getriebene/r zu fühlen. Ich habe verschiedene Möglichkeiten zu handeln.

Damit übernehme ich meinen Teil der Verantwortung für mich und das Ganze. Ich kann es und ich tue es. Ich beginne sofort und erlaube mir Fehler. Es muss nicht sofort perfekt sein!

Ich kann es und ich tue es.

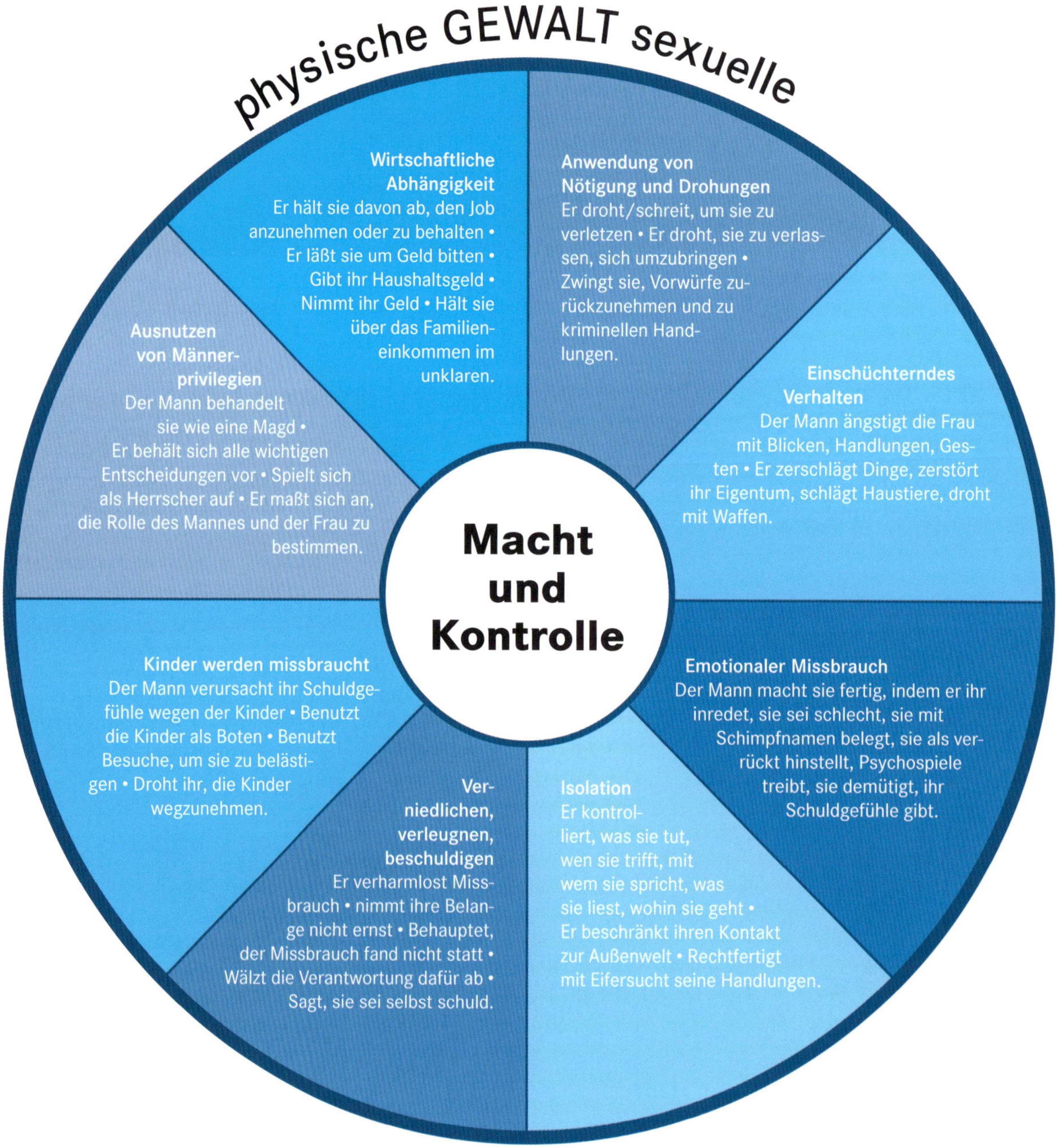
physische GEWALT sexuelle
Macht und Kontrolle
Wirtschaftliche Abhängigkeit
Er hält sie davon ab, den Job anzunehmen oder zu behalten • Er läßt sie um Geld bitten • Gibt ihr Haushaltsgeld • Nimmt ihr Geld • Hält sie über das Familieneinkommen im unklaren.
Anwendung von Nötigung und Drohungen
Er droht/schreit, um sie zu verletzen • Er droht, sie zu verlassen, sich umzubringen • Zwingt sie, Vorwürfe zurückzunehmen und zu kriminellen Handlungen.
Einschüchterndes Verhalten
Der Mann ängstigt die Frau mit Blicken, Handlungen, Gesten • Er zerschlägt Dinge, zerstört ihr Eigentum, schlägt Haustiere, droht mit Waffen.
Emotionaler Missbrauch
Der Mann macht sie fertig, indem er ihr inredet, sie sei schlecht, sie mit Schimpfnamen belegt, sie als verrückt hinstellt, Psychospiele treibt, sie demütigt, ihr Schuldgefühle gibt.
Isolation
Er kontrolliert, was sie tut, wen sie trifft, mit wem sie spricht, was sie liest, wohin sie geht • Er beschränkt ihren Kontakt zur Außenwelt • Rechtfertigt mit Eifersucht seine Handlungen.
Verniedlichen, verleugnen, beschuldigen
Er verharmlost Missbrauch • nimmt ihre Belange nicht ernst • Behauptet, der Missbrauch fand nicht statt • Wälzt die Verantwortung dafür ab • Sagt, sie sei selbst schuld.
Kinder werden missbraucht
Der Mann verursacht ihr Schuldgefühle wegen der Kinder • Benutzt die Kinder als Boten • Benutzt Besuche, um sie zu belästigen • Droht ihr, die Kinder wegzunehmen.
Ausnutzen von Männerprivilegien
Der Mann behandelt sie wie eine Magd • Er behält sich alle wichtigen Entscheidungen vor • Spielt sich als Herrscher auf • Er maßt sich an, die Rolle des Mannes und der Frau zu bestimmen.

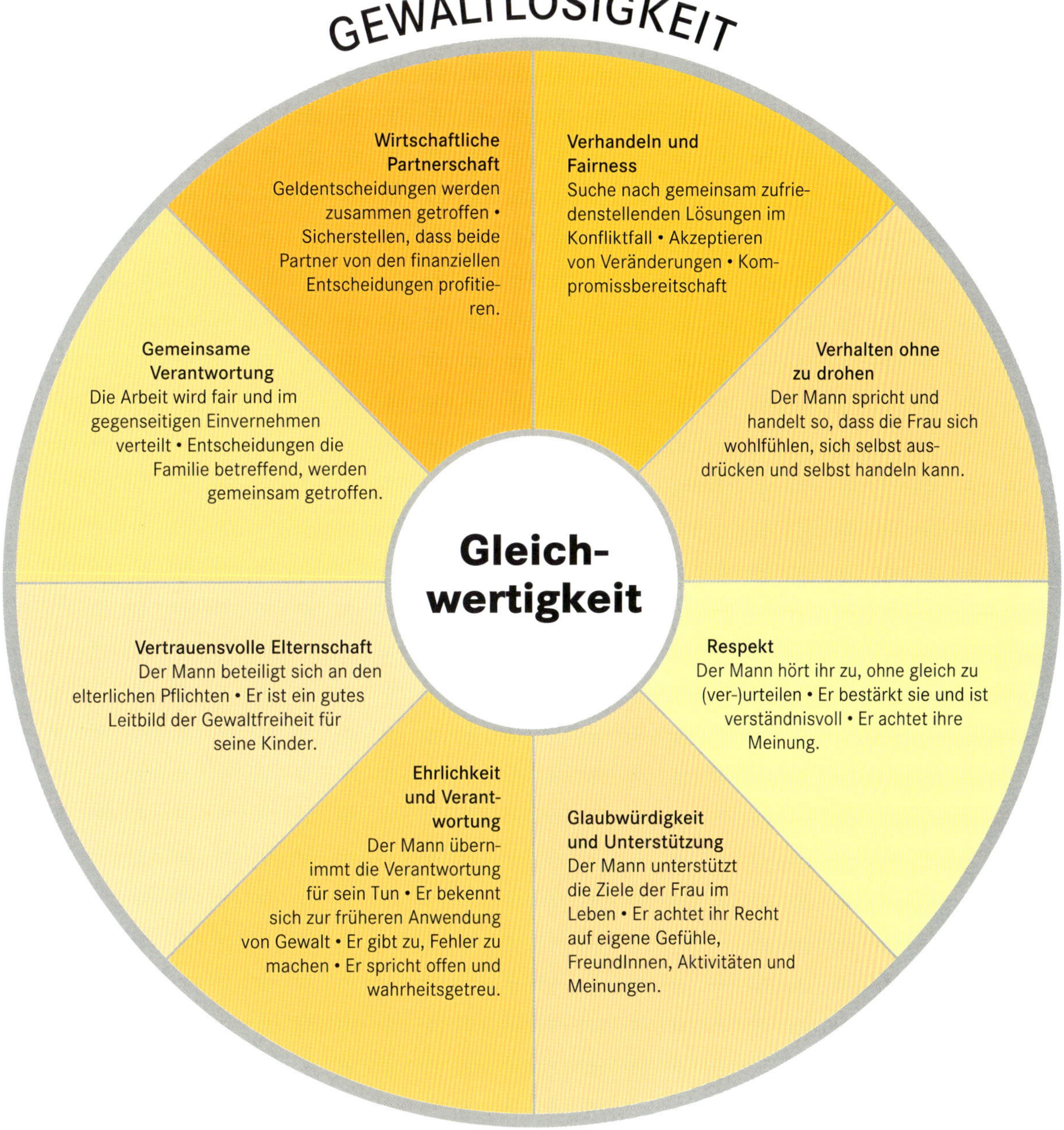
GEWALTLOSIGKEIT
Wirtschaftliche Partnerschaft
Geldentscheidungen werden zusammen getroffen • Sicherstellen, dass beide Partner von den finanziellen Entscheidungen profitieren.
Verhandeln und Fairness
Suche nach gemeinsam zufriedenstellenden Lösungen im Konfliktfall • Akzeptieren von Veränderungen • Kompromissbereitschaft
Gemeinsame Verantwortung
Die Arbeit wird fair und im gegenseitigen Einvernehmen verteilt • Entscheidungen die Familie betreffend, werden gemeinsam getroffen.
Verhalten ohne zu drohen
Der Mann spricht und handelt so, dass die Frau sich wohlfühlen, sich selbst ausdrücken und selbst handeln kann.
Gleich-wertigkeit
Vertrauensvolle Elternschaft
Der Mann beteiligt sich an den elterlichen Pflichten • Er ist ein gutes Leitbild der Gewaltfreiheit für seine Kinder.
Respekt
Der Mann hört ihr zu, ohne gleich zu (ver-)urteilen • Er bestärkt sie und ist verständnisvoll • Er achtet ihre Meinung.
Ehrlichkeit und Verantwortung
Der Mann übernimmt die Verantwortung für sein Tun • Er bekennt sich zur früheren Anwendung von Gewalt • Er gibt zu, Fehler zu machen • Er spricht offen und wahrheitsgetreu.
Glaubwürdigkeit und Unterstützung
Der Mann unterstützt die Ziele der Frau im Leben • Er achtet ihr Recht auf eigene Gefühle, FreundInnen, Aktivitäten und Meinungen.

Ärger entspringt unerfüllten Wünschen. Keiner braucht seinen Ärger, wenn er ihn nicht festhalten will. Wir benutzen Ärger, um mächtig zu sein.

HILFREICHER UMGANG MIT AGGRESSION UND ÄRGER

Ärger entspringt unerfüllten Wünschen. Wir benutzen Ärger auf die anderen, um nicht selbst handeln zu müssen. Mein Handeln verändert meine Situation. Ärger betoniert die Zustände, mit dem Beton der unsinnigen Auseinandersetzung. Aggression verdeckt die Liebe. Wenn ich aggressiv bin, fühle ich mich stark, dem anderen überlegen. In Liebe kann ich mich auch als der Unterlegene fühlen, ich brauche die Rache nicht.

Bert Hellinger in *Ordnungen der Liebe* (Carl-Auer-Systeme Verlag, 4. Aufl. 1997): ***»Manchmal ist Ärger die Oberfläche von darunter liegender Trauer, z. B. über einen früh verlorenen Elternteil. Als Erwachsene kommen wir dann nicht an diese Trauer, zuerst nur an den Ärger heran.«***

Aggression, gerichtet gegen einen Aggressor, ist Selbstverteidigung. Aggression, gerichtet gegen mich selbst, ist Selbstzerstörung. Aggressives Verhalten kann uns helfen zu überleben, wenn wir bedroht werden. Das Fehlen von Aggressionsfähigkeit führt zum Unterjochtwerden.

Verena Kast schreibt in *Vom Sinn des Ärgers*: ***»Menschen, die passiv aggressiv sind, halten nicht sich selbst, sondern die anderen für aggressiv.«***

Ärger ist eine Emotion, die ich einfach vorbeiziehen lassen kann. Wie ein Torero kann ich sie vorbeilassen. Keiner braucht seinen Ärger, wenn er ihn nicht festhalten will. Ich kann selbst entscheiden, wie stark ich mich ärgern lassen will und ob überhaupt. Wir benutzen Ärger, um mächtig zu sein.

Wir können stellvertretend für einen anderen ärgerlich werden, z. B. für einen Partner, der nicht handelt. Ein Kind kann für seine Mutter oder seinen Vater, die/der nicht handelt, ärgerlich werden. Selbst für jemanden aus meiner Ahnenreihe kann ich stellvertretend ärgerlich werden. Etwa wenn dieser Mensch nicht geachtet wurde, ausgeschlossen wurde. Aber es ist nicht mein Ärger, ich habe dieses Gefühl nur übernommen. Ich kann mich davon lösen, durch hinschauen auf das, was ist. Durch Bewußtwerdung, indem ich ähnliche Situationen wiedererkenne. Manchmal braucht es therapeutische, beratende Unterstützung.

WAS ICH TUN KANN

Es gibt viele gute Angebote, sich von außen helfen zu lassen:

Systemische Familientherapie, Familienstellen, Kinesiologie, NLP, Rolfing, Feldenkrais, Craniosacral-Arbeit, Selbsterfahrungsseminare wie »Quadrinity Prozess«, »Duluth«-Training um Ärger anzuschauen, zu heilen, abzulegen.

Schweigemeditationen, Zen-Praktiken, Fastenseminare sind Möglichkeiten zu sich zu finden und die Schwierigkeiten zu »entpersonalisieren«, d. h.: Schwierigkeiten und Person zu trennen, zuzulassen dass beide nicht identisch sind, nur manchmal gleichzeitig auftreten!

DIE »ENTPERSONALISIERUNG« DER SITUATION – ODER: EMOTION RAUS, KOPF REIN

»Er hat mir soviel angetan.« »Wegen ihr ging es nicht mehr.« Persönlicher Hass tötet immer auch etwas von einem selbst. Hass ist eine destruktive Emotion. Destruktive Emotionen ziehen ihre Kraft aus der Vergangenheit, von dort kommen sie. Da gehören die destruktiven Emotionen auch hin, in die Vergangenheit. Handeln können Sie nur in der Gegenwart. Entpersonalisieren Sie ihren Hass. Ihr Partner spiegelt Ihnen Ihren Anteil. Sie sehen bei ihm, was Sie bei sich nicht sehen können oder sehen wollen.

Es gibt keinen Zufall.

Das ist der Weg, wie wir lernen. Durch das Sein mit dem anderen. Der intelligente Umgang mit dieser Erkenntnis ist, die eigenen Anteile zu sehen, zu merken, dass es nicht Zufall ist, wenn ich mich in einer bestimmten Situation wiederfinde. Ich habe damit zu tun.

Was stört uns an der Aussage? »Es gibt keinen Zufall.« Könnte es die Tatsache sein, dass wir damit gleich verbinden: Dann geschieht mir das ja nicht zufällig, dann bin ich ja auch daran mitbeteiligt, dass mir das passiert ist... Da wir unsere Anteile in vielen Fällen nicht sehen oder einsehen können, lehnen wir ein Beteiligtsein ab.

Wir behaupten, es ist uns zufällig passiert. Das ist eine Entschuldigung. Natürlich gibt es diese Schuld nicht. Das Mädchen, das im Park belästigt wird, hat keine Schuld daran, dass es belästigt wird. Sie ist in diesem Moment an diesem Ort, an dem ihr etwas passiert. Trotz ihrer Unschuld ist sie Teil dieses Geschehens und muss die Folgen tragen wie auch der Belästiger. Ist er schuld? Schuld ist er durch den Verstoß gegen unsere Gesetze und Ethik. Er muss ebenso die Folgen seines Handelns tragen. Wie relativ der Begriff der »Schuld« ist, zeigt der folgende Abschnitt.

Es gibt eine Beziehung zwischen Täter und Opfer im Sinn von Resonanz, also im Sinn des Gemeinsamen, sich anziehenden. Beide Beteiligten, der, der tut und der, der es erleidet, sind durch die Gemeinsamkeit des Ereignisses verbunden sind. Keiner, weder der Aktive, noch der Passive, kann sagen: »Damit habe ich nichts zu tun.« Allein die Tatsache, verstrickt in die Handlung zu sein, genügt.

Der Philosoph Hans Vaihinger schreibt 1911 (in *Die Philosophie des Als-Ob*, Scientia Verlag Aalen, 1986, S. 59–60 und S. 584–586): ***»Erst die Annahme eines freien Willens macht es der Justiz möglich, eine Strafe für etwas Getanes zu verhängen.« »Der Mensch muss handeln, und in Bezug auf seine Handlungen beurteilt werden, als ob er frei wäre.«***

Koppeln Sie Ihren Hass von der Person ab. Beschreiben Sie Verhalten, statt es zu bewerten.

Ihr Hass auf Ihren Ex-Partner hat nur indirekt mit ihm/ihr zu tun. Er/Sie verkörpert die Anteile, mit denen Sie zu tun haben, die Sie »auf 180« bringen. Dieses »Dafür könnte ich ihn umbringen.« ist nicht nur der Ausdruck von Hilflosigkeit, es zeigt auch den Grad der Verstrickung. Die gegenseitigen Muster haben sich »verkeilt«. Lösung entsteht, in dem einer verändert. Fangen Sie doch mal an.

Beschreiben Sie Verhalten, statt es zu bewerten.

WAS ICH TUN KANN

Das Schubladendenken in Eigenschaften (z. B. in Vorwürfen und Vorurteilen) bewirkt Widerstand. Beschreiben Sie ***beobachtbare Verhaltensweisen***.

Beispiel: »Meine Frau ist unpünktlich.« Diese Behauptung von Eigenschaften zu konkretisieren als ***beobachtbares Verhalten***, könnte vielleicht bedeuten: »Wenn wir in der Stadt sind und uns um x Uhr verabredet haben, kommt Karin stets zu spät. Sie verbummelt sich jedes Mal in den Geschäften. Sie hat immer andere Ausreden.«

Was ist passiert? Ich versuche ein Denken in Eigenschaften wie »unpünktlich« überzuführen in ***beobachtbare Verhaltensweisen***. Dadurch bringe ich dieses Verhalten in einen konkreten, zeitlichen und räumlichen Beziehungszusammenhang.

So konkret benannt kann ich fragen: »Wozu machst du das immer wieder?« Sie kann darauf antworten. Wir kommen ins Gespräch. Lösungen können wachsen. Mit dem Etikett »auf Karin ist nie Verlaß«, beleidige ich nur und alles bleibt wie es ist.

(Fortsetzung Seite 215)

Lösung entsteht, in dem einer verändert.

Hilfreich ist die Sicht, dass der Partner nur eine Art widerspiegelt, mit der Sie noch nicht umzugehen gelernt haben. Also los: Sie werden bei genauerem Betrachten dieser Situation feststellen, dass Ihnen das am Partner beobachtete Verhalten immer wieder begegnet. Im Beruf, bei Ihren Eltern, mit Ihren Geschwistern, mit Freunden und Fremden, immer wieder wird diese Eigenart, Handlungsweise Ihnen angeboten.

Nein, Sie ziehen Sie geradezu an! Sie geben den Raum dafür! Da ist keiner der Ihnen übel will, der Ihnen solche Lektionen vorsetzt. Wir ziehen Sie an! Wir geben Raum, den ein anderer bereitwillig ausfüllt. Beispiel: Ich setze keine Grenzen. Was passiert? Die anderen missachten meine Grenzen, betonen ihre Spielregeln, ihre Grenzen, die meine Grenzen, vielleicht berühren oder gar überschreiten. Ich laufe schimpfend hinterher. Sind jetzt die anderen Schuld?

Besser: Zumindest sage ich klar, was ich nicht will! Damit nehme ich den Raum ein, der mir vorher fehlte bzw. der vom anderen ausgefüllt schien.

Dieses Beispiel zeigt, dass es nicht nur der böse Ex-Partner ist, der mir all diese Pein zugefügt hat, sondern dass ich mitbeteiligt bin! Ich habe viel zugelassen bzw. zugefügt.

Damit gibt es nicht mehr den Zwang, den anderen zu hassen für das, was er mir angetan hat. Zwei waren an diesem »Kunstwerk« beteiligt, der Partner und ich.

Der Ex-Partner und ich, beide haben ihr Bestes gegeben, in jeder Situation der Vergangenheit. Oder können Sie sich vorstellen, ein Mensch wüsste eine gute Lösung und würde wider besseren Wissens die Schlechtere wählen, vielleicht aus Trotz?

Nein. Jeder tut sein Bestes. Davon können wir immer ausgehen. Ob es aus zeitlichem Abstand betrachtet wirklich das Beste war, ist oft fraglich. Oft werden dem Partner Verletzungen zugefügt aus Nichtwissen, oder aus Täuschung, oder aus Desinteresse, oder aus Unachtsamkeit, oder aus Mangel an Reflexion.

Gehen Sie davon aus, dass Ihr Partner Ihnen nicht absichtlich schaden wollte. Nein, er/sie wollte so wie Sie das Beste und tut sein/ihr Möglichstes. Diese Erkenntnis ist die Basis, auf der ein guter Ausgleich stattfinden kann.

Wenn absichtlich Schaden zugefügt wird, muß es eine Geschichte davor gegeben haben, die den Menschen zu diesem Handeln zwingt. Was ist bei Gewalttaten an Unbeteiligten? Hier zeigt sich, dass es genügt, wenn nur ein Beteiligter eine Vorgeschichte hat und deshalb einen anderen Menschen zwingt in sein Schicksal einzutreten. Dieser gewalttätige Mensch lädt Schuld auf sich, aber hat er eine Wahl?

Zwei waren an diesem »Kunstwerk« beteiligt.

Jeder tut sein Bestes.

Ich sage, was ich will, lege die Spielregeln mit fest.

Jeder tut sein Bestes.

WAS ICH TUN KANN

Kein Verhalten wird immer gezeigt. Am Beispiel von eben: Karin ist nicht immer zu spät Es gibt also immer Ausnahmen, in denen das beklagte Verhalten nicht gezeigt wird.

So kann ich fragen: »Wann ist Karin pünktlich?«

Was passiert? Ich beziehe mich auf die Momente, Umstände, Zeiten, Orte, wo das beklagte Verhalten nicht auftritt. Es wird der Raum, in dem das gewünschte Verhalten geschieht, überhaupt gesehen und erweitert. Ich sehe überhaupt wieder was gut ist , was schön ist und es ist keine Schönfärberei!

Weitere hilfreiche Fragen, in diesem Zusammenhang, sind: »Angenommen ich wollte, dass Karin heute abend auf jeden Fall zu spät kommt, wie könnte ich das am besten erreichen?«

Oder eine verrückte Frage: »Angenommen Karin's Verhalten hätte etwas Gutes, was wären die guten Anteile?« Möglicherweise: »Als sie letzte Woche eine halbe Stunde zu spät ins Lokal kam, traf ich noch Herrn X, er ist an meiner Arbeit interessiert und wir haben einen Termin vereinbart.« Oder: »Ich könnte abends in Ruhe meine Zeitung lesen.«

WAS WIRKLICH ZÄHLT VON INA LUKAS

Ein alter Professor wurde gebeten, für eine Gruppe von fünfzehn Geschäftsführern großer nordamerikanischer Unternehmen eine Vorlesung über sinnvolle Zeitplanung zu halten.

Dieser Kurs war einer von fünf Stationen ihres eintägigen Lehrgangs. Der Professor hatte daher nur eine Stunde Zeit, sein Wissen zu vermitteln.

Zuerst betrachtete der Professor in aller Ruhe einen nach dem anderen dieser Elitegruppe: sie waren bereit alles, was er ihnen beibringen wollte, in sich aufzunehmen. Dann sagte er: »Wir werden ein kleines Experiment durchführen.« Der Professor zog einen riesigen Glaskrug unter seinem Pult hervor und stellte ihn vorsichtig vor sich hin. Dann holte er etwa ein Dutzend Steine hervor, etwa so groß wie Tennisbälle und legte sie sorgfältig einen nach dem anderen, in den großen Krug.

Als der Krug bis an den Rand voll war und kein weiterer Stein mehr darin Platz hatte, blickte er langsam auf und fragte sein Schüler: »Ist der Krug voll?« Und alle antworteten: »Ja.«

Er wartete ein paar Sekunden ab und fragte seine Schüler: »Wirklich?« Dann holte er unter dem Tisch einen mit Kies gefüllten Becher hervor. Sorgfältig verteilte er den Kies über die großen Steine und bewegte dann leicht den Glaskrug. Der Kies verteilte sich zwischen den großen Steinen bis auf den Boden des Krugs. Der Professor blickte erneut auf und fragte sein Publikum:

»Ist dieser Krug voll?«

Dieses Mal begannen seine schlauen Schüler, seine Darbietung zu verstehen.

Einer von ihnen antwortete: »Wahrscheinlich nicht!« »Gut!«, antwortete der Professor.

Er holte wieder etwas unter seinem Pult hervor. Diesmal war es ein Eimer Sand. Vorsichtig kippte er den Sand in den Krug. Der Sand füllte die Räume zwischen den großen Steinen und dem Kies auf. Wieder fragte er: »Ist dieses Gefäß voll?« Dieses Mal antworteten seine schlauen Schüler ohne zu zögern im Chor:

»Nein!«

»Gut!«, antwortete der Professor.

Und als hätten seine wunderbaren Schüler nur darauf gewartet, nahm er die Wasserkanne, die unter seinem Pult stand, und füllte den Krug bis an den Rand.

Dann blickte er auf und fragte seine Schüler: »Was können wir Wichtiges aus diesem Experiment lernen?« Der Kühnste unter seinen Schülern – nicht dumm – dachte an das Thema der Vorlesung und antwortete:

»Daraus lernen wir, dass wir, selbst wenn wir denken, dass unser Zeitplan schon bis an den Rand voll ist, immer noch einen Termin oder andere Dinge, die zu erledigen sind, einschieben können, wenn wir es wirklich wollen.«

»Nein«, antwortete der Professor, »darum geht es nicht. Was wir wirklich aus diesem Experiment lernen können ist Folgendes: Wenn man die großen Steine nicht als erstes in den Krug legt, werden sie später niemals alle hineinpassen.«

Es folgte ein Moment des Schweigens. Jedem wurde bewusst, wie sehr der Professor Recht hatte.

Dann fragte er: »Was sind in Eurem Leben die großen Steine?

Eure Gesundheit? Eure Familie? Eure Freunde? Die Realisierung Eurer Träume? Das zu tun, was Euch Spaß macht? Dazuzulernen? Eine Sache verteidigen? Entspannung? Sich Zeit nehmen? Oder etwas ganz anderes, was wirklich wichtig ist?

Egal, was euch das Wichtigste ist: Man muss die GROSSEN Steine in seinem Leben an die ERSTE Stelle setzen. Wenn nicht, läuft man Gefahr, das Leben nicht zu meistern!

Wenn man zuallererst auf Kleinigkeiten achtet (den Kies und den Sand), verbringt man sein Leben mit Kleinigkeiten und hat nicht mehr genug Zeit für die wichtigen Dinge in seinem Leben. Deshalb vergesst nicht, Euch selbst die Frage zu stellen: ›Was sind die großen Steine in meinem Leben?‹ Und dann legt SIE zuerst in Euren Krug des Lebens.«

So verabschiedete sich der alte Professor von seinem Publikum und verließ den Saal.

Denken findet ohne Trieb und Emotion nicht statt.

GEDANKEN SIND GEDANKEN SIND GEDANKEN SIND GEDANKEN SIND
Gedanken sind G…

»Das Denken für sich allein bewegt nichts, sondern nur das auf einen Zweck gerichtete und praktische Denken.« (Aristoteles)

»In Gedanken kann ich spielen, da habe ich Freiheit. Sobald ich spiele und die Interessenlage des anderen einbeziehe, gibt es die Freiheit nicht mehr.« (Bert Hellinger in Gunthard Weber Hrsg. *Zweierlei Glück,* 14. Aufl. 2001, Carl-Auer-Systeme Verlag)

Wir denken unablässig. Es denkt in uns in einem fort. Denken geschieht uns. Gedanken bestehen aus Gefühlen, Wünschen, Trieben, Ängsten etc. Gedanken entstehen spontan. Gedanken kommen meistens, ohne dass wir es beeinflussen können. Gedanken bestehen aus Erfahrungen der Vergangenheit, sie kommen von unserem Recorder (Wiederholer) zwischen unseren Ohren. Es sind Aufzeichnungen, die manchmal hilfreich sind, aber oft auch nicht. Denken findet ohne Trieb und Emotion nicht statt. Müssen wir Denken über uns ergehen lassen? Wir haben die Chance, mit Denken umzugehen. Dieses Denken veranlasst uns zu Handlung oder zu Nichthandlung. Wir entscheiden, wie wir damit umgehen. Ob wir uns zur Handlung veranlassen lassen, oder ob wir die Gedanken vorüberziehen lassen wie Boote auf dem Fluss.

Ziel jeder Meditation ist es, z. B. über die Beobachtung der Atmung bei mir, in mir zu bleiben und mich nicht vom »Fluss der Gedanken«, aus dem Moment wegreißen zu lassen. Meditation ist auch: sich in ein Buch zu vertiefen, sich in ein Bild zu versetzen, Musik tief zu empfinden, Natur zu betrachten, wahrzunehmen was da ist, sich von seiner Musik forttragen zu lassen. Meditation ist, seinem Herzen zuzuhören und doch ständig wach und präsent zu bleiben.

Denken geschieht uns.

Wir haben die Chance,
mit Denken umzugehen.

»Die Meditationspraxis beruht darauf, dualistische Bindung, den Kampf von Gut und Böse fallenzulassen.«
(Chögyam Trunkpa in *Der Mythos Freiheit*, Theseus Verlag)

ZEN-Meditation fördert, oft in dieser Reihenfolge, das Auseinandersetzen mit dem eigenen Körper, den Schmerzen des Sitzens, anderen persönlichen Gebrechen. Dann das Beschäftigen mit den aufsteigenden Emotionen, dem eigenen Widerstand z. B. gegen andere Mitmeditierende, die bestehende Ordnung etc., danach wiederum das Umgehen mit den ständig aufsteigenden Gedanken.

Die Buddhisten haben die Methode des Gedankensortierens gefunden. Sie beobachten ihr eigenes Denken und weisen jeden Gedanken 3 »Körben« zu:

Vergangenheit, Zukunft, Unsinn.

Eine Lösung ist, eine Position einnehmen, die mich als Denkenden sieht. Eine Position, in der ich mich beim Denken beobachten kann, ermöglicht zu erkennen, dass ich mehr bin als meine Gedanken. Wir sind nicht nur unser Denken, nicht nur unser Verstand. Genau so wenig wie wir nur unser Körper sind. Wir sind darin, aber wir sind darüber hinaus noch weit mehr.

NACHFÜHLENDER UND ZIELGERICHTETER VERSTAND

Die Haut ist die Grenze zwischen der Außenwelt und unserem Inneren. Was unablässig denkt, könnte als nachfühlender Verstand bezeichnet werden. Nachfühlend, weil dieses Verstehen immer hinterherläuft, immer zu spät kommt. Sich nur am Gewesenen orientieren kann. In diesem Teil des Denkens wohnt die Angst. Nachfühlend, weil hier die Gefühle wohnen, die wir zu einer Situation haben. Wir nehmen wahr durch unsere Sinne. Was wir unbewertet wahrnehmen, ist wahr.

Unsere ständigen Gedanken sind wie ein Heimkino, nicht real, nur Befürchtung, Phantasie, auch Vision, eben Heimkino. Wir entscheiden, ob wir daraus für uns eine Wirklichkeit werden lassen oder nicht, je nach unserem Weltbild.

Ich kann mich sofort entscheiden mit diesem Kino in meinem Kopf umgehen zu lernen. Die Filme, die da ungefragt vorgespielt werden, bewußt anzuschauen und diese Filme als mein Produkt anzusehen. Als etwas, das ich mache, aber ich nicht bin!

In dem Moment, in dem wir mit Bewertungen wie gut und schlecht beginnen, fühlen wir zu dem Gesehenen, Gehörten oder Gespürten etwas dazu. Wir beginnen, es zu werten. Hier beginnt Dualität, Polarität, Verzweiflung, Geteiltsein. Die Gefühle kommen nach dem Wahrnehmen. So gesehen sind unsere Gefühle nicht wahr.

Gefühle wohnen in der Erinnerung. Denke ich an einen Menschen, eine Situation, verbinde ich damit positive oder negative Gefühle, diese Gefühle stellen meine Beurteilung dieses Menschen, dieser Situation dar. Diese Gefühle sind Erinnerungen, nicht Reaktion auf konkrete Gegenwart. Zum Vergleich: Wenn ich mich verbrenne, ist der Schmerz absolut echt! Schmerz ist sofort da. Deshalb ist dieser Schmerz kein Gefühl.

Wahr ist auch, dass aus diesem nachfühlenden Denken und den Phantasien, wunderschöne Liebesgedichte, traumhafte Musik, faszinierende Kunstwerke entstanden sind.

Wir brauchen unseren Verstand, den zielgerichteten Verstand, um etwa von A nach B zu kommen, ein Haus zu konstruieren, um eine mathematische Aufgabe zu lösen, einen Auftrag gemäß den Bedingungen abzuwickeln, um Verträge auszuhandeln, um zu vergleichen, ob A mit C übereinstimmt. Wir schulen den Verstand durch Lernen. Manche Konzepte ordnen diese Eigenschaften der linken Gehirnhälfte zu und behaupten, es wären analytische, mehr männliche Prinzipien.

Die Gefühle kommen nach dem Wahrnehmen.

3 Gedankenkörbe: Vergangenheit, Zukunft, Unsinn.

Gedanken sind fortlaufend, aufeinanderfolgend, linear. Dadurch entsteht der Eindruck, dass Leben und Schicksal kausal, also als Ursache und Wirkung zu erklären sind. Andere Konzepte gehen einen Schritt weiter und sagen: Alles Leben geschieht gleichzeitig, nur unsere Wahrnehmung macht ein Nacheinander daraus.

So würden die Generationen und Ereignisse nicht hintereinander stehen, sondern um 45 Grad gedreht alle nebeneinander und alles geschähe gleichzeitig, von der Geburt bis zum Vergehen, gleichzeitig. Über das Leben hinaus würde alles nebeneinander stehen: die Zeiten des Lebens und die Zeiten dazwischen, die wir als »tote Zeiten« erleben. Wir sind nicht unsere Gedanken. Wir sind nicht, was wir denken.

»Der Philosoph Alfred Korsybski sagt: Die Landkarte ist nicht das Land. Er meint damit, die Gedanken sind nicht die Welt.« (*Das Tao des Chaos* von Stephen Wolinsky)

Es gibt auf alles einen Einwand.

»Innerhalb des Verstandes gibt es keine wirkliche Neuschöpfung. Kreativität geschieht außerhalb vom Verstand, aus dem ›Nichts‹. Alles, was aus unserem Verstand und aus unserem Gefühl stammt, ist Reaktion.« (*Über die Welt und über Gott* von Henning von der Osten)

Ich kann zu jedem Gedanken einen »Gegengedanken« formulieren. Ich kann alles in Frage stellen. Es gibt auf alles einen Einwand. Dann sind wir im Taumel der Gedanken. Man meint, alles kann richtig und falsch sein. Alles scheint möglich. These und Antithese. Das ist eine vordergründige Gedankenwelt. Nützt dieser Einwand den Beteiligten? Unterstützt dieser Gedanke oder nimmt er Kraft?

»Wer auf seine eigene Stimme innen aufmerksam wird, hört sie ständig urteilen, bewerten, kritisieren, Einwürfe machen, üben, proben. Hört grundlose Auseinandersetzungen, massiv vorgetragene Überzeugungen, das Ausmalen von Situationen. Übrigens fast immer negativ.« (*Über die Welt und über Gott* von Henning von der Osten)

Mögliche Fragen: War ein Gedanke hilfreich? Hilft dieser Gedanke in der Situation? Hilft der Gedanke dem Menschen, hilft mir mein Denken oder kann ich es ändern?

Es hilft zu fragen, wer wird gestärkt durch dieses Handeln, wer gewinnt. Gewinnen beide oder nur einer, oder verlieren beide?

Alles, was aus unserem Verstand und aus unserem Gefühl stammt, ist Reaktion.

ICH TUE, WAS ICH KANN

In der *Süddeutschen Zeitung* vom 18. 9. 2001 wird in einem brillanten Artikel von Martin Urban der Psychologe Dietrich Dörner zitiert, der experimentelle Strategien menschlichen Handelns studiert: *»Der Mensch ist angeborenerweise unfähig zur Voraussicht. Gemeint ist: Bei komplexen Prozessen reagieren Menschen – ein Gemeinderat nicht anders als eine Regierung – so, dass sie die drängendsten Probleme zu lösen versuchen. Dabei beachten sie nicht, dass es nur eine Frage der Zeit ist, bis zunächst nebensächlich erscheinende Fragen als Hauptprobleme auswachsen. Die Gattung Homo sapiens lebte die längste Zeit ihrer Existenz in einer Welt, die sich so langsam veränderte, dass Generationen von Menschen dies gar nicht bemerkten. Darum hat der Mensch kein Sensorium für die Grenzen des Wachstums oder die Folgen von Globalisierung entwickeln müssen und können. Deshalb ist die Einsicht in die Fähigkeiten und Unfähigkeiten des Menschen nötig, um auch mit technischen Hilfsmitteln in einer sich schnell ändernden Welt bestehen zu können.*

Dietrich Dörner hat an seinem Institut Menschen unter Stress Entscheidungsstrategien entwickeln lassen. Das Ergebnis ist: Je größer der Stress, desto massiver ändert sich die Einstellung des Strategen, welche Mittel denn dem Zweck angemessen seien.

Wenn das so sehr angestrebte Ziel nicht mit angemessenen Mitteln erreicht wird, kommen immer stärker unangemessene, das heißt auch unmoralische Mittel ins Spiel – nach dem Motto ›Der Zweck heiligt die Mittel‹.

Damit gelten plötzlich die zuvor selbstverständlichen moralischen Maßstäbe nicht mehr. Wenn die Krise vorbei ist, verdammen die Versuchsteilnehmer solcher Experimente selbst ihr Handeln als unmoralisch.«

Damit gelten plötzlich die zuvor selbstverständlichen moralischen Maßstäbe nicht mehr.

Der Zweck heiligt die Mittel.

Unterstützt dieser Gedanke oder nimmt er Kraft?

Für »Trennung in Liebe« ist das Wissen um diese besonderen Stressmomente wichtig. Es relativiert das eigene und das Partnerverhalten. Wir sind nicht »bei uns«, sondern in der Emotion, die wir, wenn wir sie ausleben, später oft bereuen.

Martin Urban weiter : ***»In anderen Experimenten beobachtete der Bamberger Psychologe Dietrich Dörner, dass Menschen auf einem Weg, der sich als nicht zum Ziel führend erweist, desto weniger leicht umkehren können, je mehr sie sich bereits engagiert haben. Sonst wäre ja alles umsonst gewesen.«***

In Dietrich Dörners Institut hat man festgestellt, dass zum Beispiel die Neigung, in eine erfolglose Werbekampagne weiter zu investieren, in sehr vielen Fällen umso größer wird, je mehr bereits investiert worden ist. Auch der Roulette-Spieler, der schon sehr viel Geld verloren hat, macht gegen alle Vernunft weiter und will das Glück erzwingen.

Dem Individuum empfielt D. Dörner, in der Konsequenz seiner Untersuchungen, als Strategie für die Gestaltung des eigenen Lebens: »Ich mache das, was ich kann, nicht das, was ich will.«

»Ich mache das,
was ich kann,
nicht das,
was ich will.«

Dietrich Dörner

Wir meinen Handelnde zu sein, da wir einiges verändern können. Aus unserem vorbereitenden Denken und Handeln schließen wir, dass alles steuerbar ist und sind schockiert von der Möglichkeit, dass es vielleicht keinen freien Willen geben könnte.

Fest steht unsere genetische Konzeption, unser Aussehen, unsere Anlagen, die wir von den Generationen vor uns bekamen. Fest steht, was wir bis heute erlebten. Nicht fest steht, wie wir mit dem Erlebten umgegangen sind und umgehen. Was wir aus dem, was uns von außen traf, subjektiv gemacht haben.

Beispiel: Wie wir mit dem frühen Tod eines Elternteils umgegangen sind und umgehen. Hier haben wir eine Wahl. Wir haben die Wahl, was wir aus dem machen, was in uns Grund gelegt ist. Wir müssen akzeptieren, dass dieser Elternteil so früh starb. Aber wir haben die Wahl, wie wir als Erwachsene mit diesem Thema umgehen. Wir können es ignorieren oder anschauen, das Leid zulassen und be- und verarbeiten. Wir können als Fünfzigjährige fühlen wie das kleine Kind, dass diesen Schmerz damals empfand, oder uns dazu entscheiden, mittels der Fähigkeiten, die wir in diesen vielen Jahren erworben haben, anders mit der Situation umzugehen, nämlich als Erwachsener, der nicht mehr hilflos ist wie das Kind damals.

Im Umgang mit dem, was uns geschieht, haben wir einen freien Willen. Oft wird freier Wille verwechselt mit »Mein Wille geschehe«, aber: »Dein Wille geschehe…«

Wir meinen Handelnde zu sein.

»Gott würfelt nicht.« (Albert Einstein)

»Die Sinne sind irdisch, die Vernunft steht außerhalb ihrer, wenn sie betrachtet wird.« (Leonardo da Vinci zugeschrieben)

»Das einzige Gefühl, das das Leben rechtfertigt, ist die Großzügigkeit.« (Peter Sloterdijk)

»Konflikte existieren allein in unseren Köpfen, nicht außerhalb. Jeder Konflikt, den wir in der Welt erleiden oder erschaffen, ist immer nur ein Spiegel unserer inneren, ungelösten Konflikte. Welchen Schmerz oder welches Problem wir auch haben, alles existiert in unserem Gehirn. Doch in diesem Gehirn existiert auch unsere Heilung.« (Gordon Stokes/Daniel Whiteside *Three in one concept*)

Gedanken sind gefärbt mit vielen Gefühlen. Wie kann ich mit diese Gefühlen umgehen? Was für unterschiedliche Gefühle gibt es überhaupt?

Gefühle, die zum Handeln führen, sind Gefühle, **die stark machen.**

Konflikte existieren allein in unseren Köpfen.

Gordon Stokes/Daniel Whiteside

PRIMÄRE UND SEKUNDÄRE GEFÜHLE

Zitiert aus *Zweierlei Glück* von Gunthard Weber (Hrsg.), Carl-Auer-Systeme Verlag, 14. Aufl. 2001, Bert Hellinger: *»Über die Unterscheidung der Gefühle: Die Hauptunterscheidung ist: Sind es Gefühle, die einen zum Handeln bringen oder sind es Gefühle, die Energie zum Handeln aufsaugen und daher vom Handeln ablenken?*

Die Gefühle, die zum Handeln führen, sind Gefühle, die stark machen. Gefühle, die schwach machen, sind Gefühle, die Handeln verhindern, Nichthandeln rechtfertigen oder als Ersatz für Handeln dienen.

Die Gefühle, die zum Handeln führen, sind primäre Gefühle. Die Gefühle, die zum Zweifeln führen und am Handeln hindern, sind sekundäre Gefühle. Man kann die gleiche Unterscheidung auch in Bezug auf Wissen oder Information treffen. Führt die Information zur Lösung oder hindert sie die Lösung. Wird das Wissen zum Ersatz für die Lösung?

Die Gefühle die zum Handeln führen, sind Primärgefühle, und die sind ganz einfach. Sie brauchen keine lange Erklärung, diese Gefühle sind ohne Drama. Deshalb haben sie eine gewisse Ruhe, außer wenn es wirklich um dramatische Dinge geht. Dann ist das Gefühl dramatisch, aber dann ist das gemäß, wie zum Beispiel bei Atemnot.

Die meisten Gefühle, die gezeigt werden, sind Sekundärgefühle und Ersatz für Handeln. Weil sie den anderen überzeugen sollen, dass man nicht handeln kann, müssen sie übertrieben und dramatisiert werden. Der, der sie hat, fühlt sich schwach, und auch die anderen, die präsent sind, fühlen sich schwach und aufgerufen, etwas zu tun, merken aber, dass sowieso nichts hilft.

Bei primären Gefühlen fühlen sich die anderen, die präsent sind, mitfühlend, aber frei, weil der andere, der die Gefühle zeigt, stark ist. Es ist eine ganz leichte Unterscheidung. Der, der die sekundären Gefühle hat, muss die Realität ausblenden, weil er das Gefühl mit Hilfe innerer Bilder aufrechterhält. Deshalb macht er in der Regel die Augen zu und zieht sich zurück.

Weil die primären Gefühle zielführend sind, sind sie kurz. Sie sind gleich am Ziel, da gibt es keine Umwege. Die sekundären Gefühle dagegen dauern lange. Sie wollen ja die Situation des Nichthandelns aufrechterhalten. Wenn man die zum Ausdruck bringen lässt wird es immer schlimmer. Diese sekundären Gefühle haben auch eine Qualität von ›schön‹. Sie sind dramatisch und aufwühlend, machen aber schwach und sind falsch. Ich möchte ein Beispiel bringen, und zwar bezüglich der primären und der sekundären Trauer. Primäre Trauer ist zum Beispiel ein ganz heftiger Trennungsschmerz.

Wenn sich jemand diesem Schmerz überlässt, dann ist die Trauer schnell vorbei, und dann ist man gelöst und kann wieder neu beginnen. Die sekundäre Trauer zeigt sich zum Beispiel als Selbstmitleid. Dieses Gefühl kann ein ganzes Leben dauern. Diese Trauer trennt nicht. Sie ist Ersatz für primäre Trauer.«

Die Gefühle, die zum Handeln führen,
sind primäre Gefühle.
Die Gefühle, die zum Zweifeln führen und am
Handeln hindern, sind sekundäre Gefühle.

Bert Hellinger

Gefühle, Emotionen,
reduzieren den Verstand.

Martin Urban, *SZ*

WAS ICH TUN KANN

Meine Gedanken und Emotionen haben Folgen für mich.

Den Umgang mit meinen Gedanken kann ich beeinflussen. Meine mentale Stärke kann ich beeinflussen, trainieren wie einen Muskel. Das kann ich tun, indem ich mir mein Ziel bildlich vorstelle.

Mir z. B. ausmalen, wie es sein wird, wenn ich mich mit meinem Partner wieder gut verstehe. Es wäre ein gutes Zeichen für das sich verbessernde Verständnis, wenn wir endlich die schon so lange geplante Wandertour ins Gebirge machen würden.

Oder ich nehme in Gedanken unsere gelungene Trennung vorweg: Ich stelle mir vor wie wir uns auf einer Party mit gemeinsamen Freunden treffen und entspannt miteinander reden können.

Denn: Meine Gedanken haben Folgen für mich.

DIE INNERE HALTUNG/BINDUNG. VOM GUTEN UND SCHLECHTEN GEWISSEN BEI TRENNUNG

Es ist unsere »innere Haltung«, wie wir mit besonderen Lebensumständen wie Trennung umgehen. Ist diese innere Haltung geprägt von dem Wunsch nach Ausgleich im Guten, wird »Trennung in Liebe« möglich.

Ist diese Haltung geprägt von Rachegedanken und Wut, kann es noch Zeit brauchen, um »Trennung in Liebe« zu finden. Wir sind zudem gebunden an unsere Familie und deren Umgang mit Partnerschaft. So wie in unseren Familien mit Partnerschaft oder Trennung umgegangen wurde, so steckt es in uns. Das sind Loyalitäten, die uns nur vordergründig helfen, die ein sentimentales Heimatgefühl oder Einbezogensein vortäuschen. In den entscheidenden Situationen der Trennung merken wir, wer uns wirklich unterstützt. Vielfach sind es solche Menschen, von denen wir diese Unterstützung nicht erwartet hätten.

Oft haben wir bei Trennung/Scheidung ein schlechtes Gewissen, weil wir gegen Regeln verstoßen, die in unserer Familie üblich waren und sind. Unausgesprochene Regeln, die wir durch Zuschauen, Hören, Reaktionen der Beteiligten, still vermittelt bekamen.

Bert Hellinger schreibt hierzu in *Die Quelle braucht nicht nach dem Weg zu fragen,* 2. korr. Aufl. 2002, Carl-Auer-Sys-

Meine Gedanken und Emotionen haben Folgen für mich.

teme Verlag: *»In menschlichen Beziehungen werden wir an der Oberfläche sehr häufig geleitet von der Unterscheidung von Gut und Böse. Diese Unterscheidung ist ganz auf der Oberfläche und kann sich überhaupt nicht auf das berufen, was aus der Tiefe aufsteigt. Die Unterscheidung von Gut und Böse ist etwas, das nur in menschlichen Beziehungen wirkt, und zwar deswegen, weil diese Unterscheidung von Gut und Böse nur eine einzige Funktion hat. Die Funktion ist, dass es uns an unsere Familie bindet und dass es uns von anderen Familien und anderen Gruppen abgrenzt. Die Unterscheidung von Gut und Böse zeigt sich im guten oder schlechten Gewissen. Wir haben ein gutes Gewissen, wenn wir uns zu unserer Familie dazugehörig fühlen, und wir haben ein schlechtes Gewissen, wenn wir befürchten müssen, dass wir die Zugehörigkeit zu unserer Familie verspielt haben.*

Wir verspielen die Zugehörigkeit zu unserer Familie – so meinen wir –, wenn wir auch andere Familien, andere Gruppen, andere Werte, andere Religionen, andere Kulturen gleichermaßen als gut und ebenbürtig anerkennen. Wenn wir das machen, sind wir mit der Tiefe des Seins verbunden, aber nicht mit unserer Familie in diesem Sinn.

Also, um in der Tiefe mit dem Wesentlichen verbunden zu sein, braucht es den Abschied von Einflüssen dieses Gewissens in Bezug auf die Unterscheidung von Gut und Böse. Wenn uns dieser Abschied gelingt, wenn wir zumindest zeitweise loslassen können davon, wenn wir uns auf die innere Mitte sammeln, dann kommt aus dieser Mitte, aus der Tiefe, etwas anderes zum Tragen, eine Bewegung der Seele, die das Unterschiedliche aufhebt und das Widersprüchliche und Gegensätzliche versöhnt.«

Die Unterscheidung von
Gut und Böse
zeigt sich im
guten oder schlechten
Gewissen.

Bert Hellinger

Oft haben wir bei Trennung/Scheidung ein schlechtes Gewissen.

GEH DAVON AUS…

Ich muss versuchen, dich zu verstehn,
denn so darf es nicht weitergehn.
Wir müssen versuchen uns in die Augen zu seh'n und
nicht durch Fluchen die Wahrheit zu beschämen.
Für die, die nach uns kommen, müssen wir es erreichen.
Ignorieren wir die Zeit der Zeichen.

Geh' davon aus, dass mein Herz bricht,
denn unsere Liebe ist erfroren.
Wenn meine Seele nicht mehr spricht,
hab' ich diesen Kampf verloren.
Mein Herz bricht mir, wenn wir nicht einseh'n,
dass wir zusammen gehör'n und
wir nicht aufhör'n, unser Leben zu zerstör'n.
Wenn ich dich anseh', bist du mir ähnlich,
nur unsre Ansichten dreh'n sich.
Mal stehst du dort, mal steh' ich hier,
es ist kaum ein Unterschied.
Ich halt mich nur warm, damit ich nicht frier.
Ich halt' mich nur warm, damit ich nicht frier.

Geh davon aus, dass mein Herz bricht,
denn unsere Liebe ist erfroren.
Wenn meine Seele nicht mehr spricht,
hab' ich diesen Kampf verloren.
Was wir brauchen, ist nicht Zeit, sondern Liebe.
Es wäre hart für mich, wenn ich nicht meine Lieder schriebe.
Doch ich schreibe sie für dich und ich schreibe sie für mich.
Alles was ich brauche, ist ein wenig Licht.
Also hindere mich nicht, bevor meine Seele nicht mehr spricht.

(Text aus dem Lied *Geh davon aus…*, Söhne Mannheims, von Michael Herberger und Xavier Naidoo)

AUF MEIN HERZ HÖREN, »MICH SEIN«

»Mich sein« meint SEIN. Sein meint, ohne Wertung, ohne Schuld, ohne Sorge, ohne Angst, ohne Tun. Nur Sein. Mit dem Kopf prüfen und mit dem Herz entscheiden. Auf mein Herz hören.

Mir erlauben, meinen Kopf mal ein paar Minuten in Urlaub zu schicken. Verletzlich zu sein, vielleicht ein bisschen naiv. Na und!

Wer lehrt uns das noch? Da ist viel zu holen (nachzuholen) für uns. Klar brauchen wir beides: Die Analyse und die Intuition. Aber nicht immer gleichzeitig, auch nicht nur das eine oder das andere, sondern mal gleichzeitig, mal nacheinander, ohne Konzept, je nach Bedarf, mal mit Verstand, mal mit Intuition, mal mit beidem.

Verzweiflung findet im Denken statt. Wir dürfen uns der Verzweiflung nicht hingeben, sonst hören wir die Stimme des Herzens nicht!

»Mich sein« wird in langer Meditation erreicht, nicht mehr zu denken, nur noch zu sein. Dieses Konzept ist für uns Ungeduldige im Westen schwer zu verstehen. Wir sind so sehr im Verstand, im Denken verhaftet, dass uns diese Art des Seins schwer erscheint. Gerade deshalb übt dieses Sein auf uns eine ständige, wohltuende, entspannende Anziehung aus.

Denken Sie daran, wie wir Künstler beneiden. Wir haben die Vorstellung von der Selbstverwirklichung dieser Menschen. Wir sehen, dieser Mensch tut, was ihm gut tut. Wir spüren oft heitere Gelassenheit bei Künstlern. Wir spüren, dass sie etwas leben, von dem wir zu wenig haben, gern mehr hätten. Wer zeigt uns den Weg? Es gibt gute Wegweiser, z. B. Michael Ende mit seinen Büchern, Max Ernst mit seinen Bildern, John Lennon mit vielen seiner Songtexte und Lieder. Aber den Weg für mich finde ich durch mein Gehen, durch mein Handeln. Mein Handeln bringt es an den Tag. Deshalb haben aber auch so viele Angst vor dem Handeln. Sie wollen die Konsequenzen nicht tragen, wollen lieber reden, diskutieren.

Meinen Kopf mal ein paar Minuten in Urlaub zu schicken.

»Mich Sein« ist hintergründig. »Mich Sein« ist profund, unumstößlich wahr in mir. Tut mir gut. Manche Konzepte behaupten, es wäre das weibliche Prinzip. Die rechte Gehirnhälfte, wäre für diese Art zu denken zuständig. Es lohnt sich nicht darüber zu streiten, was wie ist. Wer Recht hat. Recht hat der, der sein Konzept belegen kann, wenn es geht wissenschaftlich. Und dann?

Dann hat der/die eben Recht. Aber ändert sich dann etwas? Bei Ihnen?

Auf mein Herz hören, »Mich sein«, auf meine Seele hören. Wir nehmen teil an etwas Großem, am Leben. Wir nehmen Teil an etwas, dem wir alle angehören. Unsere Seele ist Sender und Empfänger und Teil von dem, was uns und das Ganze leitet. Wir sind angeschlossen an Kräfte, die uns in den Dienst nehmen, unabhängig von unserem Wollen und unserem Urteil von Gut und Böse. Wir sind Ausführende der Wirklichkeit.

Das ist nicht traurig oder entmutigend, es ist wie es ist. So macht es Sinn, sich mit diesen Kräften, die uns und Welt lenken, einverstanden zu erklären, ohne sie immer verstehen zu können. Zu wissen, dass vieles nicht zu verstehen ist. Anzuerkennen, dass die wichtigsten Entscheidungen in unserem Leben ohne unser Zutun geschehen, wie unsere Geburt, Tod, Unfall, Erfolg, Gesundheit. Es geschieht uns.

Es macht Sinn, diese Kräfte als Leitbilder dadurch anzuerkennen, zu würdigen: dass ich auf mein Herz höre: »Bin ich richtig in dem, was ich tue, bin ich im Einklang?« Jeder findet seine Antwort auf diese Frage, wenn er sich selbst in Ruhe spürt, ohne zu denken.

»Mich Sein«, den Weg dahin begleitet die Frage, was tut mir gut? Was gleicht meine starke Gewichtung der Verstandesanteile aus? Ein paar Ansätze: Wenn ich in drei Wochen sterben würde, was täte ich in der verbleibenden Zeit, was wäre wichtig für mich, was bräuchte ich wirklich? Oder: Wo möchte ich in fünf Jahren stehen. Was will ich dann erreicht haben, was tue ich heute noch, um diesem Ziel näher zu kommen? Wenn ich 80 Jahre alt bin und auf mein Leben zurückschaue, was möchte ich dann auf jeden Fall getan haben?

Was wird bleiben? Was bleibt, war aus Liebe!

Was bleibt, war aus Liebe!

Die Summe unseres Lebens sind
die Stunden, in denen wir liebten.

Wilhelm Busch

Die Liebe bleibt. Es bleiben all Ihre Sorgen nicht, all Ihre Ängste nicht, all Ihr Haben bleibt nicht für Sie. Alle Ihre Reichtümer bleiben nicht für Sie, sie sind für die Erben. Für Sie bleibt: in Liebe gelebt zu haben. Geliebt worden zu sein. Geliebt zu haben. Das bleibt. Alles getan zu haben, eine Lösung zu finden. Das bleibt. Wir sind nackt auf die Erde gekommen, mit viel Startkapital, nämlich mit einem ganzen Leben, gefüllt mit Bewusstsein. Wenn das Leben aufgebraucht ist, gehen wir wieder nackt.

Der Sinn, so es einen gibt, war, zu leben. Zusammen zu leben in Liebe, sich zu Trennen in Liebe, zu sein, zu denken. Alles zu genießen. Die Erde zu genießen in ihrer Pracht, sie in ihrer Gewalt zu respektieren. Ein Gast zu sein, der ein bisschen da ist und dann wieder geht. Ohne Überschätzung in Demut.

Es ist eine Ansicht, zu meinen, das Gute wäre sinnvoller als das Schlechte. Weil Gutes leichter scheint. Natürlich kann man diese Sicht in Zweifel ziehen. Entscheidend ist nicht, was ich denke, der Schreiber oder was der Zweifler denkt. Entscheidend ist was der Mensch tut, der dies liest. Wie sich der fühlt, das ist wichtig.

Die Ressourcen, die ein Mensch braucht, liegen in seiner persönlichen Geschichte.

(Milton H. Erickson, *Life Refraiming in Hypnosis* – in *Das Tao des Chaos*)

Was Sie tun ist wichtig. Wie Sie es tun, ist wichtig. Tun Sie es in Liebe, für sich, nur für sich. Trennen Sie sich in Liebe. Oder führen Sie eine Partnerschaft in Liebe. Die Liebe bleibt.

»Die Götter helfen einem Menschen nur, wenn er alles getan hat, was er tun kann.« (*Odysseus* von Homer)

Warum sollen wir auf unser Herz hören? Kann es sein, dass unser Herz den Weg besser kennt als unser Verstand? Kann es sein, wenn wir eine Bestimmung haben, dass das Herz sie kennt und den Weg dahin kennt? Kann es sein, dass die Stimme unseres Herzens unser bester Wegweiser ist? Kann es sein, dass unser Herz aufgeregt, verliebt, erregt, hüpfend, auch trügerisch ist? Das alles kann sein.

Deshalb sollten wir unser Herz und das, was es uns sagt, anhören. Um es kennen zu lernen, es wahrzunehmen, auf seine Stimme zu achten, es zu beruhigen, wenn es Angst hat. Es wird nie aufhören zu reden.

Wenn unsere Herzensstimme gehört wird, wird unser Herz eines Tages ruhig werden. Es weiß jetzt, dass seine leise Stimme gehört wird, wenn es etwas zu sagen hat. Das tut gut. Unser Herz wünscht sich nichts mehr, als auf unserem Weg zu gehen. Zu unserem Ziel hin. Um unsere Bestimmung zu finden. Dann wird es ruhig. Unsere Herzen lieben sehr. In ihnen wohnt nur Liebe. Sie können uns und dem anderen Menschen nur Liebe schenken. Unsere Herzen sind sehr zerbrechlich, deshalb fürchten sie sich vor der Brutalität der Macht. Aber jetzt haben sie den Kontakt zu uns wiedergefunden wie in unserer Jugend. Jetzt braucht unser Herz nicht mehr, was es nie konnte, laut zu schreien, um gehört zu werden. Jetzt spüren wir, was es uns sagt.

Unser Herz möchte Frieden finden auch mit dem anderen Herz, dem des Partners. Herzen lieben Frieden. Herzen zerspringen im Hass. Menschenherzen brauchen Einigung. Menschenherzen brauchen Liebe, sind Liebe und wollen Liebe bleiben, auch wenn wir Menschen uns trennen.

Warum hat mich mein Herz nicht gewarnt vor dem, was jetzt ist? Habe ich ihm zugehört? Kann es sein, dass es selbst Angst hatte vor dem Leid, welches mit Trennung und Klarheit und Ehrlichkeit einhergeht? Herzen suchen die Liebe und scheuen das Leid, vielleicht deshalb. Aber Herzen wissen auch, dass Wege zur Bestimmung Leid und Liebe bergen.

Meinen Partner und alle Menschen und alle Tiere und alle Pflanzen und Mineralien und der Erde Kräfte erreiche ich nur mit der Sprache des Herzens, deshalb ist diese Sprache so wichtig.

Familien haben eine eigene Familienseele. Wenn ich mit dieser Familienseele im Einklang bin, kann »Trennung in Liebe« entstehen. Diese Familienseele sucht gute Wege für alle Beteiligten. Durch Achtung von Hierarchien wie z. B.: die Älteren werden von den Jüngeren respektiert, weil Jüngere nicht wären ohne die Älteren.

Kann es sein, dass unser Herz den Weg besser kennt als unser Verstand?

Unsere Herzen lieben sehr.

Herzen lieben Frieden.

Herzen suchen die Liebe und scheuen das Leid.

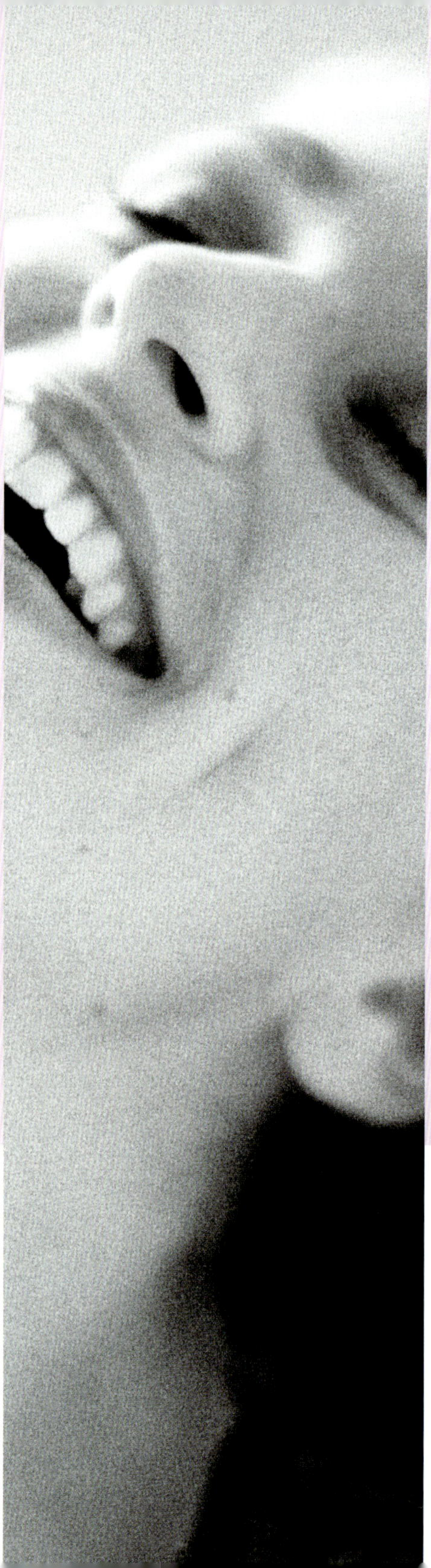

Glauben Sie Ihrem Herzen.

IM ANSCHLUSS SEIN MIT MIR

»Alle Entwicklung geht letzten Endes nach vorne, nach oben. Wenn eine Reihe von Arten in einem gemeinsamen Lebensraum zusammenleben (über Jahrmillionen) beeinflussen sie sich stets in Richtung einer Aufwärtsentwicklung. Das ist das große Wunder in diesem Kosmos. Diese Aufwärtsentwicklung ist nicht rational zu begründen. Vielleicht ist sie ein Gottesbeweis.« (Konrad Lorenz, *Hinter dem Spiegel – A day in a life*)

Anschluß finden an sich, in Kontakt sein mit sich, spüren was gut tut, was mir und dem anderen gut tut. In Kontakt sein mit der Sprache meines Herzens. Ich entscheide, ob ich mich provozieren lasse, ob ich eingehe auf die sarkastischen Bemerkungen. Ich entscheide, wie ich mit mir spielen lasse. Ich entscheide, ob ich das Spiel mitspielen will, das der andere mir vorspielt.

Bei »Trennung in Liebe« ist die Richtung klar. Dort, wo für alle Unterstützung, Gutes, Hilfreiches, Nützliches zu erwarten ist, geht es hin. Die Regel lautet: keine Verlierer.

Ich achte den Partner und ich erwarte, dass er mich achtet. Sollte das nicht so sein, beende ich das Gespräch ohne Vorwurf, aber klar in der Aussage: »so nicht«.

Wenn beide Partner verstehen und spüren, dass sie im Guten mehr gewinnen als im Streit, dass Lösung einer Krise mehr bringt als deren Verschweigen, dass Hinschauen und Wahrnehmen mehr bringt als Wegschauen und Zudecken, dass das Spüren so wichtig ist wie das Denken.

Hören Sie genau hin, wer was sagt, in der Zeit der Klärung oder Trennung. Sie haben jetzt alle Kraft, die Sie brauchen. Glauben Sie Ihrem Herzen. Denken Sie daran, dass jeder auf sein Wohl bedacht ist, Sie auch, nämlich dass »Trennung in Liebe« genauso funktioniert: zum Wohle aller.

Wenn Sie einen Bezug zu Musik haben, hören Sie in der Trennungszeit die Musik, die Ihnen gut tut. Lassen Sie sich Zeit. Zeit für wichtige Entscheidungen. Ich habe selbst erlebt, welche Kraft uns Menschen zuwächst, wenn wir eine gute Lösung für alle finden möchten. Glauben Sie an das Leben oder an

Die Regel lautet: keine Verlierer.

In Kontakt sein mit der Sprache meines Herzens.

Das zu sehen, weshalb ich sie/ihn geliebt habe.

Gott, wenn Sie können, daran, dass es etwas Größeres gibt, das uns alle verbindet. Glauben Sie an die Kraft der Liebe. Glauben Sie daran, dass alles in Ordnung kommt und gut wird. Alles wird gut, alles. Beten Sie, indem Sie danken für Ihr Leben. Bitten Sie um nichts.

Im Anschluss sein mit sich selbst, ist wie eine Meditation in Glaube, Hoffnung, Liebe.

Dieses im-Anschluss-Sein mit sich selbst, ist wie ein Gebet. Ein Gebet mit sich selbst. Es ist das Anrufen der höheren Instanzen, in mir, die nicht von Hass, Eifersucht, Rache, verblendet sind.

Setzen Sie sich ruhig hin. Lesen Sie, in aller Ruhe, Ihr Lieblingsgedicht, Zeilen aus diesem Buch, die Sie berühren und in Frieden bringen, betrachten Sie Ihr Lieblingsbild.

Anschluss finden an mich, damit wünsche ich mir und den Beteiligten das Beste. Ich bin ruhig und höre z. B. die Musik, die mich tief berührt, die mich fähig macht, über meinen Schatten zu springen, das Gute im anderen zu sehen, das zu sehen, weshalb ich sie/ihn geliebt habe. Damit verschwindet nicht das, was auch da ist, der Teil, der mir Schwierigkeiten macht. Aber ich sehe, es gibt beides. Wie auch in mir, auch ich habe beides. Ich kann zu beidem, auch bei mir, stehen. Auch mein Partner/in hat diese Anteile.

Ich erkenne, dass ich immer wieder diese Ruhe verlassen werde. Überrollt werde von den Ereignissen. Fehler mache. Ich darf Fehler machen. Ich lerne dazu. So wie es allen geht. Ich bin gleich viel wert. Ich achte mich.

Ich weiss, dass ich immer wieder zurück kann, zu mir, in mich, in meine Ruhe, in meine Weisheit. Jederzeit bin ich für mich da. Ich kann mich heilen. Ich heile mich durch mein Vertrauen in mich und in das Leben. Alles ist gut.

Ich verbinde mich mit dem Vollkommenen in mir, diesem Teil, der über Erkennen hinausgeht. Der das Ganze zu mehr macht als der Summe seiner Teile. In dem die Hoffnung wohnt, in dem der Glaube an das Leben zu Hause ist, in dem die Liebe regiert in mir.

Glauben Sie an das Leben oder an Gott wenn Sie können, daran, dass es etwas Größeres gibt, das uns alle verbindet.

Ich kann mich heilen.

Für eine gelungene Partnerschaft ist die Gleichwertigkeit der Partner das Ziel.

WUNSCH NACH VERÄNDERUNG UND GLEICHWERTIGKEIT

Um »Trennung in Liebe« zu leben oder eine Klärung der Partnerschaft anzugehen, ist die Voraussetzung: die Bereitschaft von beiden Partnern, die Situation zum beiderseitigen Wohl zu verändern. Wenn nur ein Partner an einer Veränderung interessiert ist, wird es immer zu einer »normalen« Trennung kommen, einer Trennung, die mit Schmerz und Schuld einhergeht.

Ein Buch kann nicht den guten Willen ersetzen, den jeder braucht, um Gutes in der Beziehung zu schaffen. Es kann erinnern an Bekanntes, an Werte, die Sie schon kennen. Sie handeln. Sie verändern Ihre Situation in Liebe.

Unterschiedlichkeit oder Gleichheit in Herkunft oder Thematik hat uns zusammengebracht. Chancen haben sich verliebt. Aus vielen der Chancen ist etwas geworden, aus manchen nicht. Schade, aber kein Grund, die Flinte ins Korn zu werfen. Es ist immer die richtige Zeit Gleichwertigkeit herzustellen. Für den Mann, indem er die Frau achtet und schützt. Für die Frau, indem sie den Mann achtet und liebt. Das beginnt bei den materiellen Werten, indem die Frau für ihre Leistung als Mutter finanziellen Anteil am Verdienst des Mannes, über den sie frei verfügen kann, bekommt. Damit achtet der Partner »Mutter Sein« als wertvolle, wichtige Arbeit.

Der Mann gibt freiwillig. Aus der Liebe zu seinen Kindern, zu seiner Frau, aus dem Erkennen, dass für die Familie die Liebe der Mutter und die Achtung des Vaters für die Mutter und Frau das Beste ist. Damit nicht genug. Die Frau nimmt den Schutz des Mannes an. Heilt das oder spaltet es?

WAS ICH TUN KANN

Bitte stellen Sie sich die Frage und finden Sie Ihre Antwort:

Wofür werde ich geliebt?
Bin ich noch bereit, das zu tun, wofür ich geliebt werde?

Ein Buch kann nicht den guten Willen ersetzen, den jeder braucht, um Gutes in der Beziehung zu schaffen.

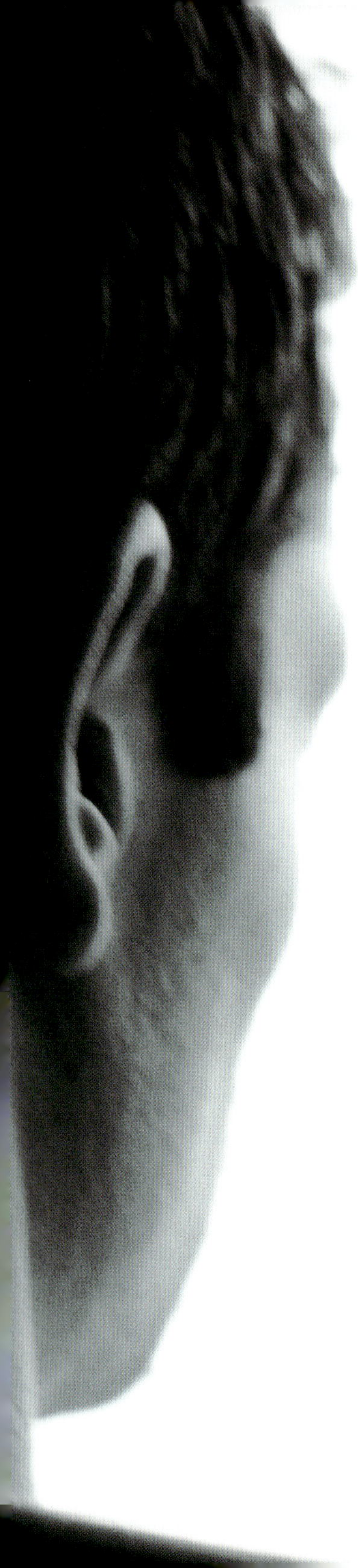

MANN SEIN, DER UR-MANN – EINE VISION »NUR FÜR MÄNNER«

Alle Männer haben Anschluss an den Ur-Mann in sich. Dieser Ur-Mann ist ein starker Krieger, der beschützt, aber niemals andere belästigen oder gar verletzen würde, ohne selbst angegriffen zu werden. Dieser Ur-Mann achtet das Revier der anderen Männer und deren Frauen und Kinder. Der Ur-Mann wird nicht mit der Frau seines Freundes oder Feindes schlafen, nur um sich zu befriedigen, denn er hat seinen Frieden in sich gefunden. Er hat das brennende Verlangen in seinem Penis nach Befriedigung tausend Mal verspürt und es überlebt.

Der Ur-Mann, der in allen Männern wohnt, hat die Gewalt der Lust kennengelernt, leiten gelernt, nutzen gelernt, hin zu der Frau, die ihn begehrt. Mit ihr teilt er seine Wildheit, die nicht brutal ist, sondern stark und lustvoll. Der Ur-Mann leitet jeden Mann an, die Gewalt seiner Lust zu benutzen und nicht von dieser Gewalt benutzt zu werden. Der Ur-Mann schenkt seine gewaltige Lust der Frau, die ihn liebt, dort gehört sie hin.

Langsam und ausdauernd liebt er diese Frau für alles, was sie ist, und dafür, wie sie ist. Ohne sich Bilder zu machen davon, wie seine Partnerin sein sollte, oder von anderen Frauen, während sie sich lieben.

Der Ur-Mann zeigt den jungen Männern, wie sie ihre Stärke und Ruhe finden, die sie bei ihm bewundern. Junge Männer spüren, dass sie sich ihm anvertrauen können. Junge Männer spü-

*Mit ihr teilt er seine Wildheit,
die nicht brutal ist,
sondern stark und lustvoll.*

ren diesen Ur-Mann in sich. Er ruft sie über die Vorbilder, Idole, die sie sich suchen.

Leider werden die jungen Männer immer wieder enttäuscht. Bis sie die Suche aufgeben und in fürchterlichen Beziehungen gefangen sind und aufhören, nach dem Ur-Mann in sich selbst zu suchen. Der Ur-Mann sagt jungen Männern in erwachsenen Körpern, dass die Liebe eine Kunst ist, die es zu erlernen gilt. Zuerst die Liebe zu sich. Danach die Liebe zu einer Frau, zu Kindern, und die zum Beruf.

Ältere Männer kräftigen junge Männer im Gespräch, indem sie darüber reden und durch ihr Handeln zeigen, was es bedeutet, Frauen zu ehren. Sie weisen auf Werte hin, die Bestand haben:

Den Wert, allein draußen in der Natur zu sein.

Mich selbst kennen zu lernen, was ich liebe, was mich stärkt.

Was es bedeutet, leidenschaftlich zu lieben, leidenschaftlich zu arbeiten.

Was es bedeutet, Kinder zu begleiten, bis sie selbst stark sind.

Diese Männer versagen sich der Gewalt gegen Schwächere, andersdenkende, andersfarbige Menschen, Gewalt und sexuellen Missbrauch gegen Frauen und Kinder. Diese Männer sagen: Wir werden dich daran hindern, z. B. deine Frau und Kinder zu schlagen, weil es dir und uns allen schadet.

Männer sind im Moment allein. Männer haben den tiefen Punkt eines langen Weges erreicht. Männer haben seit vielen Generationen vergessen, was ihnen gut tut, was ihre Frauen brauchen, was ihre Kinder haben müssen. Nur Männer können sich aus dieser Falle herausziehen, indem Männer sich gegenseitig erinnern, was ihnen gut tut und was schadet.

Indem wir langsam »Mann sein« wieder zu einer Ehre machen. Indem wir dem Elend, das von so vielen Männern angerichtet wurde, ein gutes Ende setzen. Indem wir aufhören, uns in sinnlose Kriege schicken zu lassen, uns betrügen zu lassen von alten, bösartigen Männern mit selbstsüchtigen Phantasien, die uns opfern für ihre Machtbedürfnisse in Weltkriegen, in Kriegen in Vietnam, Bosnien, Israel, Palästina, Irland, Afrika, Asien, Südamerika, Afghanistan und am WTC in New York.

Jungen Männern, mit und ohne Uniformen, werden und wurden eine falsche Ehre und falsche Ideale verkauft. Ideale des Hasses, der Zerstörung. Diese jungen Männer werden missbraucht, in Situationen der Hilflosigkeit und Aussichtslosigkeit gebracht, in der sie keine Perspektive haben, werden sie als Waffen benutzt. Angefüllt mit Hass und Hoffnungslosigkeit explodieren sie. Sinnlos.

Sie lassen sich zur Zerstörung verführen von älteren Männern, die zu feige sind, selbst den Kopf hinzuhalten, die vielleicht auch selbst der Lüge aufgesessen sind, »Nur die anderen wollen Krieg.«, die zu faul sind für die schwere Arbeit am Frieden.

Männer haben seit vielen Generationen vergessen was ihnen gut tut.

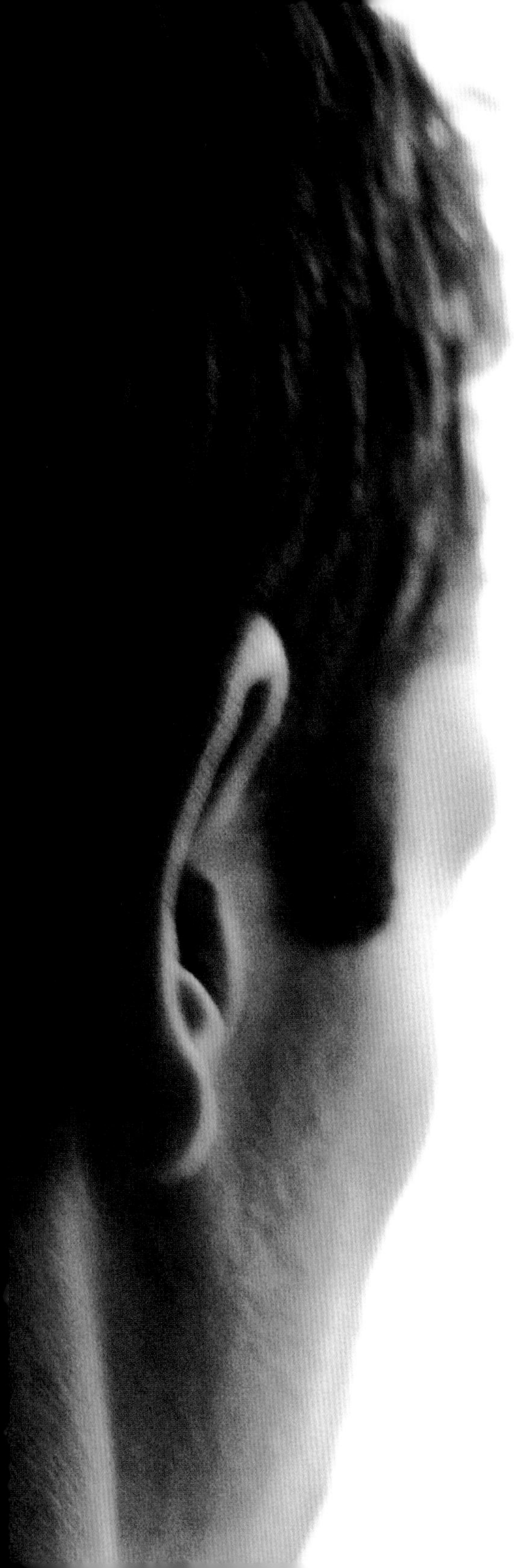

Diese älteren Männer haben ihr Alter, ihren Einfluss, ihre Macht, ihre Kraft, ihr Wissen nicht dazu eingesetzt, ihre Familien, ihre Länder zu schützen, sondern dazu, zu unterjochen, zu besetzen, zu unterwerfen, auszubeuten oder Reichtum anzuhäufen auf Kosten der anderen.

Hören wir auf Veteranen der Weltkriege, aus Korea, Vietnam, dem Golfkrieg, den Balkankriegen, Afghanistan usw. Was vom falschen Heldenmut blieb im Lazarett, nachdem sie den hohen Preis bezahlt hatten oder für ihr Land gestorben sind.

Väter können aus der Vergangenheit lernen. Indem sie ihren Söhnen, Töchtern und deren Freunden sagen, dass das Töten im Krieg, aber auch durch Todesstrafe weitreichende Folgen hat für die Nachkommen aller Beteiligten, Täter wie Opfer. Dass es keinen heiligen Krieg gibt! Weder vor 1000 Jahren noch heute. Die Folgen beweisen das! Und welchen Unterschied es macht, aus Hunger, zur Ernährung, in Selbstverteidigung zu töten, oder aus Hass, aufgestachelt von Propagandisten mit Halbwahrheiten der Unmenschlichkeit.

Männer könnten wieder lernen, dass es besser ist ein Tier selbst zu schlachten, zu essen und dem Tier dafür zu danken, als am PC Schlachten zu schlagen, bei denen Leben keinen Wert zu haben scheint. Damit wird unser wahnsinniger Fleischkonsum auf ein verträgliches Maß reduziert. Wir werden die Nahrungskette von Quantität auf Qualität umstellen.

Väter könnten ihren Söhnen und Töchtern sagen, dass ihre Bereitschaft, ihr Leben für ihre Familie zu geben, ausgenützt werden kann von machttrunkenen Betrügern aller politischen Richtungen.

Andererseits können wir nicht einfach zu Pazifisten werden. Das wäre zu einfach. Männer beschützen ihre Familien gegen Angriffe. Das haben die Alliierten 1944/45 getan. Ohne diesen oftmals tödlichen Einsatz würden wir in einer wahnsinnigen Welt leben müssen. Die Grenze zu ziehen zwischen kriegerischem Machtmissbrauch und berechtigtem Eingreifen von Staaten ist heute eher noch schwerer als früher. Trotz unseres Mehr an Information/Nachrichten, haben wir ein Weniger an qualitativer Information. Wir sind einer meinungsmachenden Maschinerie ausgesetzt, die zu durchschauen viel Zeit und Verstand fordert. Das können und wollen die meisten nicht aufbringen nach einem arbeitsreichen Tag.

Es geht nicht darum, Führer, Generäle, Machthaber zu verurteilen für ihren Machtmissbrauch. Auch die tun ihr Bestes, in ihren eigenen Augen jedenfalls. Und, hatten sie eine Wahl?

Wenn es sein könnte, dass jeder einem vorgezeichneten Weg folgen muß, dann hilft es nichts diese Menschen zu verurteilen. Ihre Strafe, wenn sie gegen Gesetze verstoßen haben, werden sie bekommen.

… ***der werfe den ersten Stein.*** (Joh. 8,7)

Es kann sich etwas ändern, wenn wir beginnen anzuerkennen, dass alle, Machthaber und die, die dieser Macht zu folgen haben, auch Deserteure, Terroristen, einfach wir alle, eingebun-

Väter sollten
ihren Söhnen
und Töchtern sagen,
dass ihre Bereitschaft,
ihr Leben
für ihre Familie
zu geben,
ausgenützt werden kann
von
machttrunkenen Betrügern.

Dient es deinen Idealen oder
dient es den Menschen?

aus *Zweierlei Glück*

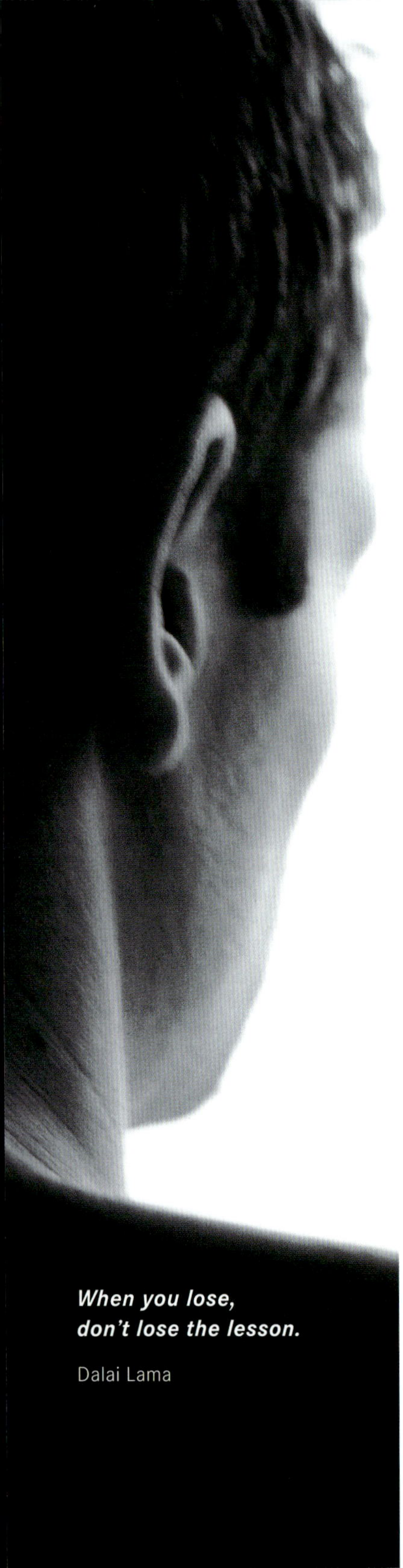

When you lose, don't lose the lesson.

Dalai Lama

den sind in ein undurchsichtiges Ganzes. Dieses Ganze können wir nicht verstehen. Aber wir können Gesetzmäßigkeiten wieder erkennen, z. B. Unrecht zieht neues Unrecht nach sich. Hass neuen Hass. Angreifer und Verteidiger sind in einen »Dienst« genommen, dem sie nicht entweichen können. Oft rührt dieser Handlungszwang aus der Vergangenheit her. Dort könnte auch eine Lösung beginnen. Ein Ausgleich, der die Opfer aller Parteien anerkennt und würdigt, indem von jeder Seite weniger zurückgegeben wird, kann die Todesspirale zum Stillstand kommen.

Das bedeutet konkret, dass zuerst der Wille zur Beendigung von Krieg zwischen Ländern, oder der Wille zur Beendigung von Krieg in Beziehung vorhanden sein muss. Indem ich danach dem anderen weniger vom Schlechten antue und mehr vom Besseren, geht es wieder bergauf.

Viele Männer sind heute so unzureichende Leitbilder, weil sie selbst keine Gelegenheit hatten, die Fähigkeiten abzuschauen oder zu erlernen, die sie weitergeben sollen. Aber in Männern ist die Sehnsucht, diese Fähigkeiten auszubilden und das sichere Gespür für das, was uns und unseren Partnern und Kindern gut tut und was nicht.

Unrecht zieht neues Unrecht nach sich.

WAS ICH SELBST TUN KANN

Es gibt einige Männer, die Einsichten gefunden haben, die einen achtsameren Umgang mit Mannsein/Menschsein versprechen: z. B. *Männer auf der Suche, Jungen wie sie glücklich heranwachsen,* von Steve Biddulph, *Das Väterhandbuch* von Warwick Pudney, Judy Cottrell alle drei mit vielen Ideen, wie es weitergehen kann (alle im Beust-Verlag, München erschienen). Auch Kassetten von Robert Bly in Englisch: *Iron John and the male mode of feeling*, oder seine Bücher *Eisenhans, Die kindliche Gesellschaft* in Deutsch im Kindler-Verlag erschienen. Oder Kassetten von Michael Meade, Malidoma Somé, James Hillman, z. B. *Images of Initiation* (ISBN 1-880155-05-2) in Englisch.

... dass zuerst der Wille zur Beendigung von Krieg in Beziehung vorhanden sein muss.

Es gibt auch unerwartete Lösungen (Teil eines Vortrags von Paul Watzlawick in Basel 1998):

»Ein alter Araber hinterließ nach seinem Tod seinen drei Söhnen 17 Kamele. Als Bedingung für die Verteilung des Erbes bestimmte der Alte, dass die Kamele wie folgt aufzuteilen seien, mit der Auflage, kein Kamel zu töten:

Der älteste Sohn sollte die Hälfte bekommen, der Mittlere ein Drittel, der Jüngste ein Neuntel. Die Söhnen rechneten und rechneten, ohne Ergebnis.

Da kam ein Beduine mit einem Kamel vorbei. Er fand die drei im lauten Streit, wer nun Recht hätte. Aus den Worten erkannte der Beduine schnell, dass es sich um Erbstreitigkeiten handeln müsse. Er fragte: ›Darf ich euch einen Vorschlag machen?‹

›Was weißt Du schon?‹ schrien die drei Streithähne. ›Ich glaube, es gibt eine Lösung für Euch, die ihr noch nicht in Betracht gezogen habt. Sie liegt auch nicht nur in Euren Möglichkeiten. Ihr braucht noch etwas dazu.‹ ›Mach es nicht so spannend‹, sagten die drei, schon interessierter.

Der Beduine sprach: ›Ihr habt 17 Kamele, das sind genug und doch nicht. Ich gebe Euch noch mein Kamel dazu. So haben wir 18 Kamele. Jetzt bekommst du Ältester die Hälfte, das sind neun Kamele. Du mittlerer Sohn sollst ein Drittel bekommen, das sind sechs Kamele. Du Jüngster sollst ein Neuntel bekommen, das sind zwei Kamele. So haben wir 9 + 6 = 15 + 2 macht 17 Kamele, das sind Eure 17, übrig bleibt meines. Das nehme ich jetzt wieder und sage Euch Lebt wohl!‹.«

Das angestrengte Suchen macht das Finden unmöglich.

Im gemeinsamen Lachen
beginnt sich die Spannung zu lösen.

Ich bin, was ich bin.

Ich erkenne, dass jeder Mensch in
seiner eigenen Wirklichkeit lebt.

LÖSUNGSMÖGLICHKEITEN – bevor es passiert ist und auch danach

Mögliche Wege zur Lösung. Finden Sie den für Sie richtigen Satz, Abschnitt, indem Sie sich einen oder mehrere der hier folgenden Sätze abschreiben oder kopieren oder öfters wieder lesen und spüren und nachdenken, ob das Ihr Ziel ist und wie sich Ihr Standpunkt dazu verändert. Probieren Sie Lösungsansätze aus, mit dem Partner oder allein.

Es ist eine Sammlung von Lösungsmöglichkeiten, die mal mehr, mal weniger passen werden.

Liebe in der Partnerschaft ist mehr als die Abwesenheit von Krieg in der Beziehung. Wenn aus den stürmischen Zeiten der Verliebtheit Partnerliebe geworden ist, sollten wir auf diese Zeiten der partnerschaftlichen Freundschaft zurückblicken, erinnern, was uns damals zusammengehalten hat. Partner finden Bereitschaft, sich zu verändern, wenn sie spüren, dass sie so geachtet und geliebt werden, wie sie sind.

Rettungsanker im Streit sind: ein liebes, ehrliches Wort, eine freundliche, scherzhafte Bemerkung (keine boshafte Ironie). Im gemeinsamen Lachen beginnt sich die Spannung zu lösen. Wir verhindern, dass Negatives unser Gespräch überrollt, indem wir eine humorvolle Bemerkung machen oder z. B. uns wie ein Kind gebärden.

Liebe erreichen wir immer nur teilweise. Es gelingt uns zu Anfang, sie zu streifen, festhalten lässt sie sich nie. Aber immer mehr können wir Liebe in unser Leben bringen, zu uns, zuerst zu uns, dann zu anderen. Im Handeln, im jetzt. Durch das Spüren, dass uns Liebe gut tut, besser tut als Streit. Durch kleine Gesten, wenn möglich täglich.

Ich erkenne, das jeder Mensch in seiner eigenen Wirklichkeit lebt. Aus dieser Erkenntnis heraus bin ich bereit, aus der Sicht meiner Partnerin/meines Partners, bis zu dessen Zufriedenheit, die Sicht des Problems darzulegen. Ich versetze mich in die Lage des anderen und schlüpfe in dessen Sicht der Dinge. Ich bringe die besten Argumente, derer ich fähig bin, um sie/ihn verstehen und spüren zu lernen. Danach macht mein Partner dasselbe mit meinen Positionen und vertritt sie bis ich sagen kann, »ja, genau so sehe ich es«.

Liebe in der Partnerschaft
ist mehr
als die Abwesenheit
von Krieg
in der Beziehung.

Liebe erreichen wir
immer nur teilweise.

Ich bin, was ich bewirke.

»Gewahrwerden, Wille zur Veränderung, Übung, das Zulassen von Angst und neuen Erfahrungen sind vonnöten, wenn die Verwandlung des Individuum gelingen soll. An einem gewissen Punkt ändert sich die Energie und Richtung der inneren Kräfte derart, dass sich auch das eigene Identitätserleben ändert. Solange ich am Haben orientiert bin, heißt das Motto: ›Ich bin, was ich habe‹. Nach dem Durchbruch heißt es: ›Ich bin, was ich bewirke‹.« (im Sinne von nicht entfremdetem Tätigsein) oder einfach:

»Ich bin, was ich bin.« (Rainer Funk, Hrsg.: *Erich Fromm. Vom Haben zum Sein*. © Quadriga Verlag Berlin in der Econ Ullstein List Verlag GmbH & Co. KG, München)

Alle bisher versuchten Lösungen können wir getrost beiseite legen. Sie haben nicht gebracht, was wir erwartet hatten, nämlich die Lösung der Schwierigkeiten, sonst wären wir nicht da, wo wir jetzt sind. Es ist vielmehr anzunehmen, dass eben diese Versuche die Schwierigkeiten aufrechterhalten haben. Das ist der Grund, weshalb wir mit neuen Lösungsmöglichkeiten beginnen, z. B. den hier genannten.

Es gibt unendlich viele verschiedene Ansätze, Konzepte, alle sind Wirklichkeitskonstruktionen, die alle versuchen, eine (die eigene) Sicht der Dinge dem anderen zu vermitteln. Allein das Erkennen, dass es Konstrukte sind, hilft in diesem Zusammenhang.

Wir sind geliebt und behütet über unsere Fähigkeit hinaus, zu denken und zu planen. Darüber hinaus sind wir geliebt und behütet. Wir wissen, dass wir die gute Lösung nicht planen können, nicht erzwingen können, nicht mit Druck erreichen. Wir wissen, die gute Lösung stellt sich ein durch unser gutes Zutun, das Lassen, das Nichtbewerten, das Annehmen, dessen, was ist.

Wir brauchen Zeit. Zeit, um für Veränderungen beim Partner zu werben. Zeit gibt dem anderen die Möglichkeit, sich neu zu orientieren. Zeit heilt, wenn Gutes wirken kann. Zeit dauert lange, wenn Schlechtes wirkt.

Ich nehme den Partner in seinen Befürchtungen ernst und gehe darauf ein.

Wir steigen aus dem Alltagstrott aus, wir denken über unsere Situation nach, spüren, was fehlt. Indem wir das tun, leben wir bewusster und besser. Jeder auf seine Art.

Wir lassen uns nicht von unserem Weg der Klarheit abbringen. Wir sind beharrlich in unserem Handeln. Wir wissen, dass sich alles zum Guten wendet, wenn wir lernen mit unserer Angst umzugehen. Wenn wir lernen mit den Ängsten der anderen umzugehen, wenn sie uns betreffen.

Liebe zu mir selbst, zum Partner, kann besser gelingen, wenn die Liebe zu unseren Eltern fließen kann. Wenn wir unseren Vater wie er war, wenn wir unsere Mutter wie sie war, so annehmen lernen ohne »Verbesserungsvorschläge« und »Ja, das

Glückliche Paare unterscheiden sich von unglücklichen im Streitverhalten, weil sie kurz und heftig streiten und nicht nachtragend sind.

kann ich akzeptieren, aber das nicht.« Wir können beide so nehmen/lassen, wie sie waren oder noch sind. Sie waren/sind die einzigen für uns, die einzig richtigen. Das, was schlimm war, nehmen wir, wie es war. Es war schlimm. Wir stimmen dieser Wirklichkeit zu, die war. Ich schaue hin, ich stimme dem zu, dann kann aus dem, was schlimm war, Liebe erwachsen. So kann ich es schaffen, das Leid zu beenden. Damit die Liebe wieder in mir und dann wieder in meiner alten oder neuen Partnerschaft fließen kann.

Liebe ist der Schlüssel, der zu Schwierigkeiten passt. Mit ihm lässt sich die Lösung, die hinter dem Schwierigen steht, erkennen. Unsere Ablehnung dieses Schlüssels heißt, wir wissen nicht mehr, was Liebe ist. Wir kennen Liebe nicht mehr. Es ist Zeit, Liebe in unser Leben zu bringen. Nach nichts anderem suchen wir in der vergänglichen Verpackung von Äußerlichkeiten, unserem Luxus. Der, wenn wir ihn endlich haben, nur mehr vom selben ist.

Wenn wir den Eindruck haben, der Partner oder andere tragen Schuld, könnten wir unseren eigenen Standpunkt überprüfen. Ich handle in meinem Ermessen und übernehme dafür die Verantwortung.

> ***»Once you know what works, do more of it. If it doesn't work, don't do it again, do something different.«***
>
> ***»Wenn etwas funktioniert, mach weiter so.
Wenn etwas nicht funktioniert, mach etwas anderes.«***
(Steve de Shazer)

Zeit heilt, wenn Gutes wirken kann.

Ich traue dem, was sich in meiner Beziehung gezeigt hat, nicht dem, was ich darüber denke. Das meint: Ich bin orientiert an dem, was war und ist. Nicht wie ich es empfinde! Sehen Sie selbst, was das für einen Unterschied macht, ohne Unterstellung auszukommen, dem anderen keine bösen Absichten zu unterstellen, nur Fakten zu nennen. Beispiel: »Wir haben nach drei Jahren geheiratet. Haben zwei Kinder. Sind jetzt seit 15 Jahren zusammen. Ich habe meinen Mann verlassen.«

Wie wenig bleibt, wenn wir unsere Emotionen weglassen. Emotionen und Schuldzuweisung wohnen in derselben Straße. Machen Sie einen großen Bogen darum!

Wir entscheiden uns in jedem Moment, ob wir unserer Intuition folgen wollen und so lösungsorientiert handeln, ob wir Kreativität leben, die immer eine gute Lösung birgt. Oder ob wir uns wieder in die Niederungen des Problems zurückzerren lassen. Ich selbst entscheide das, niemand sonst!

Alles, was wir bisher zur Lösung unseres Problems getan haben, hat nichts gebracht. Im Gegenteil, es hat dazu geführt, dieses Problem so am Leben zu halten. Deshalb können wir getrost darauf verzichten!

Nehmen Sie den Standpunkt ihres Partners ein und vertreten Sie diesen Standpunkt so klar und deutlich, in Anwesenheit des Partners, dass Ihr Partner damit übereinstimmt. Dann ist Ihr Partner an der Reihe und tut dasselbe, bis Sie zufrieden sind. Sie werden sehen, das Problem hat nicht mehr die Brisanz wie vorher! (Nach Anatol Rapaport's *Fights, Games and Debates*) Das ist das Ende der Unterstellungen, nach dem Motto »Ich weiß genau…«

Mitleid dem Partner gegenüber macht mich stark und schwächt den Partner. Mitgefühl will nichts erreichen, nimmt wahr was ist und versucht zu unterstützen.

Heilung für viele unserer Schwierigkeiten gibt es, wenn wir beginnen, unsere Angst anzuschauen, wenn wir unsere Erwartungen fallen lassen, wenn wir keine Macht über andere mehr brauchen. Wenn wir erkennen, dass es keinen Grund gibt, sich besser zu fühlen als ein anderer Mensch. Dann werden wir heil und in Liebe vereint mit allem, was lebt und ist.

Die Angst verlieren: Aufsteigende Angst schau ich an, nehme sie wahr, erkenne: davor habe ich Angst. Der Angst Raum geben. »Es ist meine große Angst, wenn das und jenes passieren würde.« Diese Angst sitzt im Verstand. Sie ist durch Denken erzeugt. Deshalb kann ich sie wieder gehen lassen, entkräften, indem ich sie erkenne, ernst nehme und gehen lasse. Beim nächsten Mal erkenne ich diese Angst wieder und sie verliert allmählich ihre Kraft. Die wichtige, überlebensnotwendige Angst hingegen erkenne ich daran, dass ich sofort handeln muss, um mich nicht zu gefährden. Diese Angst ist angeboren und wichtig.

Mitleid dem Partner gegenüber macht mich stark und schwächt den Partner.

Erwartungen abbauen: Ich handle ohne den Druck der Erwartung. Mit meiner Erwartung habe ich den Anspruch, das Ergebnis vorwegzunehmen und ich bin beleidigt, wenn es anders kommt.

Ich handle ohne den Druck der Erwartung.

Wer versucht, lässt es beim Alten, wer probiert auch.

Ich handle in guter Absicht mit dem Wunsch, das Beste zu erreichen für alle, aber ohne Erwartung. Der Unterschied zwischen Wunsch und Erwartung: Der Wunsch lässt den Ausgang offen, erwünscht. Die innere Haltung beim Wünschen ist: »Wenn es so sein darf!« Hingegen die Erwartung versucht zu erzwingen. Der Wille steht im Vordergrund.

Es gibt keinen Grund sich besser oder schlechter zu fühlen wegen Hautfarbe, Nationalität, Herkunft, Geschlecht. Die Kraft spüren der gemeinsamen Wurzeln, des Menschseins. Unterschiede tolerieren, erkennen: Wir sind nicht der gleichen Meinung und das ist gut so. Agree to disagree!

Wenn es so bliebe, wie es ist, wäre das gut oder schlecht für mich? Wer versucht, lässt es beim Alten, wer probiert auch. Wer handelt, wird Erfolg haben. Es ist eine Geisteshaltung: Will ich den Mangel fördern oder die Fülle?

Ich schaue mich an und verbünde mich mit meinen Möglichkeiten, so stehe ich immer auf der richtigen Seite.

Ich frage mich: »Wo bin ich in einem halben Jahr, wenn mein großer Wunsch in Erfüllung geht?«

Ich frage mich: »Wen stärkt diese Verhalten, wen schwächt es?«

Ich frage mich: »Woran würde ein anderer merken, dass sich in meiner Beziehung etwas zum Guten hin verändert hat, wenn ich das … ändere?«

Ich frage mich: »Wohin sehe ich, auf das Negative oder auf das Positive, bei mir und dem Partner?«

Wen stärkt diese Verhalten, wen schwächt es?

Indem ich mich so akzeptiere wie ich bin, ohne den Versuch besser, reiner, einsichtsvoller zu wirken, kann ich auch meine vermeintlichen Schwächen und Unvollkommenheiten sein lassen. Sonst wird, was ich an mir ablehne, zu meinem Feind oder zum Ziel meiner Veränderung. Das ist sinnlos, weil ich mich so nicht verändern kann. Ich habe die Bereitschaft zu lernen. Es hat gute Gründe, dass ich so bin, wie ich bin. Vielleicht auch Gründe, die niemand kennt.

Heute ist oft die Betonung der Form wichtiger als die Betonung des Inhaltes. Beides ist wichtig und kann nicht ohne das andere. Es fehlt an Inhalt, wenn nur Zeit für die Form aufgewendet wird. Der Töpfer arbeitet an der Form des Topfes, die Leere darin macht den Topf erst zum Topf.

Liebe gibt Inhalt. Liebe kann sein, dem anderen und sich selbst Dinge zu sagen, die er und man selbst nicht hören will. Liebe ist der Mut, wahrhaftig zu der Situation zu sein, die ist. Es ist einfacher, in Wut zu geraten als in Liebe. Aber Wut dauert nicht. Wut braucht einen Grund. Liebe kann ohne Grund, einfach der Liebe wegen gelebt werden. Liebe ist immer da. Wir haben die Wahl, uns für den besseren Weg zu entscheiden. Liebe heißt, mich selbst so nehmen, wie ich bin. Liebe bedeutet, den anderen da zu lassen wo er ist und ihn da zu lieben. Nicht erst, wenn er so ist, wie ich will. Was für eine Übung! Das Gute sehen in dem Partner, jetzt sofort. Nicht um zu heucheln, sondern weil darin die Lösung liegt.

Indem ich die schlechten Seiten betone, verbinde ich mich weiter im Schlechten. Wir verstärken die guten Seiten bei »Trennung in Liebe«, ab jetzt. Was wir säen, ernten wir.

Die innere Haltung beim Wünschen ist: »Wenn es so sein darf!«

*Wohin sehe ich,
auf das Negative
oder auf das Positive?*

Liebe bedeutet, den anderen so zu lassen wie er ist und ihn so zu lieben. Nicht erst, wenn er so ist, wie ich will.

Klagen Sie sich nicht gegenseitig an. Durch gegenseitige Schuldzuweisung wird nichts verändert. Hören Sie damit auf! Beenden Sie dieses Spiel. Es hat hauptsächlich dazu beigetragen Ihre Partnerschaft zu zerstören. Ab jetzt können Sie beide gewinnen, wenn Sie konstruktiv mit Partnerschaft bzw. Trennung umgehen.

Gegenseitiges Anklagen schürt Ihre Emotionen. Eskalierender Hass ist die Folge. Liebe ist keine Emotion. Liebe ist das Ziel und der gangbare Weg zueinander oder bei Trennung nebeneinander. Hass ist der Weg gegeneinander.

Was können Sie tun, wenn Sie spüren, dass Sie oder Ihr Partner stark mit Emotionen geladen sind? Bewährt hat sich eine Unterbrechung, Pause. Unsere Muster hassen Unterbrechungen! Muster und Emotionen müssen ständig geschürt werden, sonst erlöschen sie. Muster und Emotionen gedeien auch sehr gut in Gruppen Gleichgesinnter. Dann trauen sich Einzelne, was sie allein nie einem anderen zufügen würden.

Wichtig ist, sich nicht gegenseitig Vergangenes vorzuwerfen. Bleiben Sie im Jetzt. Nur jetzt können wir handeln. Was war, das war. Jeder hat sein Bestes getan. Auch wenn die Folgen es jetzt anders erscheinen lassen.

Wir tun uns schwer mit dieser Aussage, weil sie uns die Möglichkeit nimmt, eine weiße Weste zu behalten und zwingt Verantwortung zu übernehmen. Es bedeutet ganz einfach: Ich habe Fehler gemacht, du hast Fehler gemacht. Jetzt sind wir da, wo wir uns hingebracht haben in unserer Beziehung. Jetzt bringen wir unsere Beziehung in Ordnung oder wir trennen uns in Liebe.

Ohne Vorwürfe, mit dem Wissen, es gibt keine Schuld zuzuteilen, sondern die Verantwortung für das was ich tue und getan habe zu nehmen.

Unsere Muster hassen Unterbrechungen!

Klagen Sie sich nicht gegenseitig an.

So ist das bei uns, so machen wir das!

Was wir säen, ernten wir.

ÜBER GEFÜHLE – GEFÜHLE AUSDRÜCKEN, UNTERDRÜCKEN, FÜHLEN

1964 bewies John Stuart Bell: *»Es gibt keine lokalen Ursachen: Man kann nicht sagen, diese bestimmte Sache oder dieses eine Ereignis hat dies oder das verursacht, weil alles aus derselben Substanz besteht, daher verursacht alles, alles andere.*

Wenn alles, alles andere ist, dann ist alles nicht nur die Ursache von allem, sondern auch die Wirkung von allem anderen. Das bedeutet, dass die Ursache aus derselben Substanz besteht wie die Wirkung. Daher ist die Ursache die Wirkung, und die Wirkung ist die Ursache. Gandhi hat diese Erkenntnis praktisch angewendet.

Die Menschen sind häufig der Ansicht, das Ziel rechtfertige die Mittel. Wir haben das Recht, bestimmte Dinge zu tun (Mittel), weil das Ergebnis (Ziel) ›gut‹ ist. Gandhi begriff, dass das Mittel das Ziel ist und das Ziel das Mittel. Diese Einsicht Gandhis zeigt die Einheit von Ursache und Wirkung, sowie die Einheit von Ziel und Mittel.« (*Bell's Theorem*, aus: *Tao des Chaos* von Dr. Stephen Wolinsky, Lüchow-Verlag, Seite 74 ff.)

»Es gibt keine lokalen Ursachen.« (*Bell's Theorem*)

Sie werden sich fragen, was soll das denn in einem Buch über Trennung? Mein Bild ist, dass wir Trennung/Scheidung/Partnerschaft/Freundschaft und andere äußerst wichtige Änderungen im Leben meistern können. Wenn wir in der Lage sind, verschiedene Blickwinkel einzunehmen. Wenn wir davon ausgehen, dass unsere Konzepte, Muster, Gedanken, Gefühle, so sind, wie sie sind, weil wir denken sie sind so. Wenn wir uns erlauben, dieses Denken in Frage zu stellen. Wenn wir die Chancen nutzen, die eine Lebensherausforderung, wie eine Trennung, uns bringt.

Deshalb noch etwas zu Gefühlen, ebenfalls aus *Tao des Chaos*, Dr.Stephen Wolinsky: Über Gefühle – Gefühle ausdrücken, unterdrücken, fühlen: *»Heute ist es für uns an der Zeit, uns auf eine andere Ebene zu begeben, auf die Ebene, auf der Gefühle weder verdrängt noch ausgedrückt werden. Auf dieser Ebene werden Gefühle gefühlt.*

Wird Wut verdrängt, würden viele Therapien zum Beispiel darauf abzielen, wie die verdrängte Energie der Wut ausgedrückt und somit zum Gefühl werden könnte. Werden Gefühle ausgedrückt, so hält das, wie viele Menschen bestätigen können, die Erfahrung am Leben, und sie wird immer wieder neu durchlebt.

Mit anderen Worten, ständiges Ausdrücken von Gefühlen führt nur zu weiteren Erfahrungen derselben Art.

Gefühle auszudrücken ist zwar ein Schritt zur Freiheit, bringt jedoch weiteres Ausdrücken hervor. Außerdem ist das Ausdrücken von Gefühlen im Zweifelsfall nichts anderes als eine geschickte Methode, um sich gegen Gefühle zu wehren.

Der Beobachter verändert durch seine Beobachtung das Beobachtete. Allein die Beobachtung eines Vorgangs beeinflußt das Ergebnis.

Werner Heisenberg 1926

Die Bereitschaft, Gefühle zu haben,
oder nicht zu haben.

Mit anderen Worten, um zu vermeiden, nach innen gerichtete Gefühle zu fühlen, wende ich sie nach außen und drücke sie aus. Gefühle auszudrücken bedeutet also nicht notwendigerweise, dass man Gefühle fühlt.

Gefühle ausdrücken heißt Gefühle ausdrücken – Gefühle fühlen heißt Gefühle fühlen. Sich durch das Ausdrücken von Gefühlen zu bewegen ist der Anfang – Gefühle zu fühlen ist die Vollendung.

Lassen Sie mich zu Anfang sagen, dass Sie bereit sein müssen, Gefühle anzuerkennen und auszudrücken, und Sie müssen bereit sein, Gefühle zu haben, bevor Sie Gefühle fühlen können.

Wie man Gefühle fühlt – ohne Urteil, Bewertung oder Bedeutung.

Was sind denn nun die Bestandteile, die es uns ermöglichen, jenseits des Unterdrücken-ausdrücken-Kontinuums zum Fühlen der Gefühle zu gelangen? (1. bis 9. nächste Seite:)

1. *Die Bereitschaft, anzuerkennen, dass es Gefühle gibt.*
2. *Die Bereitschaft, Gefühle zu haben.*
3. *Die Bereitschaft, sie zu investieren.*
4. *Die Fähigkeit, sich von Urteilen, Bewertungen oder Bedeutungszuweisungen der Gefühle oder von dem, was sie von Ihnen als Person sagen, zu lösen.*
5. *Die Bereitschaft, das Gefühl 100-prozentig zu SEIN.*
6. *Die Bereitschaft, darauf zu achten, an welcher Stelle Ihres Körpers sich die Gefühle befinden.*
7. *Die Bereitschaft, Gefühle zu entetikettieren und sie als Energie zu sehen.*
8. *Die Bereitschaft, Gefühle als Energie zu fühlen – ohne die Absicht, das Gefühl loszuwerden. Es ist absolut notwendig, keine Absicht zu haben! Wenn Sie mit Gefühlen arbeiten in dem Versuch, sie durch Verdrängung oder Ausdruck lozuwerden, wehren Sie sich gegen das Gefühl und erschaffen es daher erneut.*
9. *Die Bereitschaft, das Gefühl nicht zu haben. Freiheit ist die Freiheit, Gefühle in freier Entscheidung zu haben oder nicht zu haben. Der letzte Schritt besteht darin, sich zu fragen: ›Bin ich frei, das Gefühl zu haben? Bin ich frei, das Gefühl nicht zu haben?‹«*

Die besten Möglichkeiten,
meine Gefühle zu vermeiden sind:
Nicht oder flach zu atmen
(Atem anhalten),
die Muskeln anspannen,
zu verkrampfen,
die Augen schließen,
in eigenen Bildern sein.

»Der Körper ist der Übersetzer der Seele ins Sichtbare.« (Christian Morgenstern)

»Die beste Arznei für den Menschen ist der Mensch. Der höchste Grad von Arznei ist die Liebe.« (Paracelsus)

Gerade in unseren Beziehungen haben wir die Chance, über den Weg der Liebe heil zu werden. Fragen Sie sich: Was fehlt mir? Was brauche ich in meiner Beziehung? Was tut mir gut?

Über diese Fragen kann jeder Mensch, die für ihn und seinen Partner richtigen Antworten finden. Zumindest lernt er, was er nicht will. Das ist schon die halbe Miete. Damit ist das Eis gebrochen. Wenn klar ist, dass die Beziehung sonst kaputt geht, könnte das die Motivation sein zuzuhören, damit anzufangen, eine wirkliche Partnerschaft einzugehen oder wenn dies nicht mehr möglich ist, sich in Liebe zu trennen.

Ein erfolgreicher Heilpraktiker sagt: »Achten Sie auf Ihre Krankheiten, was Ihr Körper damit ausdrücken will, welche Symbolik damit verbunden ist. Achten Sie besonders auf Ihren Stuhlgang. Oft ist Verstopfung oder Durchfall ein deutlicher Hilferuf Ihres Körpers: ›Ich kann nicht loslassen oder nicht halten, was in mir ist‹.«

Krankheit als Symbol und *Lebenskrisen als Entwicklungschancen* von Dr.med Rüdiger Dahlke im C. Bertelsmann Verlag erschienen, sind hilfreich in der Beschäftigung mit mir und gut für die individuelle Einschätzung der Hintergründe meines Leids. Ich beginne, Verantwortung für das, was mir geschieht, zu übernehmen und gebe diese Verantwortung nicht an einen Medizinmann ab, nach dem Motto »Der wird es schon richten.« Ich beginne, mir selbst Gedanken zu machen, was für mich stimmt, was meine Krankheit mir sagen will.

Es ist kein Ersatz für praktische ärztliche Hilfe, doch diese Hilfe wird erst tief wirken können, wenn ich die Krankheit als Teil von mir sehe und nicht als etwas, was ich schnellstens wieder weg haben will. Das ist vielfach die Reaktion: »schnell weg damit«.

Ist ja auch klar, wenn ich große Schmerzen habe, will ich die möglichst schnell los werden. Die Chance wirklich heil zu werden habe ich, wenn ich die Erkrankung nicht als lästige Behinderung anschaue sondern als Hinweis: »Mein Körper gibt mir eine Warnung: Vorsicht! Kümmere dich um mich!«

Das ist ein Erfolg versprechender Weg, der aber den Arzt oder Heilpraktiker nicht ersetzt. Sinn und Zweck ist es, meine Verantwortung für meine Gesundung zu mir zu nehmen und natürlich die Erfahrung der Spezialisten zu nutzen. Es geht letztlich darum, die Lernaufgaben, die uns durch Schicksal und Krankheit auferlegt werden, anzunehmen und daraus das Beste zu machen.

Da wir nur die Wahl haben, uns damit auseinander zu setzen oder in Ablehnung, Konfrontation, Widerstand zu gehen, ist »Ansehen was ist« die einzige Not-Lösung. Die Beharrlichkeit, der Lösung eine Chance zu geben.

Was brauche ich in meiner Beziehung?

Der Therapeut Dr. Stephen Wolinsky hat ein Behandlungskonzept entwickelt, dessen Grundlagen Erkenntnisse aus der Chaos-Theorie sind: ***»Auch das Chaos hat seine Ordnung, die Zufälligkeit der Gedanken: Manche Menschen sind überrascht, wenn sie erkennen, dass ihre Gedanken in keinerlei Zusammenhang stehen. Dabei scheint es sich um ein zufälliges Chaos zu handeln. Wenn wir jedoch tiefer schauen, entdecken wir den Raum zwischen den Gedanken. Das ist die Ordnung im Chaos.«*** (*Das Tao des Chaos*, Seite 37)

Stephen Wolinsky versucht, mit seiner Art der Therapie unsere Konzepte sichtbar zu machen und zu entprogrammieren. Damit ist gemeint, Gefühle und das, was wir meinen was wir sind, wie Schalen einer Zwiebel abzuschälen bis wir am Grund unseres Seins sind, was er »Essenz« nennt (Grund der Essenz = Mitgefühl). Er zeigt einen Weg auf, um selbst Trance-Fixationen (den Glaube daran, dass es so ist, wie wir meinen, dass es sei) zu lösen, zumindest ein Bewusstsein dafür zu schaffen.

Die folgende Therapiesitzung zitiert aus Stephen Wolinsky, *Das Tao des Chaos*, Lüchow Verlag, Freiburg, Seite 270 ff:

Ich werde es versuchen.
Das schaffe ich.

PSYCHISCHE GESUNDHEIT – EIN THERAPIEGESPRÄCH

»Der erste Schritt zur psychischen Gesundheit, im ›Tao des Chaos‹, kann wie folgt formuliert werden. Die Bereitschaft, alles zu erfahren. Das bedeutet nicht: ›Toll, ich will, dass man mir ins Gesicht schlägt.‹ Es bedeutet jedoch, dass ich bereit bin, alles zu erfahren, was in meiner inneren subjektiven Welt mit mir vorgeht. Diese Bereitschaft ist das Tao des Chaos.«

Beispiel:

Therapeut (T): Wie geht es Ihnen nach der Scheidung?

Patientin (P): Ich habe das Gefühl, meine Identität verloren zu haben, seit Ted und ich uns getrennt haben. Was soll ich jetzt tun? Früher habe ich mich immer dem gefügt, was Ted wollte, und jetzt weiß ich nicht, wer ich bin, aber ich versuche, das zu ignorieren und einfach mit meinem Leben fortzufahren.

Therapeutische Anmerkung:
Eine plötzliche Scheidung nach vielen Jahren Ehe ist ein schwerer Schock und trägt Trauer in sich. Trauer ist ein biologischer Prozess, kein psychologischer. In diesem Sinn müssen Trauer und Schock erst behandelt werden, bevor sie in ihrem Leben weitere Entscheidungen treffen kann.

Die Beharrlichkeit, der Lösung eine Chance zu geben.

T: Wie fühlen sie sich im Moment?
P: Verwirrt.
T: An welcher Stelle des Körpers spüren Sie die Verwirrung?
P: In meinem Gesicht.
T: Erschaffen Sie die Verwirrung in Ihrem Gesicht.
P: Ich kann sie nicht erschaffen, sie ist schon da.
T: Gut, machen Sie eine Kopie der Verwirrung.
P: Okay.
T: Machen Sie noch drei Kopien von der Verwirrung.
P: Okay.
T: Lassen sie jetzt die Kopien los.
P: Okay.
T: Achten Sie jetzt auf die Form der Verwirrung.
P: Okay.
T: Verschmelzen Sie jetzt hundertprozentig mit der Verwirrung.
P: Okay.
T: Entscheiden Sie jetzt ganz bewusst, dass die Verwirrung da sein soll.
P: Okay.
T: Verschmelzen Sie jetzt mit der Verwirrung als Energie.
P: Okay.
T: Wie geht es Ihnen?
P: Klarer.

Therapeutische Anmerkung:
Hier begegnen wir der ersten Trance der Verwirrung. Sie hat sich gegen die Verwirrung gewehrt, indem sie versuchte, »klar zu sehen«. Daher bitte ich sie, die Trance ganz bewusst zu erschaffen – etwas, was sie bislang schon völlig unbewusst getan hat.

T: ***Wie fühlen Sie sich in diesem Augenblick***
P: Taub.
T: ***An welcher Stelle Ihres Körpers spüren Sie diese Taubheit?***
P: In meinem Herzen.
T: ***Wie sind Form und Größe der Taubheit beschaffen?***
P: Wie ein runder Kokon.
T: ***Machen Sie mehrere Kopien von diesem Kokon.***
P: Okay.
T: ***Lassen Sie jetzt die Kopien los, und verschmelzen Sie mit der Taubheit des Kokons.***
P: Okay.
T: ***Können Sie die Taubheit des Kokons als sich langsam bewegende Energie erfahren?***
P: Okay.

Therapeutische Anmerkung:
Ich möchte nochmals betonen: Die Trancezustände von Verwirrung und Taubheit schützten Barbara vor der Erfahrung ihrer biologischen Trauer. Außerdem werden die Trancezustände durch eine kognitive Verzerrung an Ort und Stelle gehalten, d. h. die Trauer der Scheidung darf nicht zugelassen werden.

T: ***Wie fühlen Sie sich in diesem Augenblick?***
P: (fängt an zu schmunzeln) *Von Schmerz und Trauer überwältigt.*
T: ***Spüren Sie die Trauer.***
P: Das tue ich.
(Mehrere Minuten vergehen.)
T: ***Was geschieht gerade?***
P: Ich habe das Gefühl, ein Loch in meinem Herzen zu haben.
T: ***Schälen Sie das Loch ab. Was finden Sie vor?***
P: Ich habe das Gefühl gleich einzuschlafen.
T: ***Erschaffen Sie das Gefühl des Schlafes als eine Energie, die sich sehr langsam bewegt, und verschmelzen Sie mit dieser Energie.***
P: Okay.

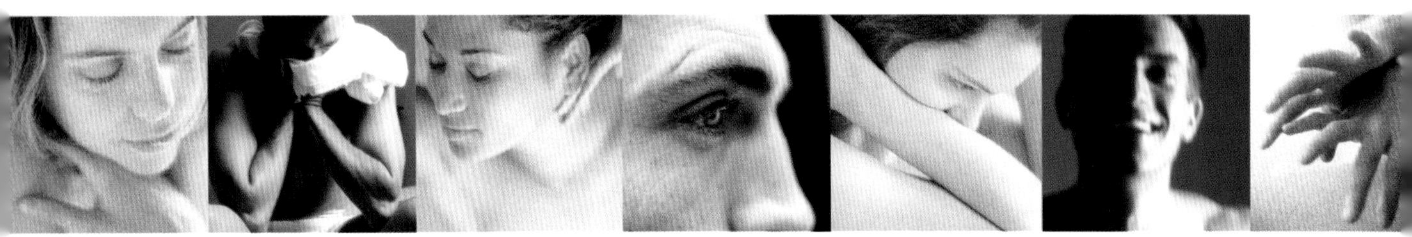

Therapeutische Anmerkung:
Hier haben wir eine Schicht des Unterbewusstseins (Schlaf), die vor der Pforte zur Essenz steht und eine Aufmerksamkeitsfixierung darstellt.

*T: **Wie fühlen Sie sich in diesem Augenblick?***
P: Entspannt, aber voll da.
*T: **Schälen Sie die entspannte Schicht ab, und sagen Sie mir, was Sie vorfinden.***
P: Einen leeren Raum.
*T: **Begeben Sie sich in diesen leeren Raum und erzählen Sie mir, wie Sie sich fühlen.***
P: Friedlich, still, als ob ich zu Hause angekommen wäre.
*T: **Bewegen Sie sich jetzt nach vorn, und spüren Sie die Trauer.***
(Wieder schluchzt sie einige Minuten lang)
*T: **Begeben Sie sich jetzt wieder in die Leere zurück.***
P: Das ist besser.
*T: **Begeben Sie sich jetzt wieder in die Trauer.***
P: Okay.
*T: **Wie geht es Ihnen?***
P: Besser, aber ich weiß immer noch nicht, was ich tun werde.
*T: **Ich möchte, dass Sie diese Woche als Hausaufgabe üben, sich von der Leere zur Trauer zu bewegen und von der Trauer zu dem leeren Raum, bis Sie sich gut fühlen und bereit sind, die Trauer zu erfahren.***
P: Ich werde es versuchen, aber ich habe Angst davor, von meinen Gefühlen überwältigt zu werden.
*T: **Üben Sie diese Woche, nur ein wenig Trauer zu fühlen, und wenn die Trauer zu groß wird, gehen Sie in den leeren Raum zurück.***
P: Das schaffe ich.

PHYSISCHE GESUNDHEIT

Der Arzt Dr. Rüdiger Dahlke nennt in Vorträgen, Büchern, Seminaren die *Fünf Säulen der Gesundheit:*

BEWEGUNG

UMWELT

BEWUSSTE LEBENSEINSTELLUNG

ERNÄHRUNG

REGENERATION

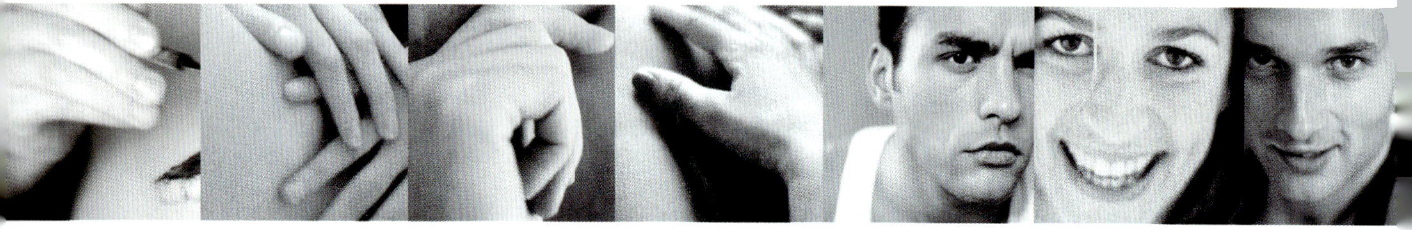

BEWEGUNG

Motto: Wenn ich esse, muss ich mich bewegen, wenn ich faste, brauche ich weniger Bewegung. Immer im Sauerstoffgleichgewicht Sport betreiben, z. B. Joggen und sich noch unterhalten können, Nasenatmung!

UMWELT

Wo ich lebe, was ich dort tue, hat Einfluss auf meine Lebensqualität.

BEWUSSTE LEBENSEINSTELLUNG

Ist die tragende mittlere Säule dieser fünf.
Nur auf dieser Mittelsäule bleibt der Tempel der Gesundheit stehen, wenn eine andere Säule schwach wird.

ERNÄHRUNG

100-prozentig vollwertige Ernährung, 60 % Kohlenhydrate.

REGENERATION

Keine Schlafdefizite: regelmäßiger, ruhiger Schlaf.

Diese fünf stehen auf dem Fundament von Erbe, Umwelt (in die ich geboren werde), Konstitution und Mentalität. Weitergehende Informationen im Buch *Säulen der Gesundheit*, Dahlke/Preiml/Mühlbauer, Irisiana Verlag. Heinrich Hugendubel Verlag, Kreuzlingen/München.

»Ich will dir etwas sagen über Krankheiten: Sie sind manchmal Sendboten der Liebe. Wenn du es ihnen erlaubst zu kommen, sind sie vielleicht freundlich.

Es ist die Demut des Therapeuten, die hier eine Rolle spielt, diese absichtslose, die dem Kranken zustimmt, wie er ist, seinem Schicksal zustimmt, wie es ist. Niemand ist stärker, ein Schicksal zu meistern, als der, der es hat.« (Bert Hellinger, *Mitte und Maß,* 2. Aufl. 2001, Carl-Auer-Systeme Verlag)

FAMILIENAUFSTELLUNGEN

Die Familienaufstellung in der Form wie sie von Bert Hellinger weiterentwickelt wurde und ständig weiterentwickelt wird ist hilfreich, um Verstrickungen und schweres Schicksal in Beziehungen sichtbar zu machen und Lösendes wahrzunehmen. Es wird klar, dass der Ansatz der Schuldzuweisung nichts bringt, dass wir oft unbewusst handeln (»gehandelt werden«), geführt und geleitet von einer tieferen Kraft, die über viele Generationen hinweg nach Ausgleich strebt.

Wir haben die Möglichkeit zu spüren, wie wir von den Generationen, die hinter uns liegen, in Dienst genommen werden, wenn es darum geht, Unrecht zu sehen, Ausgegrenzte einzubeziehen, schweres Leid zu heilen, Gleichgewicht zu geben. Was auf uns wirkt, ohne dass wir es sehen, wird durch das anschauen was ist, die »phänomenologische Sichtweise«, spürbar.

Es hilft uns, die Verbindung zu unseren Eltern wiederherzustellen. Den Vater und die Kraft der Männer, meiner Ahnen, hinter mir zu spüren. Sie in einer Reihe hinter mir stehen zu sehen. Das bringt mich in meine Kraft als Mann. Es hilft, mir dieses Bild vorzustellen und als Bild der Kraft in mir zu tragen.

Es hilft, diese Reihe, so wir Kinder haben, nach vorne fortzusetzen und meinen Sohn vor mir stehen zu sehen und die darauf folgenden Söhne vor mir zu sehen. Lesen Sie in Steve Biddulphs »*Männer auf der Suche*«, hierzu die Kapitel »Vaterhunger« und »Den Vater entdecken«. Manche Indianerstämme sehen sieben Generationen vor sich und sieben Generationen hinter sich, um sich eingebunden zu fühlen. Sie handeln in Achtung derer, die vor ihnen waren und in Vorsicht für die, die nach ihnen kommen.

Als Frau hilft mir, die Verbindung mit meiner Mutter zu spüren; meine Mutter unterstützend mit all Ihrer Kraft hinter mir zu wissen. Mit all Ihrer Kraft, die sie aus den hinter ihr stehenden Müttern erfährt, wie eine »Frauentankstelle« stehen sie hinter mir. »Wir sind starke Frauen« und ich spüre, wie ich in meine Kraft komme.

Hinter Ihnen steht Ihre Mutter, dahinter steht deren Mutter, Ihre Großmutter, dahinter deren Mutter und so fort. Vor Ihnen steht Ihre Tochter, so Sie Kinder haben, vor Ihrer Tochter deren Tochter, also Ihr Enkel und so weiter bis zu siebten Generation.

Literaturhinweis und Empfehlung: Maja Storch *Die Sehnsucht der starken Frau nach dem starken Mann* das Kapitel: »Die Entwicklung des inneren starken Mädchens zur inneren starken Frau.«

Als Frau hilft mir, die Verbindung mit meiner Mutter zu spüren.

Es hilft uns, die Verbindung zu unseren Eltern wiederherzustellen.

Nehmen Sie dieses Bild zu sich und wenn Sie die Gelegenheit haben, machen Sie eine Familienaufstellung bei einem qualifizierten Therapeuten, um es selbst eindrücklich zu spüren und damit innere Bilder zu schaffen, die aus dem eigenen Erleben stammen und so jederzeit abrufbar sind, wenn Sie Stärkung brauchen.

Ich behaupte, mindestens die Hälfte all unserer Zeitgenossen sind in dieser Beziehung »unterernährt« und haben brennenden Bedarf, die gute Kraft von Vater und Mutter hinter sich stärkend zu spüren. In diesem Zusammenhang kann hilfreich sein von Verena Kast: *Vater-Töchter und Mutter-Söhne*, erschienen im Kreuz Verlag.

Wir werden uns immer wieder nach »dem Warum« fragen? Warum haben wir uns getrennt, warum hat es nicht geklappt, warum ist es so und nicht anders gekommen?

Wir werden es nie verstehen.

Wir werden es nie mehr ändern, was geschehen ist. Es war. Und weil es war, hilft nur das Akzeptieren. Die Frage nach »dem Warum« setzt die Annahme voraus, es gäbe eine Ursache für das Misslingen meiner Beziehung. Das stimmt bei einer Glühbirne, die durchgebrannt ist. Bei unseren Beziehungen ist die Annahme irreführend, es gäbe einen Grund den wir nur finden müssen, dann läuft alles wieder wie geschmiert. Dieses Denken geht von der Annahme aus, wir hätten diese Entwicklung verhindern können. Es geht davon aus, dass wir unser Leben im Griff haben.

Es hilft die Vision, wie es sein könnte, die Hoffnung, den guten Weg für alle zu finden.

Es geschieht uns Schicksal, es passiert uns Unvorhergesehenes. Ein intelligenter Umgang mit dem, was mir passiert ist: es zu nehmen und das Beste daraus zu machen.

Ein hilfreicher Ansatz ist, sich vorzustellen, es bleibt alles, wie es ist. Es gibt keine Änderung. Es wird mir niemand helfen, ich kann mir nicht helfen, es ist aussichtslos, irgend etwas zu ändern. Alles wird so bleiben. Nichts wird anders. Prüfen Sie, wie sich das anfühlt für Sie: Wollen Sie, dass alles so bleibt, oder wollen Sie Änderung?

Achten Sie auf Ihre Kommunikation, wie Sie miteinander reden, umgehen. Hören Sie zu, was ihr Partner sagt. Stellen Sie sicher, dass Ihnen zugehört wird. Seien Sie wahrhaftig mit dem, was Sie sagen und denken. Geben Sie keine zweideutigen Botschaften. »Ja, das tue ich, aber eigentlich bin ich jetzt schon sicher, dass ich es nicht tun werde…«

Ihr Partner kennt Sie besser, als Sie erwarten, auch ohne dass ihm das bewusst ist, spürt der Partner, wann Sie spielen und wann es ernst ist.

In entscheidenden Situationen wie dieser, wo es um »Partnerschaft in Liebe«, »Trennung in Liebe« oder Krieg geht, ist es wichtig mit offenen Karten zu spielen. Fangen Sie zuerst damit an. Auch auf die Gefahr hin einen ersten Schritt, »ohne Deckung«, zu machen. Alles andere sind Umwege, die zur Wiederholung oder Austausch im Unguten zwingen.

**Spielen Sie mit offenen Karten.
Diese Angst lohnt sich.**

Weil es war, müssen wir es akzeptieren.

Es geschieht uns Schicksal.

PRAXIS DER LIEBE

Erich Fromm gibt in *Die Kunst des Liebens* vier Voraussetzungen an, die für die »Praxis der Liebe«, die auch zur Ausübung jeder anderen Kunst unerlässlich sind:

Disziplin, Konzentration, Geduld, Wichtigkeit.

Für »Trennung in Liebe« und »Partnerschaft in Liebe« bedeutet das: Ist es mir so sehr **wichtig**, dass ich den bestehenden Zustand ändere, dass ich bereit bin, mein Leben zu verändern? Ich nehme mir die **Geduld** für mich und die Beteiligten, um diese wichtigen Schritte gut zu gehen. Die nötige Zeit gönne ich mir und den anderen. Ich bin bereit, Ruhe zuzulassen, hinzuschauen und nicht mehr den drängenden Fragen in meinem

Nicht der Stärkste oder Intelligenteste wird sich durchsetzen, sondern derjenige, der sich am besten an Veränderungen anpasst.

Charles Darwin

Die Mischung macht's.

Leben auszuweichen. Ich bin bereit, mich auf mein Leben zu **konzentrieren** und Ablenkungen anzuschauen. Ablenkungen sind Tätigkeiten, die mich nur beschäftigen. Ich habe die **Disziplin**, die von mir gesteckten Ziele zu erreichen, da ansonsten der vergangene Schmerz immer wieder kommt.

Zeitvertreib vertreibt meine freie Zeit. Nach ein bis zwei Tagen erinnere ich mich nicht mehr, welche Sendungen ich angesehen habe im TV. Was ich gesprochen habe, wie viel ich geraucht habe. Es ist die Balance zwischen dem wohlverdienten Ausspannen nach getaner Arbeit und dem sich Zuschütten mit Schicksalen anderer.

Jeder soll nach seiner Fasson glücklich werden. Es geht darum, was ich ändern kann, wenn ich nicht glücklich bin. Wenn ich ändern will, Ziele erreichen will, brauche ich Disziplin, Konzentration, Geduld, und das Vorhaben muss mir wichtig sein. Ich kann mein Bestes dazutun, dann kann ich es nehmen wie es kommt.

Eine zitierte Geschichte. Sie stammt von Milton H. Erickson:

Erickson wuchs auf einem Bauernhof auf. Eines Tages kam eine Pferd angelaufen, ohne Brandzeichen. Alle fragten sich, woher das Pferd wohl sein möge. Erickson sagte, ich bringe das Pferd heim. Er setze sich darauf und lenkte das Pferd auf die Straße hin. Jedes Mal, wenn das Pferd zum Grasen auf die Weide ging, lenkte er es wieder zurück auf den Weg. Nach einigen Meilen kam er an einen Hof. Der Bauer fragte ihn, woher wusstest du, dass es unser Pferd ist? Erickson sagte, ich wusste es nicht, das Pferd wusste, wohin es zu gehen hat. Ich habe nur dafür gesorgt, nachdem es etwas gegrast hatte, dass es wieder zurück auf den Weg ging.

Jeder soll nach seiner Fasson glücklich werden.

Wir sind, um im Bild der Geschichte zu bleiben, Pferd und Reiter in einem. Es geht darum, dass wir unseren Weg weitergehen und das Grasen zwischendurch nicht vergessen. Die Mischung macht's!

Wenn es um Lösungsmöglichkeiten geht, möchte ich auf das Buch *Auf den inneren Arzt hören* von Dr. John E. Upledger, Irisiana – Heyne Verlag, hinweisen. Dr. Upledger berichtet von erstaunlichen Erfolgen u.a. bei ständigen Kopfschmerzen, hyperaktiven und lernunfähigen Kindern, Autismus, bei Depressionen ohne Anlaß, bei Leseschwächen, Kiefergelenksyndrom.

Upledger-Institute USA,
11211 Prosperity Farms Road,
Palm Beach Gardens, Florida 33410 - 3487,
Tel.: 001/561 622-4334
Fax: - 4771
oder
Sphinx Craniosacral Institut,
Postfach 629,
CH-4003 Basel,
0041 / 61 / 274 07 74,
www.craniosacral.ch.

Ich bin bereit,
Ruhe zuzulassen,
und hinzuschauen.

Keine noch so große Anstrengung ist sinnvoll außer sie dient den Menschen.

Malidoma Somé
Vom Geist Afrikas

EINEN UNTERSCHIED MACHEN

Der Film *Das Geheimnis* von Virgine Wagon, zeigt das Dilemma: Einerseits der Wunsch nach einer ruhigen, familiären, glücklichen Beziehung andererseits das Verlangen nach hingebungsvoller Liebe.

Natürlich gibt es hierauf nicht *die* Antwort. Jeder Mensch, jedes Paar, kann nur seinen eigenen Weg finden. Wenn Sie die Möglichkeit haben, sich diesen Film auszuleihen, sprechen Sie mit Ihrem Partner darüber. Es gibt nicht die eine, richtige Antwort. Entscheidend ist der Wunsch »Ich möchte etwas ändern«, oder »Ich finde alles gut, so wie es ist...«

Vielleicht ist es nötig zu verzichten, anzuerkennen, dass ich nicht alles haben kann. Schon gar nicht auf Kosten von anderen.

Besonders in der bestehenden Beziehung ist einen »Unterschied machen«, eine effektive Maßnahme auf neue Gleise zu kommen. Einen Unterschied zu dem zu machen, was ich bisher getan habe und was mehr vom selben gebracht hat. Einen Unterschied machen ist ganz einfach: War mein/unser bisheriges Verhalten eher unveränderlich d. h. immer gleiche Tagesabläufe, immer gleiche Gewohnheiten, dann liegt der Unterschied hierin etwas anders zu machen. Beispiel: Jeden Abend Heimkommen vom Job, Essen, Fernsehen, ins Bett gehen..., so bringe ich diesmal ein Spiel mit oder Kinokarten oder ein Buch oder den Vorschlag zu einer Aktivität.

Gehen wir jeden Abend weg und leben ständig Veränderung, ist der Unterschied, es sich mal besonders gemütlich zu Hause zu machen.

Die Widerstände gegen diese Veränderung sind das Argument »Es bringt ja doch nichts...« die eigene Trägheit oder Resignation: »Und das soll unsere Partnerschaft verändern?« Das heißt in Klartext »Ich will nichts ändern...«

Es ist einen Versuch wert, machen Sie einen Unterschied.

»Es bringt ja doch nichts...«
heißt:
»Ich will nichts ändern...«

Jeder Mensch,
jedes Paar,
kann nur seinen eigenen Weg finden.

NÄHE UND DISTANZ

Nähe und Distanz sind eine besondere Hilfe in der Partnerschaft, während und nach der Trennung und auch als Basis einer neuen Liebe. Der passende Wechsel von Nähe und Distanz. Gemeint ist, dass jedes Paar sein passendes Maß an Nähe und Entfernung finden kann. Dieses Maß schwankt immer wieder von innigster Nähe bis großer Entfernung. Je nach den Bedürfnissen, die beide haben.

In der ersten Verliebtheit ist der Wunsch, sich immer und überall nahe zu sein, überwältigend. Diese Verliebtheit verführt, da sie einen Zustand zu halten verspricht, der nicht von Dauer ist. Die Nähe, die wir im Verliebtsein suchen, wird uns später als Enge vorkommen. Abstand und Distanz schafft dann wieder den Wunsch sich nahe zu sein.

Für eine neue Beziehung nach der Trennung, scheint hier besonders viel Aufmerksamkeit nötig. Es sind nicht nur die Wünsche nach Nähe der beiden neuen Partner anzusehen. Auch die vorherigen Partner, deren Kinder, die eigenen Kinder, spielen eine gewichtige Rolle.

Für ein neu verliebtes Paar, dass keine Kinder zusammen hat, aber Kinder aus der vorherigen Beziehung mitbringt, zahlt sich die Überlegung aus, ob sie wirklich sofort zusammenziehen wollen. Sie laufen Gefahr, in Kürze wieder vor denselben Schwierigkeiten zu stehen wie in der vorherigen Familie. Die möglichen Spannungen der Kinder zu dem neuen Partner belasten zusätzlich.

Mit Nähe und Distanz gut umzugehen bedeutet, sich von vorneherein auf das persönlich, richtige Maß an Nähe und Distanz einzustellen. Von sich und vom Partner. Sich darüber im Klaren zu sein, dass jeder ein wechselndes Bedürfnis an Nähe und Abstand hat. Darauf zu achten, wer zu wem zieht. In Aufstellungen zeigt sich manchmal, dass Männer nicht in ihre Kraft kommen, wenn sie in die Wohnung der Frau einziehen. Für Frauen scheint dies nicht so bedeutsam zu sein, wenn sie zum Mann ziehen. Dies kann auch unbedeutend sein. Es ist von Fall zu Fall verschieden.

Wichtig ist, wie mit den vorherigen Partnern umgegangen wird, welche innere Haltung sich in Kleinigkeiten ausdrückt. Ist es dem neuen Partner möglich, den vorherigen Partner zu sehen, anzuerkennen und auch zu würdigen, als den Menschen der vor mir da war? Oft ist Zeit nötig, damit eine vorurteilsfreieres Treffen mit den ersten Partnern möglich wird.

Kinder haben die Möglichkeit verschiedene Umgangsweisen mit Situationen zu erleben: Mein Vater würde in dieser Situation so reagieren… Der neue Partner meiner Mutter reagiert so und so. Wenn der nicht anwesende Vater oder die abwesende Mutter im Kind dadurch geachtet werden, dass sein/ihr Verhalten als vielleicht anders aber gleichwertig angesehen wird, ist eine Basis für ein gutes Gelingen gegeben.

Das erfordert Arbeit an sich und den Willen zur Toleranz.

Das persönlich richtige Maß an Nähe und Distanz.

Partnerschaft und Ehe sind kein Zustand, sondern ein Prozess.

Eine bekannte Autorin sagt auf die Frage: »Was ist Ihr Geheimnis für 29 Jahre Ehe?«

»Wir hatten das Glück immer wieder das richtige Maß an Nähe und Distanz zu finden. Heute leisten wir uns den Luxus von zwei Wohnungen.«

Partnerschaft erfordert Arbeit an sich und den Willen zur Toleranz.

VERTRAG ZUR »TRENNUNG IN LIEBE«
Was wir (die beiden Partner) tun können

Die beiden hier folgenden Verträge können Trennungsfähigkeit im Sinne von »Trennung in Liebe« ermöglichen.

Die Beziehungsebene bestimmt die Inhaltsebene. Mit Beziehungsebene ist gemeint, dass der Umgang miteinander von dem bestimmt wird, was die Partner früher miteinander erlebten oder was sie davon für wahr halten.

So wie jeder die Beziehung aus seiner Sicht für wahr nahm: »Ich fühlte mich ganz gut, ich fühlte mich ausgenutzt, ich fühlte mich überfordert, ich fühlte mich ungeliebt etc.«

MEDIATION – »DAS HARVARD-KONZEPT«

Das »Harvard-Konzept« bietet beeindruckende Möglichkeiten der Konfliktlösung, die besonders für die Partnerbeziehung geeignet sind. Es wurde entwickelt aus dem Wunsch heraus, nie mehr eine Konfrontationssituation, wie die der Kubakrise, entstehen zu lassen, in der uns die beiden Verhandler Kennedy und Chruschtschow und deren Berater, durch Starrsinn, an den Rand eines Atomkriegs brachten. Aus dem »Harvard-Konzept« entwickelte sich die Mediation.

Es wurde eine sachbezogene Verhandlungstechnik entworfen. Daran orientiert sich die heutige Mediation. Mediation kann ermöglichen, dass zwei zerstrittene Parteien angemessen miteinander reden können. Mediation sucht die Lösung für alle Beteiligten.

Einer der Eckpfeiler der Mediation ist es, nicht Meinungen oder Standpunkte in das Zentrum des Gesprächs zu stellen sondern die gemeinsamen Interessen.

Gemeinsame Interessen sind geeignet, wenn sie wirklich, echt, ernst gemeint sind, für beide Parteien einen wichtigen Grund darzustellen nicht auseinander zu gehen oder zumindest nach einer guten, gemeinsamen Trennungslösung zu suchen.

Diese gemeinsame Lösung hat zum Ziel, Vorteile für alle zu bringen. Nur so kann verhindert werden, dass in den zu erwartenden Streitigkeiten, oder aus den schon gewesenen Schwierigkeiten, Sprengstoff zündet der alles sinnlos zerstört. Was zwar später bereut, aber nur noch schwer gut gemacht werden kann.

Ein Mediator ist ein neutraler Vermittler, kein Richter der am Ende ein Urteil fällt, sondern der für beide Parteien, oder alle Beteiligten, nach einem gangbaren Weg sucht.

Mediation ist Hilfe zum respektvollen Handeln und neutrale Vermittlung. Es gibt keinen Gewinner, keinen Verlierer. Es kann eine gemeinsame Vereinbarung geben. Alle Entscheidungen sind freiwillig, jeder kann immer den Verhandlungstisch verlassen.

Mediation ist an der einvernehmlichen Lösung der Situation, in die die Parteien geraten sind, interessiert. Zuerst werden die vordringlichen Schwierigkeiten gelöst, z. B. ein guter Platz für die Kinder, darin sind sich beide Partner oft einig, dass ihre Kinder nicht unter einer Scheidung leiden sollen.

Mediation hat gute »Umgangsformen« entwickelt für die häufigste Situation in Partnerschaften: Ein Partner will sich trennen, der andere möchte eine erneute Annäherung oder eine Fortsetzung der Ehe.

*Ein Mediator
ist ein neutraler Vermittler.*

*Gemeinsame Interessen z. B.
dass es den Kindern gut geht.*

Aus dem »Harvard-Konzept« entwickelte sich eine Form der Mediation.

Zitiert aus *Das Harvard-Konzept*, Fisher/Ury/Patton, Campus Verlag:

*»**Verhandlungspartner sind zuallererst Menschen.** Ob juristische Auseinandersetzungen oder internationale Verhandlungen – eine Grundtatsache wird leicht vergessen: dass die ›Gegenseite‹ nicht aus abstrakten Repräsentanten besteht, sondern aus Menschen. Sie werden von Gefühlen geleitet, von tiefverwurzelten Werten. Sie stammen aus unterschiedlichen Bereichen, vertreten gegensätzliche Standpunkte, und sie sind nicht vorausberechenbar. Für Sie selbst gilt das übrigens ganz genauso.*

Mißverständnisse provozieren Vorurteile und Reaktionen, die wiederum Gegenreaktionen auslösen – ein endloser Kreislauf beginnt. Vernünftige Lösungsversuche werden unmöglich; die Verhandlungen scheitern. Das ganze Spiel zielt dann nur noch darauf, Punkte zu sammeln, negative Eindrücke zu verstärken und die Schuld zu verteilen; alles auf Kosten der sachlichen Interessen beider Seiten.

Jeder Verhandlungspartner hat zwei Grundinteressen: Das eine bezieht sich auf den Verhandlungsgegenstand, das andere auf die persönliche Beziehung. Jeder Verhandlungspartner sucht nach Übereinkünften, die seine sachlichen Interessen befriedigen. Darum verhandelt er ja. Darüber hinaus hat er aber auch ein Interesse an seiner Beziehung zur ›Gegenseite‹. Die meisten Verhandlungen finden im Rahmen einer dauernden Beziehung statt. Es ist daher wesentlich, jede Verhandlung so zu führen, dass die künftigen Gespräche gefördert und nicht etwa beeinträchtigt werden.

Tatsächlich ist die Aufrechterhaltung der Beziehung zu z. B. Familienmitgliedern weit wichtiger als das Ergebnis irgendeiner speziellen Verhandlung.

***Persönliche Beziehungen vermischen sich leicht mit den anstehenden Problemen.** Eine wichtige Konsequenz des ›Problems Mensch‹ besteht beim Verhandeln darin, dass persönliche Beziehungen zwischen den Parteien leicht mit sachlichen Auseinandersetzungen vermengt werden. Ob wir geben oder nehmen – wir tendieren immer dazu, Menschen und Probleme in einen Topf zu werfen. Wenn in einer Familie der Satz fällt ›Die Küche ist ein einziges Durcheinander‹, so mag damit schlichtweg ein bestimmtes Problem gemeint sein, aber man kann es auch leicht als persönlichen Angriff verstehen.*

Ein anderer Grund für die Vermischung der sachlichen Probleme mit psychologischen Aspekten liegt darin, dass Menschen gerne aus sachlichen Erklärungen unzulässige Folgerungen ableiten, die sie dann als Belege für die Absichten und Vorsätze der Gegenseite ansehen. Selbst bei aller Vorsicht läuft dieser Prozess fast automatisch ab. Wir nehmen nur selten an, dass die Darlegungen der anderen wirklich so gemeint sind.«

WAS ICH TUN KANN

Zitiert aus Fisher/Ury/Patton, *Das Harvard-Konzept*, Campus Verlag

»Die Antwort auf die Frage, ob man lieber weich oder lieber hart um Positionen feilschen sollte, lautet: weder das eine noch das andere. Ändern Sie das Spiel. Im Harvard Negotiation Project haben wir eine Alternative zum Feilschen um Positionen entwickelt, eine Verhandlungsmethode, die mit effizienten und gütlichen Verfahrensweisen ausdrücklich auf vernünftige Ergebnisse abzielt. Wir nennen dies sachbezogenes Verhandlen oder Verhandeln nach Sachlage. Es beruht im Wesentlichen auf vier Grundaspekten.

Diese vier Punkte bestimmen eine, unter allen denkbaren Umständen anwendbare, offene und ehrliche Verhandlungsmethode. Jeder dieser vier Aspekte bezieht sich auf ein Grundelement des Verhandelns und zeigt deutlich, wie man damit umgehen soll.

a) Menschen und Probleme getrennt voneinander sehen!
b) Interessen in den Mittelpunkt stellen, nicht Positionen!
c) Vor der Entscheidung verschiedene Wahlmöglichkeiten entwickeln!
d) Das Ergenis auf objektiven Entscheidungskriterien aufbauen!«

In dem genannten sehr praxis- und lösungsortientierten Buch wird auf die einzelnen Punkte detailliert eingegangen, Es lohnt sich, dort weiterzulesen.

Ob wir geben oder nehmen – wir tendieren immer dazu, Menschen und Probleme in einen Topf zu werfen.

Trennen Sie persönliche Beziehung und sachlichen Auseinandersetzung.

DER VERTRAG I
GEHT AUF DIE INHALTSEBENE EIN

Inhaltsebene sind in diesem Zusammenhang die juristisch klaren Fakten. Argumente auf dieser Ebene sind z. B.: »Das Auto habe ich von meinem Geld gekauft, das möchte ich haben.« »Die Truhe ist von meiner Großmutter, die möchte ich haben.« Über diese so genannten harten Fakten, die an sich klar zu regeln wären, bestimmt die Art der Beziehung unter den Partnern zum Zeitpunkt der Trennung.

Herrscht eine eher wohlwollende Beziehung zwischen den Trennungswilligen, ist die Verteilung des gemeinsamen Hausstandes leicht. Herrscht eine Beziehung im totalen Streit, überschattet diese Beziehung die inhaltlichen Themen so sehr, dass nur mit der Zeit eine gute Lösung zu finden ist.

Das erklärt zu einem Teil die vielen, oft sinnlosen Balgereien, die Ex-Partner vor und mit Anwälten veranstalten. Anwälte, die ihren Klienten manchmal bestärken, »draufzuhauen«. Oft ist es gar nicht nötig, Verbündete um sich zu scharen, um in den Krieg zu ziehen. Bevor ein Partner das tut, sollte das reiflich überlegt werden. Die Folgen: Der Streit darum, wer Recht bekommt, sind meistens nicht mehr aufzuhalten.

Von außen betrachtet sind das sinnlose Streitigkeiten. »Das lass ich mir nicht mehr gefallen.« »Das geht zu weit.« »Das bringt das Fass zum überlaufen.« Die Partner reagieren mit dem Willen, dem anderen zu schaden, um damit vielleicht eigenen Schaden aufzuwiegen. Schaden werden sie dabei dem anderen und sich.

Oft ist es gar nicht nötig, Verbündete um sich zu scharen, um in den Krieg zu ziehen.

Sie sind selbst Ihr bester Anwalt.

Überlegen Sie es sich BEIDE sehr gut, ob fremde Rechtshilfe in dieser sensiblen Situation wirklich nötig ist.

DER VERTRAG II GEHT AUF DIE BEZIEHUNGSEBENE EIN

Die Beziehungsebene bleibt bei Trennung/Scheidung den Partnern überlassen, da Rechtsprechung nur auf die inhaltliche, sachliche Ebene eingeht. In der speziellen, aufgewühlten Situation der Scheidung sind Menschen von ihren Gefühlen wie paralysiert. Dieses Buch will ein »Geländer« aus verschiedensten Vorschlägen anbieten, wie es auch sein könnte. Die Lösungsvereinbarungen I und II sind die Essenz dessen.

Diese beiden Verträge haben keine juristische Relevanz wie etwa eine notarielle Scheidungsurkunde. Es ist auf jeden Fall zusätzlich erforderlich, durch z. B. Mediation bzw. Rechtsanwalt und Notar die rechtlich geforderte Form für eine richterliche Scheidung einer geschlossenen Ehe zu erwirken.

Der Vertragsentwurf bezieht sich auf die zwischenmenschliche Ebene der Partner und soll dort einen guten Boden schaffen helfen, um die sachlichen Themen in einer einander gewogenen Atmosphäre abhandeln zu können.

Die sachlichen Themen, wie gemeinsames elterliches Sorgerecht, Rechtsverhältnisse der Ehewohnung, Umgang mit gemeinsamem Hausrat, Kindesunterhalt, Ehegattenunterhalt, Zugewinnausgleich und Vermögensauseinadersetzung, Versorgungsausgleich, Ausgleichszahlungen, spezielle Vereinbarung und Kostenübernahme der Scheidungskosten, sowie Vertragsvorbereitung für den Notarvertrag, sind nach Erfahrung des Autors bei Mediatoren in besten Händen. Aber auch Rechtsanwälte mit einer entsprechenden Einstellung, die beiden Partnersichtweisen Rechnung tragen, können den guten Dienst leisten, mehr zu lösen als zu erstreiten.

Letztlich sind nicht die Mediatoren, Rechtsanwälte, Notare oder Richter entscheidend dafür, wie die Scheidung, Trennung abläuft. Entscheidend ist, mit welcher »inneren Haltung« wir an die Auseinandersetzung mit Trennung gehen. Ob im Sinne von Vergeltung abgerechnet werden soll und noch muss. Auch das ist manchmal nötig, um einen Ausgleich zu schaffen. Etwas weniger vom Schadenden zurückzugeben könnte helfen.

Ob noch abzurechnen ist oder ob es gut sein darf und ich es dabei belassen kann, entscheidet jeder selbst. Irrtum vorbehalten.

Entscheidend ist mit welcher **»inneren Haltung«** wir an unsere Trennung herangehen. Soll es Krieg geben oder darf es auch gütlich sein?

UNSERE LÖSUNGSVEREINBARUNG TEIL I –
Zur Art und Weise der Abwicklung der Trennung

Dies ist der Vertrag zum Beginn der Lösung unserer Partnersituation

Vertrag zwischen: ....

und: ....

Dieser Vertrag beschreibt den sachlichen Inhalt und die sachliche Abwicklung von Verknüpfungen aus unserer Partnerschaft. Wenn wir uns entscheiden, die Streitigkeiten, die wir haben, zu klären und friedlich miteinander zu lösen, helfen diese Vereinbarungen. Sie sind an Mediationsvereinbarungen angelehnt.

a) Wir wollen fair miteinander umgehen.

b) Die Frage »Wer war schuld?« hilft uns nicht weiter, deshalb lassen wir diese Frage weg.

c) Wir wollen eine gute Lösung für alle. Deshalb ist es wichtig, Klarheit zu schaffen. Bei Dingen, die wir allein nicht klären können, weil wir uns darüber zu sehr ärgern, sind wir bereit einen Vermittler/in z. B. Mediator/in einzuschalten. Diese Person wird von uns beiden ausgewählt und akzeptiert.

d) Wir sind bereit, Vermögenswerte weder zu übertragen, zu sperren, zu verheimlichen noch anderweitig zu verwenden. Hiervon ausgenommen sind die Mittel für den täglichen Lebensunterhalt, im Rahmen der bisherigen Höhe, diese dürfen wie bisher verwendet werden.

e) Gemeinsame Konten/Kreditkarten, für die wir beide gemeinsam haften, werden wir nicht weiter belasten, es sei denn im gegenseitigen Einverständnis.

f) Wenn es nötig ist, werden wir nur in Beisein des Vermittlers oder Mediators über Streitfragen reden.

g) Wir sind bereit, die finanzielle Lage voll aufzudecken und alles hilfreiche Material zu liefern.

h) Wir haben diesen Weg für unsere Trennung gewählt, weil wir wissen, dass nicht einer allein die Last der Trennung tragen soll und kann.

i) Wir wollen einvernehmlich eine Lösungsvereinbarung treffen. Wir wissen, dass diese Lösungsvereinbarung in vielen Punkten nicht den Regelungen entspricht, die häufig von Rechtsanwälten und ihren Mandanten ausgehandelt oder vor Gericht erstritten werden.

....	....	....
(Unterschrift)	(Datum)	(Unterschrift)

UNSERE LÖSUNGSVEREINBARUNG TEIL II –
Wie unsere Beziehung ist und werden kann

Mit diesem Vertrag wollen wir unsere Beziehung entspannen und Verstrickungen zu lösen beginnen.

Bitte schicken Sie Ihren »Kopf« jetzt ein paar Minuten auf Urlaub. Lesen Sie diese Zeilen mit offenem, wohlwollenden Herzen. Tun Sie das nur für sich, ohne den Partner und die anderen direkt Beteiligten. Wenn Sie noch Zeit brauchen, um genug Wohlwollen zu finden, nehmen Sie sich diese Zeit!

1. **Gutes anerkennen.**
   Ich anerkenne, dass das, was wir beide bisher erreicht haben, das Bestmögliche war, was unter den Umständen von uns beiden zu erreichen war.

2. **Gleichwertigkeit**
   Bei unserer Trennung sind wir beide gleichwertig. Wir geben negativen Eigenschaftszuschreibungen keinen Raum. Wir achten und respektieren uns gegenseitig.

3. **Die gute Lösung ist in mir und in dir**
   Wir gehen davon aus, dass alle notwendigen Fähigkeiten für sinnvolle Lösungen in uns vorhanden sind. In Erinnerung an die Liebe, die uns zuammengeführt hat und die wir gemeinsam haben durften, erinnern wir uns auch an diese notwendigen Fähigkeiten, um aus dieser Liebe eine Freundschaft werden zu lassen.

4. **Wir orientieren uns am Bestmöglichen für alle**
   Wir konzentrieren uns auf die bisher nicht genutzten Entwicklungsmöglichkeiten, die in jedem von uns stecken. Wir erkennen an, dass jeder nur so sein kann, wie es ihm auf Grund der Gepflogenheiten in seiner Familie und aufgrund seiner besonderen Lebensumstände möglich war. Wir halten es für möglich, aus einer Liebe eine Freundschaft zu schaffen.

5. Wege zur guten Lösung

Wir wollen beide eine gute Lösung unserer Partnersituation. Wir verzichten darauf zu beschreiben, was schlecht war und warum. Wir finden die gute Lösung für unsere Situation, indem wir achtungsvoll miteinander umgehen. Wir bemerken, dass gute Lösungen für alle, Zeit brauchen. Wir halten in Ehren was gut war. Wir geben zurück, was ungut war und lassen es, wo es her kam. Wir wollen eine gute Zukunft für alle.

6. Absichtslosigkeit und Verzicht

Wir akzeptieren, dass jeder Mensch sich verändert und wir keinen Anspruch auf die Art der Veränderung des anderen haben. Ich bin bereit, unser Leben nach der Trennung aufzubauen auf: Respekt und Anerkennung der Besonderheiten von mir und dir. Ich verzichte darauf es besser zu wissen. Die gute Lösung braucht Zeit.

....	....	....
(Unterschrift)	(Datum)	(Unterschrift)

»Der einzige Grund, Verhalten bei einem anderen zu kritisieren oder abzulehnen, ist der eigene unerledigte Anteil daran.« (Dietrich Klinghardt)

»Achte dich selbst, achte auf das, was du tust, achte die Mitmenschen, achte die Erde.«

Wenn mir klar ist, dass ich einen Fehler gemacht habe, unternehme ich sofort die nötigen Schritte, um diesen zu korrigieren.

Ich nehme mir am Tag die Zeit, die ich für mich brauche. Ich achte darauf, Zeit allein zu haben, um hier die richtigen Fragen zu stellen und gute Antworten für mich zu finden oder einfach nur das zu tun, was mir gut tut.

In Streitigkeiten mit meinem Partner soll es nur um die Gegenwart gehen, ich lasse Wiederholungen weg.

Sage dem anderen, was du brauchst, und erwarte nicht, dass er es tut.

»Wenn ein Mann oder eine Frau dem richtigen Partner begegnet, dann weiß er oder sie sofort: Jetzt begegne ich meiner Zukunft.« (Joseph Campbell)

»Die Zukunft ist das, was unausweichlich auf uns zukommt. Wer die Zukunft erfasst ist gebunden. Sie nimmt uns gefangen.« (Bert Hellinger, beides aus *Die Quelle braucht nicht nach dem Weg zu fragen,* 2. korr. Aufl. 2002, Carl-Auer-Systeme Verlag)

Wenn die Liebe füreinander
das Brauchen übersteigt,
ist eine glücklich Partnerschaft die Folge.

Ich traue dem Leben.

KONTAKTADRESSEN; ADRESSEN DIE WEITERHELFEN

»Prepare«
ist eine Art Inventur unserer Beziehung. Beide Partner werden getrennt voneinander befragt, danach werden die Antworten verglichen. So können Paare bereits vor oder nach der Eheschließung oder Begründung der Partnerschaft frühzeitig erkennen, an welchen Problemen ihre Beziehung leiden oder gar scheitern könnte. Entsprechende Hilfen, die Lösungen zu finden, werden danach angeboten. »Prepare« wurde in den USA entwickelt unter anderem von Professor David Olson, Universität Minnesota.
Kontakt: Andreas und Carol Bochmann,
Tel.: 03342/247676,
Internet: www.prepare-enrich.de

»Prepare bietet ein Programm zur Vorbereitung auf die Ehe, (prepare) oder zur Bereicherung und Verbesserung Ihrer Ehe (enrich).«

Die Evangelische Konferenz für Familien und Lebensberatung e.V.
hat ein Verzeichnis für Ehe- und Lebensfragen herausgegeben.
Kontakt: EKFuL, Dietrich Bonhoeffer Haus, Ziegelstr. 30,
10117 Berlin,
Tel.: 030/28 30 39 27/28, Fax: 030/28 30 39 26

EPL ist: **»Ein Partnerschaftliches Lernprogramm«**
Kommunikationstraining von dem Braunschweiger Psychologieprofessor Kurt Hahlweg und dem Inst. für Forschung und Ausbildung in Kommunikationstherapie. Eine Liste der Anbieter gibt es bei:
Arbeitsgemeinschaft katholischer Familienbildung,
Mainzerstr. 47, 53179 Bonn,
Tel.: 0228/37 18 77
www.akf-bonn.de/kommunikation.html

»Das Geheimnis zufriedener Paare ist das Gespräch. Wünsche mitteilen, Meinungsverschiedenheiten klären. Wie Paare miteinander sprechen beeinflußt maßgeblich ihre Beziehung. Gut miteinander reden ist lernbar!«

EGPP ist die **Europäische Gesellschaft für Praktische Pädagogik**
In dieser Gesellschaft haben sich ausgebildete Lernberater und Supervisoren/Coaches zusammengeschlossen, um auf der Basis der Angewandten Kinesiologie Menschen in Zeiten der Veränderung zu beraten.
Kontakt: EGPP Geschäftsstelle Gartenstr. 21, D-91154 Roth,
Tel.: 09171/85 750 36, Fax.: 09171/85 66 64
Internet: www.egpp.de

Mediatoren vermittelt unter anderem:

Zentrale für Mediation, Köln
Tel.: 01805/008989
Internet: www.bafm-mediation.de

Weitere sehr kompetente Informationen über Mediation:

IMS Institut für Mediation und Scheidungsberatung
www.mediation-ims.de,
Poing bei München Tel./Fax: 08121/73553 sowie in
Dresden: 0351/452 1496.

Bundesarbeitsgemeinschaft für Familien-Mediation e.V.
Eisenacherstr. 1, 10777 Berlin,
Telefon: 030/23 62 82 66;
Dienstags von 10 bis 17 Uhr;
Fax: 030/214 17 57.

VAMV, Verband allein erziehender Mütter und Väter Bundesverband
Beethovenallee 7, 53173 Bonn,
Tel.: 0228/352995, www.vamv.de,
e-mail: vamv-bv@netcologne.de

Evangelisches Beratungszentrum München e.V.
Landwehrstr. 15 (Rgb), 80336 München, Tel.: 089/59 04 80;

Dort ist der Konzeptentwurf für ein kirchliches Trennungsritual erhältlich.

Initiative für bürgschaftsgeschädigte Frauen
Bülowstr. 71, 10783 Berlin,
Tel: 030/25 79 81 98,
Ansprechpartnerin Frau Annette Schmedt.

Die Initiative gibt kompetenten Rat, wenn Frauen während der Partnerschaft, Bürgschaften übernommen haben, die z. B. von der Geschäftsbank des Partners gefordert waren und diese Frauen, während der Trennung oder danach durch diese Bürgschaften in Schwierigkeiten geraten.

Der Kinderschutzbund
Für Kinder bietet der Kinderschutzbund deutschlandweit Unterstützung an bei Trennung und Scheidung.

Deutscher Kinderschutzbund Bundesverband e.V.
Bundesgeschäftsstelle, Schiffgraben 29, 30159 Hannover
Tel.: 0511/30 485-0, Fax: 0511/30 485-49
e-mail: info@dksb.de, www.kinderschutzbund.de

Die zutreffende Anschrift für die nächstliegende der 420 Beratungsstellen in Deutschland finden Sie im Internet unter: Verbandsdatenbank.

WAS DIESES BUCH KANN UND WAS NICHT

Dieses Buch erhebt natürlich nicht den Anspruch auf vollständige Darlegung der Schwierigkeiten und aller Lösungsmöglichkeiten in Partnerschaften. Es ist in den angesprochenen Themen möglichst breit gefächert, um nicht schnelle, voreilige Antworten, die zum Nichthandeln verführen können, anzubieten. Es ist ein guter Beginn, um Partnerschaft neu zu begründen oder mit Trennung anders als bisher umzugehen.

Dieses Buch soll ein Wegweiser sein wie »Trennung in Liebe« oder »Partnerschaft in Liebe« gelebt werden kann. Es soll praktische Schritte zeigen, die in Richtung »gute Lösung für alle« gegangen werden können. Aber wie alle Wegweiser bleibt es am Rand des Weges stehen. Weitergehen im Sinne von Handeln kann jeder selbst.

Dieses Buch kann Ihnen nichts abnehmen. Es kann nichts für Sie tun, als Ihnen zu zeigen, dass es Ihr Kosmos ist, in dem Sie leben und agieren. Es gibt den richtigen Zeitpunkt für »Trennung oder Partnerschaft in Liebe«. Nur Sie und Ihr Partner spüren, wann es Zeit ist für Veränderungen. Das Schwierige ist, dass man es immer erst hinterher weiß, ob eine Beziehung zu Ende geht. Niemand kann Ihnen diesen Zeitpunkt vorher sagen.

Aber wenn eine Beziehung in Frieden kommt, spielt die Abhängigkeit voneinander immer weniger eine Rolle. Dann tritt die einzelne Persönlichkeit in den Vordergrund, ein Ziel und ein Zeichen von guten Beziehungen. Dann gibt es die Möglichkeit, dass sich beide Ex-Partner, vielleicht durch Kinder verbunden, an einer mitmenschlichen Liebe orientieren, die das ehrt, was sie zusammen hatten.

PERSÖNLICHES

Dieses Buch ist geschrieben von einem, der »Trennung in Liebe« erlebt hat und lebt. Was hier geschrieben steht, ist keine Theorie sondern erlebt. Geschrieben aus dem Erfahrenen heraus, untermauert mit Zitaten von Profis zu den einzelnen Themen. Es ist nicht mein Verdienst, es ist ein Geschenk, Trennung und Partnerschaft so leben zu dürfen.

Dieses Buch entstand auch aus dem Wunsch heraus, einen Weg zu finden und mit dem schlechten Gewissen umzugehen, dass sich bei mir breit gemacht hatte, als ich erkannte: »Ich habe es nicht geschafft. Es ist mir nicht gelungen. Ich habe das gelebt, was ich bei anderen verurteilt habe. Eine Beziehung soll für immer dauern. Aufgeben gibt es nicht, aufgeben kann jeder, durchhalten ist wichtig.«

Immer wieder beschlichen mich diese Gedanken. Immer wieder stellte ich in Frage. Es war mein eigenes schlechtes Gewissen, ich befürchtete ausgeschlossen zu werden, wenn ich nicht »pariere«. Um dieses schlechte Gewissen geht es auch in diesem Buch. Um die Auseinandersetzung mit diesem Gewissen.

Ich danke Gunthard Weber und Bert Hellinger, die mir halfen, mit ihrem Sein, ihren Büchern, Videos und Seminaren vieles was geschieht zu verstehen und zu lieben.

Dieses Buch kann ein neuer Anfang sein, Beziehung wieder in Bezug zueinander zu bringen. Den Weg weitergehen kann jeder allein nach seinem Sinn. Unterstützung geben Workshops zu dem Thema (www.trennung-in-liebe.de), Therapeuten in Ihrer Nähe, das Gespräch mit Ihrem Partner soll zuallererst sein.

Wir alle vereinen positive und negative Eigenschaften in uns. Je nach dem Zustand unserer Beziehung sind wir bereit, auf positive oder negative Seiten des Partners oder von uns selbst zu schauen.

Ich wünsche Ihnen die Kraft zur guten Lösung!

Über den Autor:

Mathias Voelchert ist Jahrgang 1953. Studierte Betriebswirtschaft. War im Vertrieb und in der Kollektionsgestaltung tätig. Ist seit 1983 selbstständig in Beratung, Design und Produktion. Ausbildungen und Fortbildungen zum Praktischen Supervisor Coach, in Systemischer Beratung und Organisationsaufstellung. Er ist nicht verheiratet und hat zwei Kinder aus erster Ehe.

HINWEIS

»Trennung in Liebe, Partnerschaft in Liebe« bietet viele Lösungsmöglichkeiten, die als hilfreich erfahren wurden. Es soll an dieser Stelle darauf hingewiesen werden, dass dieses Buch der Information über hilfreiche Wege zur »Trennung in Liebe« und »Partnerschaft in Liebe« dient. Wer die beschriebenen Methoden anwendet, tut dies in eigener Verantwortung.

Der Autor beabsichtigt nicht, Diagnosen zu stellen oder Therapieempfehlungen zu geben. Die angeführten und beschriebenen Verfahren sind nicht als Ersatz für professionelle medizinische sowie therapeutische Behandlung zu verstehen.

Der Autor erteilt keine medizinischen, therapeutischen Ratschläge. Die Interessierten werden weder direkt noch indirekt aufgefordert, noch wird ihnen empfohlen, gegen den Ratschlag der derzeit gültigen medizinischen, therapeutischen Erkenntnis bzw. dem Ratschlag des behandelnden Arztes oder Therapeuten zu handeln. Dieses Buch soll nicht die individuelle Beratung eines Therapeuten oder Beraters ersetzen.

Dieses Buch kann der eigenen Reflektion dienen und einen Beitrag dazu leisten »Trennung in Liebe, Partnerschaft in Liebe« zu leben. Dabei handelt jeder einzelne auf eigene Gefahr, eigenes Risiko und eigene Verantwortung.

Der besseren Übersichtlichkeit wegen wurde auf die Schreibweise Partner/in verzichtet. Selbstverständlich sind immer beide Geschlechter, mit Partner, gemeint.

DANKSAGUNG

Ich danke diesen Menschen für ihre Geduld, ihr Vertrauen, ihre Weisheit, ihr Lachen, ihre Liebe, ihre Wut, ihre Ungeduld, ihre Klarheit, ihren Mut, ihre Zähigkeit, ihr Festhalten, ihre Freude, ihr Sein mit mir: Heinz und Liselotte, Eleonore, Ines, Anna, Johannes, Hildegund, Alicia, Matthias, Harald, Hansjörg, Gabi, Sylvia, Thomas.

Ich danke allen Verlagen, Agenturen, Autoren und Künstlern, dass ich ihre Werke zitieren und abbilden durfte.

Ich danke den Menschen, die mich in Erziehung, Bildung, Seminaren, Vorträgen, Gesprächen, Schulungen, in Büchern und im Leben gebildet, geformt, angeleitet und doch offen für Neues gelassen haben. Ich danke meinen Eltern für mein Leben und einen hilfreich freien Glauben. Ich danke meiner Mutter für ihre Liebe bis in den Tod und meinem Vater für seine Kraft und seinen Humor. Ich danke Gott für alles.

In den besseren Stunden des Lebens wachen wir so weit auf, dass wir erkennen, dass wir träumen. Ludwig Wittgenstein

LITERATURVERZEICHNIS
und Bücher, Kassetten, Videos, Filme, die weiterhelfen

Bücher:

Arlt Marianne, *Pubertät ist, wenn die Eltern schwierig werden*, Herder/Spectrum, Freiburg 1992

Balsekar Ramesh S., *Erleuchtende Gespräche*, Alf Lüchow Verlag, Freiburg 1994

Balsekar Ramesh S., *Pointers*, J. Kamphausen Verlag & Distribution GmbH, Bielefeld 1999

Beal Edward W., Hochman Gloria, *Wenn Scheidungskinder erwachsen sind*, Wolfgang Krüger Verlag, S.Fischer Verlag, Frankfurt a. M. 1992

Biddulph Steve, *Männer auf der Suche*, Beust Verlag, München 1996

Bly Robert, *Eisenhans*, Kindler Verlag, München 1991

Buber Martin, *Der Weg des Menschen*, Gütersloher Verlagshaus, 1999

Cameron Julia, *Der Weg des Künstlers*, Droemersche Verlagsanstalt, 1996

Diamond John, *Der Körper lügt nicht*, VAK Verlag, Freiburg 1994

Frankl Viktor E., *Das Leiden am sinnlosen Leben*, Herder Verlag, 1991

Frankl Viktor E., *Was nicht in meinen Büchern steht, Quintessenz*, Medizin Verlag, München 1995

Fromm Erich, *Vom Haben zum Sein, Wege und Irrwege der Selbsterfahrung*, Quadriga Verlag, Weinheim 1994

Fromm Erich, *Die Kunst des Liebens*, Manesse Verlag, Zürich 1993

Fisher Roger, Ury William L., Patton Bruce M., *Das Harvard Konzept*, Campus Verlag, Frankfurt/Main 2000

Gaier Otto R., *Der Riss geht durch die Kinder*, Kösel-Verlag GmbH, München 1987

Gibran Khalil, *Der Prophet*, Walter Verlag, 1996; im Patmos Verlag, Düsseldorf

Goleman Daniel,Kaufman, Ray, *Kreativität entdecken*, dtv-Verlag, München 2000

Gruen Arno, *Der Verlust des Mitgefühls*, DTV, München 1997

Grof Stanislav, *Das Abenteuer der Selbstentdeckung*, Rowohlt 1994/ Kösel-Verlag 1987

Hellinger Bert, *Entlassen werden wir vollendet*, Kösel-Verlag, München 2001

Hellinger Bert, *Die Mitte fühlt sich leicht an*, Kösel-Verlag, München 1996

Hellinger Bert, *Finden was wirkt*, Kösel-Verlag, München 1996

Hellinger Bert, *Ordnungen der Liebe*, Carl-Auer-Systeme Verlag 1994

Hellinger Bert, *Die Quelle braucht nicht nach dem Weg zu fragen*, 2. korr. Aufl. Carl-Auer-Systeme Verlag 2002

Hesse Hermann, *Siddhartha*, Frankfurt 1953

Hite Shere, *Hite-Report, Frauen und Liebe*, C. Bertelsmann Verlag GmbH, München 1987

Hite Shere, *Sex & Business*, Pearson Education, München 2000

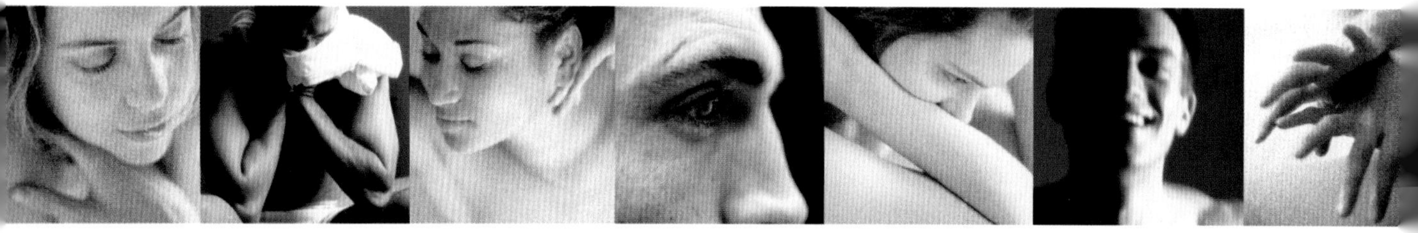

Höppner Gert, *Heilt Demut - wo Schicksal wirkt?*, Profil Verlag, München Wien 2001

Holmes Ernest, *Der Schlüssel zum wahren Leben*, Verlag CSA, Bad Homburg 1984 (This thing called life, 1943)

Horn Klaus P., *Die Erleuchtungsfalle*, Connection Medien GmbH, 1997

Johanson Tom, *Durch Schatten zum Licht*, Lichtpunkte, Bauer Verlag, Freiburg 1999

Kampenhout Daan van, *Die Heilung kommt von außerhalb*, Carl-Auer-Systeme Verlag, Heidelberg 2001

Kaslow Florence W., *Handbook of relational diagnosis and dysfunctional family patterns*, John Wiley & Sons. Inc., New York USA 1996

Kast Verena, *Vom Sinn des Ärgers*, Kreuz Verlag, Stuttgart 1998

Kast Verena, *Abschied von der Opferrolle*, Herder Verlag, Freiburg 1998

Kast Verena, *Vater-Töchter, Mutter-Söhne*, Kreuz Verlag, Stuttgart 1994

Madelung Eva, *Trotz und Treue. Zweierlei Wirklichkeiten,* Carl-Auer-Systeme Verlag, Heidelberg 1998

Maharaj Sri Nisargadatta, *Ich bin*, Teil 1 & 2, Context Verlag, G. Peters & J. Kamphausen, Bielefeld 1997/98

Molden Hanna, *Mann nennt es Pubertät*, Econ Verlag, Düsseldorf 1992

Napier Augustus Y., *Ich dachte meine Ehe sei gut, bis meine Frau mir sagte, wie sie sich fühlt*, Kreuz Verlag, Zürich 1990

Osten v. d. Henning, *Über die Welt und über Gott*, 1997

Peck M.Scott, *Der wunderbare Weg*, Goldmann Verlag, München 1989

Pesso Albert, *Dramaturgie des Unbewussten. Eine Einführung in die psychomotorische Therapie*, Klett-Cotta, Stuttgart 1986

Popper Karl, *Lesebuch J.C.B. Mohr* (Paul Siebeck) UTB 2000 für Wissenschaft 1995

Popper Karl R., *Ausgangspunkte*, Hoffmann und Campe, Hamburg 1992

Rich Harris, Judith, *The Nurture Assumption*, Simon & Schuster,N.Y.N.Y., The Free Press 1998

Riedel Lothar, Hrsg. *Sinn und Unsinn der Psychotherapie*, Rheinfelden 1998

Rogoll Rüdiger, *Nimm dich wie du bist*, Herder, Freiburg 1976/95

Smits Rik, *Alles mit der linken Hand*, Rowohlt Verlag, Hamburg 1994

Schellenbaum Peter, *Das Nein in der Liebe*, Kreuz Verlag, dtv, 1990

Schubert Venanz, Hrsg. *Aus dem Ursprung leben. Lebenskunst neu bedacht*, Band 15, Eos Verlag, Erzabtei St. Otilien 1997

Sheldrake Rupert, *Das schöpferische Universum*, Ullstein Verlag 1981

Sheldrake Rupert, McKenna, Abraham, Cyber-Talk, Scherz Verlag 1998

Sheldrake Rupert, *Sieben Experimente, die die Welt verändern könnten*, Goldmann Verlag, München 1997

Somé, Malidoma Patrice, *Vom Geist Afrikas*, Diederichs Verlag, München 1996

Storch Maja, *Die Sehnsucht der starken Frau nach dem starken Mann*, Walter/Patmos Verlag, 2000

Schacter Daniel L., *The seven sins of memory*, Houghton Mifflin Books, Boston, N.Y. 2001

Schützenberger Anne Ancelin, *Oh, meine Ahnen!,* Carl-Auer-Systeme Verlag, Heidelberg 2001

Tarassow Lew, *Wie der Zufall will?* Deutsche Ausgabe, Spektrum Akademischer Verlag, Heidelberg, Berlin 1993

Trungpa Chögyam, *Der Mythos Freiheit und der Weg der Meditation,* Theseus Verlag, 1989

Upledger John E., *Auf den inneren Arzt hören*, Irisiana,Heyne Verlag, 2000

Wachtmeister Rosina, *Das Lied von der Liebe*, Bilderbuch, Pattloch Verlag, Augsburg 1998

Watzlawick Paul, *Vom Schlechten des Guten*, Piper Verlag, München 1986

Watzlawick Paul, *Wie wirklich ist die Wirklichkeit*, Piper Verlag, München 1978

Weber Gunthard Hrsg., *Zweierlei Glück*, Carl-Auer-Systeme Verlag, Heidelberg 14. Aufl. 2001

Wittgenstein Ludwig, *Tractatus logico-philosophicus*, Edition Suhrkamp, Frankfurt/Main 1963

Willi Jürg, *Was hält Paare zusammen?* Rowohlt Verlag GmbH, Reinbeck bei Hamburg 1991

Willi Jürg, *Die Zweierbeziehung*, Rowohlt Verlag GmbH, 1990

Wolinsky Stephen, *Die dunkle Seite des inneren Kindes*, Alf Lüchow Verlag, Freiburg 1997

Wolinsky Stephen, *Das Tao des Chaos*, Alf Lüchow Verlag, Freiburg 1998

Walsch Neal Donald, *Gespräche mit Gott*, Teil eins bis drei, W. Goldmann Verlag, München 1997

Walsch Neal Donald, *Beziehungen*, W. Goldmann Verlag, München 2000

Yogananda Paramahansa, *Die ewige Suche des Menschen*, Scherz-Verlag/O.W. Barth Verlag, Weilheim 1995

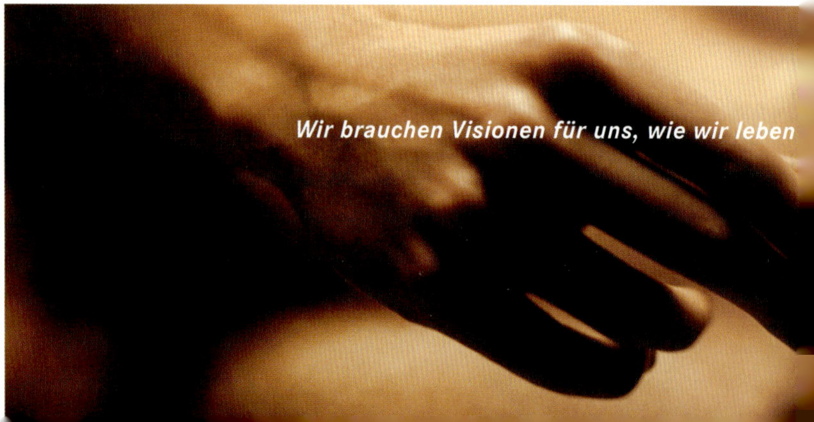

Kassetten, CDs:

Bly Robert, *Iron John and the male mode of feeling*, Oral Tradition Archives, Pacific Grove, CA, USA

Hillman James, Meade Michael, Somé Malidoma, *Images of Initiation, Oral Tradition Archieves*, Oral Traditions Archives ISBN 1-880155-05-2 w.o.

CD, *Schuld und Unschuld in Beziehungen*, Bert Hellinger, im Carl-Auer-Systeme-Verlag, Heidelberg, ISBN 3-931574-48-2

Videos:

Hellinger Bert, Beaumont Hunter, *Trusting the Soul Selections*, London April 2000; Bert Hellinger in *Die Bewegungen der Seele*, Juni 2000; *Die unterbrochene Hinbewegung*; Mai 2000, Feb.2001, - *How love can flow - Working with couples*, Vol 1 & 2, in english

Alle Videos der Edition *Movements of the Soul*, Harald Hohnen, Thomas Münzer, Gunthard Weber; Kontakt: Harald Hohnen, Uhlandstr. 161, 10719 Berlin, Fax 030-883 71 80

Filme:

American Beauty

The two of us/An deiner Seite

Pleasantville

Das Geheimnis von Vergine Wagon

Seitensprünge in New York von Ed Burns

Internet-Adressen:

www.robertbly.com = Robert Bly gibt neue, stärkende Impulse für Männer, Mannsein, Vatersein,
Interview mit R.Bly: *www.vix.com/menmag/bly-iv.htm*

www.mwoodman.org = Marion Woodman gibt Frauen Kraft ihr Leben als Partnerin, Mutter, Hausfrau, Geschäftsfrau zu leben. Interview mit M.Woodman: *www. vix.com/menmag/wwodiv.htm*
Interview mit beiden: Bly & Woodman
www.vix.com/menmag/bwdecade.htm

www.applewood.com = Infos über Seminare, Videos, Bücher, etc Bly/Woodman.

www.hellinger.com = Ausführliche Seiten über Seminare, Videos, Bücher, Forum, Adressen von Aufstellern.

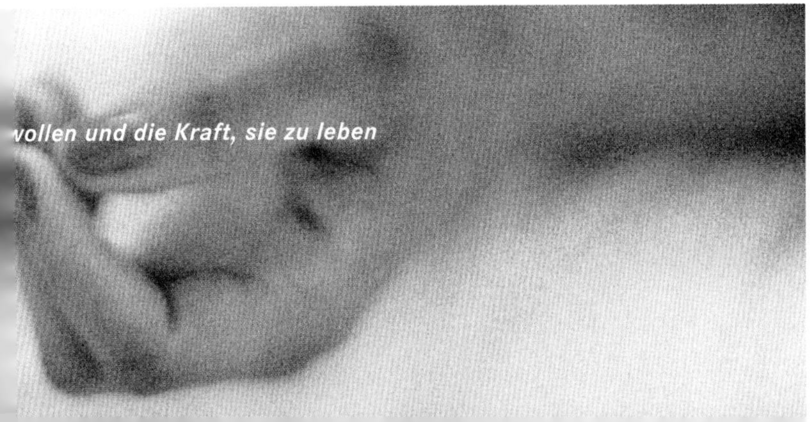

MATHIAS VOELCHERT

CHANCEN VERLIEBEN SICH

»Chancen verlieben sich«

Das neue Buch befindet sich in Vorbereitung.
Ein Einblick:

Verliebtsein und Liebe.
Wie geht es weiter nach dem Verliebtsein?
Das Single-Leben.
Bedeutung von Familie, Bindung, Gewissen, Loyalitäten.
Welche Möglichkeiten haben sich in uns gefunden?
Von welchen Visionen lassen wir uns finden?
Was kann ich dazu tun, dass es gelingt?
Zumuten und Abnehmen von Verantwortung.
Wie kann ich nach dem Verliebtsein meine Liebe finden?
Liebe machen – geht das?
Die Liebe, die wir haben, ehren.
Männer suchen die Mutter, Frauen suchen den Vater
in ihrem ersten Partner, stimmt das?
Mußten genau wir beide zusammenkommen?
So ein Zufall!?
Wofür das Ganze? Für uns und unsere Kinder.
Es ist genug Liebe für alle da.

Es wird ein Liebeslesebuch.

*Die Summe unseres Lebens sind die Stunden,
in denen wir liebten.*
Wilhelm Busch